Reihe Bergabenteuer

LOTHAR BRANDLER

Mit der Kamera durch die großen Wände der Alpen

AS Verlag

Wenn man nicht aufgibt, hat man nie verloren.
Friedrich von Schiller

www.as-verlag.ch

AS Verlag & Buchkonzept AG, Zürich 2008
Gestaltung: www.vonarxgrafik.ch,
Heinz von Arx, Urs Bolz, Zürich
Druckvorstufe/Fotolithos: Matthias Weber, Zürich
Druck: B & K Offsetdruck GmbH, Ottersweier
Einband: Josef Spinner Großbuchbinderei GmbH, Ottersweier
ISBN 978-3-909111-52-7

Inhalt

Prolog

Eine der schönsten Kletterrouten im Wilden Kaiser und auch eine der bedeutendsten ist der imposante Westpfeiler am 2190 Meter hohen Totenkirchl. Er ist gleichzeitig einer der längsten und schwersten alpinen Anstiege in den Ostalpen. Zwanzig Jahre nach meiner Erstdurchsteigung dieses Pfeilers 1960 mit meinem Bergfreund Fritz Scheffler und dessen Sohn Wulf, bei der wir damals auch einen Filmbericht für die «Tagesschau» des Ersten Deutschen Fernsehens hergestellt hatten – ich war damals noch Kameraassistent beim Bayerischen Fernsehen –, planten wir 1980, zum Zwanzig-Jahr-Jubiläum dieser Erstdurchsteigung, gemeinsam eine Wiederholung dieser Route.

Fritz Scheffler im Totenkirchl-Westpfeiler: mit 71 Jahren immer noch ein Kletterass.

Diesmal sollte für das Zweite Deutsche Fernsehen (ZDF) ein längerer Film gedreht werden, nicht nur eine kurze Berichterstattung. Unter Verwendung des historischen 16-Millimeter-Schwarz-Weiß-Filmmaterials von 1960, aber diesmal auf 16-Millimeter-Farbfilmmaterial und mit dem Originalton der Wiederholungskletterei, aufgenommen mittels einer 16-Millimeter-Tonkamera Typ Arri SR, ging mein Wunsch, am Totenkirchl-Westpfeiler einen neuen Film im Reportagestil zu verwirklichen, in Erfüllung. Beim ersten Mal hatte ich nur eine alte Bell-&-Howell-Federwerkkamera mit drei einfachen, starren Objektiven dabei. Mehr wollte mir damals das Bayerische Fernsehen in der extrem schwierigen Felswand nicht anvertrauen. Wieder mit von der Partie – so wie bei der Erstdurchsteigung 1960 – waren der inzwischen schon 71 Jahre alte Fritz Scheffler und sein Sohn Wulf. Als Helfer nahm ich die Kletterer Peter Klinger und Gerd Uhner, zwei gute Felsgeher, mit. Besonders Gerd Uhner, der im Jahr 1963 bei der ersten «Winter-Direttissima» durch die Nordwand der Großen Zinne dabei war, ebenso bei der ersten Winterbegehung der Matterhorn-Nordwand, war eine Bereicherung des Teams.

Als wir im Sommer 1980 im Wilden Kaiser in den Pfeiler einstiegen, war ein schwülheißer Julitag. Wir hatten im unteren Wandteil keine Schwierigkeiten beim Klettern, und auch Fritz Scheffler kletterte trotz seines Alters zügig mit. Der untere Teil bewegt sich im moderaten fünften Schwierigkeitsgrad, sodass wir schnell höher kamen. Doch die Schwierigkeiten lagen ja erst im oberen Wandteil, dem überhängenden Pfeileraufschwung. Durch die Filmerei waren wir nicht so schnell wie eine normale Seilschaft. Jede Einstellung für den Film bedeutete Zeitverlust, und manche Wandstelle musste zwei- oder dreimal geklettert werden. Dazu kam, dass das schwere Kameramaterial und das Tongerät immer wieder mittels eines extra für diesen Zweck mitgenommenen Seiles nachgezogen werden mussten. Meine Helfer waren umsichtig, wenn es sein musste, auch unsichtbar. In einer steilen, zum Teil auch überhängenden Wand ist es nicht einfach, zwei Menschen einfach mal wegzupacken, damit sie nicht im Bild sind. Gerd Uhner hatte da schon einige Erfahrung von den früheren Dreharbeiten.

Auf einem schmalen Band wollten wir am späten Abend unter einem kleinen Überhang einen Biwakplatz beziehen. Über uns wölbte sich dieser schwach überhängende Wandteil nach oben. Das sollte in der kommenden Nacht unser Glück sein! Schon am späten Nachmittag sahen wir von Westen her eine dunkle Wolkenwand auf uns zurollen und ahnten, dass dies nichts Gutes verhieß. Daraus entwickelt sich im Hochsommer in den meisten Fällen ein Gewitter in den Bergen. Auf dem schmalen Band unter dem kleinen Überhang machten wir es uns den Umständen entsprechend bequem und kochten uns einige Tassen Tee zum mitgebrachten Essen. Eigentlich war es ein gemütlicher, ruhiger Abend – wenn nur die dicht aufziehenden Wolken nicht gewesen wären! Wulf, Gerd und Peter saßen mit dem Rücken zur Wand unter ihrem Biwaksack, und ich hockte mit Fritz unter einem zweiten Biwaksack auf einem kleinen Felssporn, die Beine über den Abgrund baumelnd. Alle fünf hatten wir an der Wand zu wenig Platz. Es war nicht sehr bequem, doch für eine Nacht eben machbar.

In der Dunkelheit hörten wir schon ein bedrohliches Grollen in der Ferne. Gegen Mitternacht überzog dann das sich ankündigende Unwetter den Wilden Kaiser und entlud sich mit elementarer Wucht. Blitz auf Blitz schlug in die umliegenden Bergspitzen und Wände und in den Gipfel über uns ein, Donner und Blitz waren eins. Wir befanden uns im Zentrum des Gewitters. Ein gewaltiger Blitz mit unmittelbar folgendem Donnerschlag erleuchtete taghell das gegenüberliegende Massiv der Kleinen Halt. Dieser Blitz schlug in einen der Gipfeltürme des Totenkirchls ein, genau über dem Westpfeiler und über unserem Biwakplatz, und zerschmetterte diesen haushohen Gratturm. Die grabsteingroßen Gesteinsbrocken fegten mit schrillem Pfeifen links und rechts an unserem Biwakplatz vorbei. Dabei drückte der Sturmwind kleinere Gesteinsbrocken auf unseren Biwakplatz, und diese schlugen auf die Biwaksäcke. Es roch nach Schwefel und Kalkstaub. Einer der herabstürzenden Steine traf die Kamera, die aufrecht und in ihrem Spezialrucksack verpackt neben meinen Freunden an der Felswand lehnte, und zerschmetterte die Optik in zwei Teile. Den Schaden an der Kamera bemerkten wir aber erst, als wir am nächsten Morgen weiterfilmen wollten. Der wasserfallartige Sturzregen hielt stundenlang an, drückte durch den Biwaksack und durchnässte unsere ganze Kleidung.

Noch nie zuvor hatte ich im Hochgebirge so ein Unwetter in einer Felswand erlebt. Fritz, unser Ältester, saß stumm unter dem Biwaksack, schaute nur ab und zu mal aus der schützenden Hülle hinaus in die von blendenden Blitzen erhellte Nacht und murmelte dabei: «So ein Scheißspiel, auf meine alten Tage!» Ich konnte ihm nur zustimmen und hoffte, dass sich das Unwetter irgendwann verziehen würde. Als die Dämmerung graublau über die Berge kroch, saßen wir stumm im ersten Licht des neuen Tages, bis auf die Haut durchnässt, auf unserem schmalen Nachtquartier. Diese Biwaknacht hatte alles beinhaltet, von dem man sonst nur in Büchern liest. Als Erstes entdeckte ich den Schaden an der Kamera. Ich versuchte noch, mit der Kamera einige Szenen zu filmen, aber durch die zersplitterte Optik sah ich meine Freunde nur verschwommen. Das war sehr schade, denn gerade hier hätte es interessante Szenen gegeben, die es wert gewesen wären, gefilmt zu werden. Wir bemühten uns, schnell die letzten Seillängen bis zum Gipfel zu bewältigen, und sahen einige Stunden später in der Gipfelschlucht die Trümmer des zerborstenen Gratturms liegen. Die Gesteinsbrocken rochen immer noch nach Schwefel und bedeckten mehlig weiß den Boden der Schlucht.

Zwanzig Jahre nach der Durchsteigung des Westpfeilers kletterten Vater und Sohn Fritz und Wulf Scheffler noch einmal mit mir (Mitte) durch diese Route auf den Gipfel des Totenkirchls.

Am Gipfel drehte ich noch schnell mit der defekten Kamera die Ankunft der beiden Schefflers auf dem Totenkirchl und die Eintragung in das Gipfelbuch, denn es war ja ein Dokumentarfilm mit all seinen Schwierigkeiten, und dazu zählte auch die zerschmetterte Optik der Kamera. Mehr wollten wir aber nicht mehr filmen, wir hatten nur noch einen einzigen Wunsch: hinunter ins Tal und zur Stripsenjochhütte, etwas Warmes essen und trinken. Fritz Scheffler machte mir Sorgen, ihn plagte schon am Vortag und vor allem in der Biwaknacht eine Nierenkolik. Beim Abstieg wurde er immer langsamer, und zum Schluss gelang es uns nur noch mit Mühe, ihn über den leichten Abstieg des Führerwegs zur Stripsenjochhütte zu bringen. Ein Jahr später erlag er seinem Nierenleiden. Der Totenkirchl-Westpfeiler war seine letzte große Bergtour gewesen. Ein großer sächsischer Bergsteiger hatte sein Leben an den letzten, ewigen Haken gehängt, und ich werde ihn immer in Erinnerung behalten.

Diese Filmaufnahmen am Totenkirchl waren eines der vielen Filmerlebnisse am Berg, über die ich in meinem Buch schreibe. Doch da man nicht als fertiger Bergsteiger oder Filmemacher auf die Welt kommt, nun erst einmal zurück zu den Anfängen.

Mit meinem ersten Kletterfreund und
Partner vieler Erstdurchsteigungen
Günter Johne (rechts) auf dem Gipfel
der Vorderen Gans.

KLETTERANFÄNGE IM ELBSANDSTEINGEBIRGE

Die 50 Meter hohe Sandsteinsäule der Barbarine ist das Wahrzeichen des Elbsandsteingebirges; wegen Einsturzgefahr des oberen Kopfes darf sie heute nicht mehr bestiegen werden.

Die beiden Schefflers und meine zwei Helfer Peter Klinger und Gerd Uhner waren, so wie ich auch, Sachsen. Geboren in Dresden, verlebten wir unsere Jugend in der Hauptstadt Sachsens, ehemals Residenz der sächsischen Könige. Zu meiner ostdeutschen Heimat zähle ich auch das kleine Mittelgebirge vor den Toren Dresdens, etwa 25 Kilometer flussaufwärts, das Sächsische Schweiz oder richtiger Elbsandsteingebirge heißt. Die bizarre Felsenwelt des Elbsandsteingebirges mit seinen Tafelbergen, die wie im Wilden Westen Amerikas wirken und der Landschaft ihren unverwechselbaren Charakter geben, ist auch die Urheimat des Freikletterns.

Der Begriff «Freiklettern» erklärt sich aus der Ethik des Bergsteigens während der Anfänge des Alpinismus, also aus der Zeit, in der es verpönt war, Haken in den Fels zu schlagen. Man kletterte als Bergsteiger frei im Fels und benutzte nur Hände und Füße zum Klettern, sonst nichts. Als man in den Alpen begann, Wände und Grate zu durchsteigen, kamen auch sächsische Bergsteiger in die Alpen. Und deren Trainingsgebiet, für die späteren Touren in den Alpen, waren diese Sandsteingipfel im Elbsandsteingebirge. Was lag also näher, als auch hier im Elbsandsteingebirge frei zu klettern?

Von den vielen sächsischen Kletterern, die später in den Alpen bekannt wurden, nenne ich stellvertretend für viele: Rudolf Fehrmann, der einer der Erschließer des Elbsandsteingebirges war und den ersten Kletterführer des Gebietes schrieb, den «Fehrmann». Er durchstieg auch als Erster den Fehrmannkamin in der Nordwand der Kleinen Zinne und den Fehrmannweg am Campanile Basso (Guglia di Brenta). Meist war er mit dem Amerikaner Oliver Perry-Smith unterwegs, der sein ständiger Begleiter bei schwersten Klettereien war und selbst bedeutende Erstdurchsteigungen und -besteigungen machte, etwa die erste Besteigung des Teufelsturms über dem Elbtal, eines der Wahrzeichen des Elbsandsteingebirges.

In der Nachkriegszeit wurde ganz besonders Karlheinz Gonda bekannt, der 1953 mit dem Schweizer Bergsteiger Ueli Wyss in der Eiger-Nordwand am Gipfeleisfeld tödlich verunglückte – einer der tragischen Unfälle am Eiger. Dieses Unternehmen war deshalb von besonderer Bedeutung, weil Gonda und Wyss in der Gipfelfalllinie aufgestiegen waren und dabei in dieser gewaltigen Wand eine direkte Verbindung zwischen dem Bügeleisen in der Wandmitte und der Spinne geschaffen hatten.

Nach Karlheinz Gonda kamen dann Bernd Arnold, Werner Bittner, Dietrich Hasse, Harry Rost, Fritz und Wulf Scheffler, Peter Siegert und noch viele andere – die Namensliste wäre sehr lang. Bernd Arnold führte das Klettern im Elbsandsteingebirge zu ungeahnten Höhen; er war derjenige, der über 500 Erstdurchsteigungen machte und später zu Recht Sportler des Jahres in der DDR wurde.

Fritz Wießner möchte ich noch besonders erwähnen. Er wurde in der alpinen Welt bekannt, als er mit einer amerikanischen Expedition 1939 am 8611 Me-

Kletterlegende Fritz Wießner, der gescheiterte Held vom K2. 1938 hätte er beinahe den zweithöchsten Berg der Erde erstbestiegen.

Rechte Seite: Das große Massiv der Kleinen Gans, einer der eindrucksvollsten Gipfel der Sächsischen Schweiz, von der Basteibrücke gesehen (oben); unten der Blick auf das winterliche Tal der Elbe.

ter hohen K2 war und dort mit seinem Hunzaträger bis auf 8400 Meter Höhe gelangte. In den späten Abendstunden verpasste er nur deshalb den Gipfelsieg, weil sein ihn begleitender Träger ihm, dem Seilersten, zurief: «Tomorrow, Sahib, tomorrow!» Der Einheimische hatte Angst vor den Geistern, die in seinen Augen oben auf dem Gipfel des K2 wohnten und ihm und seinem Sahib Fritz Wießner in der Dunkelheit nur Unheil bringen konnten. Hätte er sich nicht dem weiter aufsteigenden Wießner verweigert, wäre der erste Achttausender in der Geschichte des Alpinismus 1939 erstbestiegen worden. Auch das Erlebnis Fritz Wießners am K2 ist ein Stück sächsischen Bergsteigens.

Warum aber trägt in Sachsen ein so kleines Mittelgebirge den Namen «Sächsische Schweiz»? Es erhielt seinen Namen um 1850 von den Schweizer Künstlern Adrian Zingg und Anton Graff, die sich an ihre Heimat erinnert fühlten und das Gebirge in ihren Berichten als «die Schweiz in Sachsen» bezeichneten. Sie waren aber nicht die einzigen Künstler, die damals dieses romantische Fleckchen Erde reizvoll fanden. Hier wirkte auch der Landschaftsmaler Caspar David Friedrich und malte berühmte Bilder, später schuf die jetzt fast hundertjährige Irmgard Uhlig ihre berühmten Aquarelle. Der Fotograf Walter Hahn nahm in den Zwanzigerjahren die Berge und Klettergipfel auf und hielt damit die Geschichte des sächsischen Kletterns fest. Und nicht nur die: Auch das historische Dresden – vor und nach der großen Zerstörung im Bombenhagel vom Februar 1945 – dokumentierte er mit eindrucksvollen Fotos. Berühmte Komponisten wurden ebenfalls von den schroffen Felsentürmen inspiriert. Carl Maria von Weber konzipierte für seine romantische Oper «Der Freischütz» die Wolfsschlucht-Szene an den Türmen im Bielatal, und Richard Wagner sah in den wilden Schluchten des Großen Zschand die Behausung des Mime in «Siegfried», einer der vier Opernteile im «Ring der Nibelungen».

Das Elbsandsteingebirge, geschaffen aus den Ausschwemmungen einer Sandsteintafel, hat seinen Reiz in dem steten Wechsel von Hochebenen, schroffen Felsen, die sich über diese Ebenen erheben und den Eindruck eines echten Gebirges vermitteln, und den tief eingeschnittenen Schluchten und Tälern mir ihrer seltenen Vegetation und Tierwelt. Diese Mischung aus üppiger Landschaft und Felsenwelt unterscheidet das Elbsandsteingebirge von den üblichen Klettergärten in Deutschland und verschafft ihm eine Sonderstellung unter den Klettergebieten in Europa. International bekannt als Wiege der Freikletterei, hat es schon immer Kletterer aus aller Welt angezogen und ist zusätzlich auch ein Dorado der Wanderer geworden. Man muss nicht Kletterer sein, um dem Reiz des kleinen Gebir-

ges zu erliegen. Dazu kommt, dass mit dem Wegfall der Grenzmodalitäten ein ungehinderter Personenverkehr über die Grenze nach Tschechien, in den böhmischen Teil des Elbsandsteingebirges, möglich geworden ist. Der Nationalpark, der nach der Wende 1991 geschaffen wurde, ist in seinen Kernzonen sogar ein Naturschutzgebiet.

Zu den bekanntesten Landschaftsschönheiten gehört die Bastei oberhalb von Rathen mit ihrer Sandsteinbrücke und der alten Burg, von der im Mittelalter die Raubritter den Elbstrom beherrschten. Sie katapultierten schwere Gesteinsbrocken hinunter zur Elbe und bedrohten und erpressten damit die Elbschiffer auf ihren Kähnen. Deshalb heißt ein Gipfel bei der Basteibrücke «Steinschleuder». Auch die Festung Königstein, in der Johann Friedrich Böttger das europäische Porzellan entdeckte, ist touristischer Magnet in der Sächsischen Schweiz. Das Kirnitzschtal ist ein Muss für den romantischen Besucher, die Schrammsteine eines für den Bergwanderer. Von der Schrammsteinaussicht kann man die Felsenwelt am besten besichtigen und auf die 350 Meter tiefer dahinströmende Elbe schauen. Von ihrer Quelle im Riesengebirge kommend, fließt sie durch Böhmen und durch die Sächsische Schweiz, vorbei an Dresden – auch Elbflorenz genannt –, an Meissen mit seiner berühmten Albrechtsburg und weiter über die Stadt Torgau, an deren Elbbrücke sich im Mai 1945 die Kriegsfronten der Amerikaner und Russen vereinten, bis sie nach etwa 800 Kilometern Hamburg erreicht und in die Nordsee mündet.

Auf diesem Weg schuf die Elbe das Elbsandsteingebirge, in dem sich im sächsischen Teil auf etwa 2000 Quadratkilometern rund 1100 Klettergipfel befinden, wobei nur der Turm einen Gipfel darstellt, der mittels Klettern im mindestens ersten Schwierigkeitsgrad bestiegen werden kann und auf dem sich ein Gipfelbuch befindet. Das bedeutet, dass man mindestens mit vollem Einsatz der Hände klettern muss und der Aufstieg von einem normalen Touristen nicht bewältigt werden kann. An Massivwänden, die nicht frei stehen, wird nicht geklettert; allerdings gibt es ganz wenige Ausnahmen, zum Beispiel an der Westkante des Liliensteins.

Gezählt werden in den Kletterführern etwa 14 100 Kletterwege. Diese werden mit der Schwierigkeit I bis XIc bezeichnet. Die Skalen der Schwierigkeitsbezeichnungen haben sich weltweit verschieden entwickelt. Der offiziellen UIAA-Skala von I bis XI+ stehen unter anderem die französische Skala von 1 bis 9a+, die amerikanische von 5.0 bis 5.15a und die englische von 4a/VD bis 7c/E9 gegenüber. Etwas verwirrend auf den ersten Blick, aber wenn man nun in diesem Wirrwarr eine Linie sucht, kommt man ganz schnell auf einen Nenner. Vor etwa einem Jahrhundert benutzte man ganz einfach das geschriebene Wort. Man ging von «sehr leicht» über «leicht» und «mäßig schwierig» weiter über «schwierig» bis zu «sehr schwierig» und schließlich «äußerst schwierig». Ende der Dreißigerjahre des vergangenen Jahrhunderts entwickelte die UIAA, also der internationale Verband der Alpenvereine, unter Leitung des Sachsen Fritz Wießner anstelle der Wortskala eine Ziffernskala, von I für «sehr leicht» bis zu VI+ für «äußerst schwierig, obere Grenze». Jetzt kann sich jeder seine eigenen Gedanken machen, was nun richtig ist.

Unbestritten aber wird heute, besonders im Sportklettern, mehr trainiert. Die Seile sind nicht mehr aus Hanf, sondern aus Kunststoff mit einer hohen Bruchfestigkeit. Die Kletterschuhe haben heute keine Hanfsohle mehr, sondern sind mit extrem haftenden Gummisohlen bestückt, die speziell zu diesem Zweck entwickelt wurden. Die Karabiner sind aus stabilem Leichtmetall hergestellt und haben ebenfalls eine hohe Bruchfestigkeit – nicht mehr aus schweren Eisen und mit geringer Bruchfestigkeit wie zu unserer Zeit. Haken werden nur noch selten von Hand in eine Felsritze geschlagen, sondern meistens mit einer elektrischen Bohrmaschine gebohrt. All diese modernen Neuerungen hatten die Bergsteiger vor über hundert Jahren nicht. Doch sie sind dennoch äußerst schwierige Wände geklettert. Ich ziehe meinen Hut vor Kletterern wie Edward Whymper, Hans Dülfer und Emilio Comici, Emil Solleder und Riccardo Cassin, Anderl Heckmair und Fritz Wießner, um nur einige zu nennen. Ganz nebenbei: Meine Kletterschuhe waren echt «Natur». Ich kletterte die ersten drei Jahre im Elbsandsteingebirge immer barfuß, sommers wie winters.

Mit solchen Kletterschuhen, mit Hanf besohlt, war ich noch unterwegs. Kaum vorstellbar, dass man damit bereits den VIII. Grad kletterte!

Wenn ich heute in Kletterhallen Neulinge verächtlich von einer VI sprechen höre und dann sehe, wie ihre Beine beim Klettern wie Fäden aus der Hose hängen und sie verzweifelt versuchen, sich an ihren Fingern nach oben zu ziehen, dann muss ich immer an das Klettern im richtigen Fels denken, wo es darauf ankommt, mit den Füßen zu klettern und mit den Händen die Balance zu halten – das natürlich nur als Grundregel. Klettern heißt, über den Fels zu streicheln und sich nicht mit Hauruck hochzuziehen. Wenn ich so etwas sehe, dann muss ich immer an die wunderbar verschobene Kletterskala mit ihren vielen Schwierigkeitsgraden denken. Wie logisch ist die Bezeichnung der Schwierigkeit mit Worten! Und wie unlogisch und willkürlich die Bezeichnung der Schwierigkeitsgrade mit den subjektiven Ziffern. Ich werde darauf noch einmal bei den Pumprissen zu sprechen kommen.

Über Fritz Wießner kam die sächsische Einstellung zum absolut freien Klettern – heute Freeclimbing genannt – ohne Benutzung der Haken als Griff oder Tritt 1936 nach Amerika. Fritz Wießner war es auch, der die sächsische Knotenschlinge in die USA einführte – von dort kam sie, modifiziert, als Klemmkeil wieder nach Europa zurück. Nur im Elbsandsteingebirge dürfen Klemmkeile und

Friends auch heute noch nicht benutzt werden, hier dominiert noch immer die Knotenschlinge: Der spröde Sandstein verträgt keine Klemmkeile. Ebenso verträgt das Gestein kein Magnesia, mit dem heute weltweit überall geklettert wird. Und ebenso ist in diesem Sandsteingebirge bis auf die Sicherungsringe der Erstdurchsteiger jegliches Hakenschlagen und Benutzen von Haken als Griff oder Tritt verboten. Eigentlich ist es ein Wunder: Ein kleines Mittelgebirge hat sich bis heute seine Eigenheit erhalten und trägt zu Recht den Titel «Heimat des Freikletterns». Und es ist meine Kletterheimat.

Frühe Jugend in Dresden

Bei der Einschulung war ich gerade mal fünf Jahre alt, und die Wirren des Krieges – der ständige Fliegeralarm in Dresden – trugen dazu bei, dass ein geregelter Unterricht nicht stattfand. Dafür mussten wir allerdings, so wie alle anderen in der Schule auch, jeden Morgen mit dem Führergruß an der Büste des GröFaZ – größter Feldherr aller Zeiten war der Spottname für Hitler – vorbeigehen und ehrerbietig mit straff erhobener Hand unseren Kotau machen. Wer es vergaß, der bekam vom Aufsicht führenden Lehrer eins mit dem Stecken auf die Finger, auf dass er in Zukunft die Finger flach zum Gruß streckte und es ja nicht vergaß. Als dann das Drama des Zweiten Weltkrieges ein Ende fand und Dresden in Schutt und Asche lag, da waren es die anderen Lehrer, die von der Gegenseite, die in Moskau auf ihre Stunde gewartet hatten und uns Schüler zur Umerziehung in die Hand bekamen. Und die nun, ebenfalls mit dem Stecken, dafür sorgen sollten, dass sich die ehemals gestreckten Finger nun zur kommunistischen Faust ballten. Das wünschten sie sich zwar, doch wir hatten keinen Bock darauf. Wir hatten erlebt, wie das Nazireich zusammengebrochen war, und das hatte in uns Widerstand gegen jede Art der Erziehung erzeugt. Wir glaubten den Erwachsenen kein Wort mehr. Wir sahen sie in Dresden nach dem Zusammenbruch Lebensmittellager und Geschäfte plündern, und plötzlich waren alle schon immer gegen die Nazidiktatur gewesen. In den Kommunen, Polizeistationen und Ämtern saßen wieder die gleichen Leute aus der Nazizeit, und alles lief in Sachsen seinen alten Gang.

Aber dasselbe galt ja auch für die Bundesrepublik! Wir jungen, kritischen Menschen waren vom Standpunkt der Erwachsenen aus Problemkinder, die nur eins im Kopf hatten: essen und satt werden! Mein Vater, der im April 1945 im polnischen Lublin gestorben war, und mein Onkel, der im Balkan vermisst gemeldet wurde, fehlten. Meine Mutter, vollauf mit unserem kleinen Rohproduktenhandel in Dresden beschäftigt, hatte alle Hände voll zu tun, ihre drei Kinder über die Runden zu bringen. Wir Brüder waren ziemlich auf uns allein gestellt. Ich für meinen Teil strolchte gern durch die Ruinen der Häuser im zerbombten Dresden. Mein Lieblingsspielplatz als Junge war ganz besonders die Ruine der Dresdner Staatsoper, der berühmten Semperoper. Was war das für ein Schauspiel, wenn wir

jungen Burschen in den unverschlossenen Kostümfundus kletterten, uns Kostüme überstreiften und ich dann vorneweg, mit einer Pauke um den Bauch gebunden, mit Geschrei über die mit Schutt bedeckte Bühne tollte, meine Freunde, mit Schwertern und Lanzen in der Hand, hinterher! Was war das für ein Leben für uns Kinder! Und natürlich hatte ich es auf die Obstbäume in den Gärten der Ruinen abgesehen, auf denen es für mich viel zu ernten gab – eine gute Gelegenheit, wie ein Affe auf die Bäume zu klettern. Im Kopf war ja sowieso immer nur die Devise: satt werden!

Die Ruine der Dresdner Frauenkirche blieb in der DDR mehr als vierzig Jahre als Mahnmal gegen den Krieg erhalten. Nach ihrem Wiederaufbau in den Jahren 1996 bis 2005 erstrahlt sie heute in neuem Glanz.

Auf dem Speicher in unserem Haus fand ich ein Paar Ski mit Lederbindung, ein altes, nicht allzu dickes Seil und einen Eispickel sowie etliche Landkarten der Ötztaler und Stubaier Alpen. Mein Onkel Helmuth, der Bruder meines Vaters, hatte schon vor dem Krieg mit Studienkollegen Ski- und Bergtouren in den Alpen unternommen. Das war mein erster, kleiner Kontakt zu alpinen Dingen, wenn ich auch diese Gegenstände noch nicht richtig einordnen konnte, denn in der Schule hatten wir kein Wort über Bergsteigen gehört, und die richtigen Berge waren weit weg.

Aber der Zufall und die Neugierde halfen mir weiter. Mein Onkel Helmuth hatte eine Verlobte – wir nannten sie Tante Frieda –, und die wohnte in einem kleinen Ort am Moritzburger See. Dort steht das Wasserschloss Augusts des Starken, und das ist weltberühmt und interessant – aber interessanter war für mich die Toilette meiner Tante Frieda. Genau dort, auf der Toilette unter dem kleinen Fenster zum Lüften, hing ein vergilbtes Foto aus der Sächsischen Schweiz. Es zeigte den Mönchsfelsen im Elbsandsteingebirge. Dieser Mönchsfelsen ist allen Besuchern der berühmten Bastei, die sich 200 Meter über der Elbe bei Rathen befindet, in bester Erinnerung. Auf dem Felsen steht eine mannshohe, schwarze

Eisenfigur, die einen schwarzen Mönch darstellt. Immer wieder, bei kleinen und großen Geschäften, befasste ich mich mit diesem Foto. Und stellte mir die Frage: Wie kommt der eiserne Mönch auf diesen Felsen? Es erschien mir unmöglich, auf diesen Felsen zu steigen. Um der Sache auf den Grund zu gehen, beschloss ich, mit einem Freund und meinem für die Fahrt mit dem Elbdampfer diskret geschlachteten Sparschwein diesem für mich so wichtigen Felsen einen Besuch abzustatten.

Es war ein heißer Julitag im Jahr 1948, als wir mit einem Raddampfer der Weißen Flotte von Dresden die 30 Kilometer flussaufwärts nach Rathen in die Sächsische Schweiz fuhren. Manfred, so hieß mein Freund, war ein eher schüchterner Knabe, aber ein blendender Schachspieler. Mit ihm strebte ich nun dem Mönchsfelsen zu, und bald standen wir unter diesem mächtigen Turm. Vor uns sahen wir einen riesigen Kamin, der 50 Meter hoch die Nordostseite des Mönchsfelsens durchzog. Hier sollte es gehen, dachte ich, denn durch Kletterübungen in den Ruinen von Dresden hatte ich einen Blick für das Machbare gewonnen. Wie es wirklich ging, davon hatte ich natürlich nicht die blasseste Ahnung, und so versuchte ich erst einmal, einen engen, überhängenden Riss am Kamineinstieg zu überklettern. Zu schwer für mich elfjährigen Kletteranfänger! Also probierte ich es 6 Meter links vom Kamin über eine griffreiche Wandstufe und querte dann nach rechts zum Kamin zurück. Das ging schon besser. Mit gutem Zureden brachte ich auch Manfred dazu, bis zum Kamin mitzuklettern. Dort aber verweigerte er mir die Gefolgschaft und setzte sich auf einen Felsbrocken im Kamin. So machte ich eben allein weiter, und meine Erfahrung, die ich in den Ruinen Dresdens und an Hunderten von Obstbäumen gesammelt hatte, ermöglichte mir, immer höher zu klettern. Einfach war es nicht, doch ich kam immer weiter, und nach etwa 20 Minuten stand ich auf dem Gipfel des Mönchs, eines der Hauptgipfel der Sächsischen Schweiz. Das Gefühl in mir war unbeschreiblich. Ich war ungeheuer stolz auf meine Leistung.

In das Gipfelbuch schrieb ich mich mit Angabe meines Alters und meiner Adresse ein. Alle Welt sollte lesen, welch große Tat ich vollbracht hatte! Natürlich hatte ich etwas Angst vor dem Abstieg von diesem Gipfel, doch bald merkte ich, dass das Abwärtsklettern ganz gut ging. Bald war ich wieder unten bei meinem Freund Manfred, der auf dem Felsblock auf mich gewartet hatte. Ihm war es offensichtlich gleichgültig, ob er auf dem Gipfel war oder nicht, mich hatte aber der Klettervirus in die Klauen bekommen. Fröhlich wanderten wir nach Rathen zurück und fuhren mit dem Dampfschiff elbeabwärts wieder nach Dresden zurück. Auf dem Dampfer genehmigten wir uns mit dem letzten Geld jeder ein dunkles Bier und prosteten von unten aus dem fahrenden Schiff dem eisernen Mönch zu, der, so glaubte ich ganz sicher, mir zuwinkte.

Später erfuhr ich dann, dass dieser Anstieg am Mönch, den ich geklettert war, der sogenannte Uferweg im Schwierigkeitsgrad III war, der erstmals 1873 von ei-

Die älteste Raddampferflotte der Welt ankert auch vor dem Mönchsfelsen in Rathen, meinem ersten Kletterfelsen im Jahr 1948.

nem Pfarrer namens Otto Ufer aus Königstein erklettert worden war und zu den schönsten Anstiegen im Elbsandsteingebirge zählt. Es war meine erste Bekanntschaft mit dem ernsthaften Klettern, und immer wieder versuchte ich bei passender Gelegenheit, in die Sandsteingebiete zu kommen. Einige schöne Gipfel, wie den Talwächter und die kleine Gans im Rathener Gebiet, konnte ich über leichte Kletterwege besteigen, doch so richtig Eingang ins Klettern hatte ich noch nicht gefunden.

Dresden lag immer noch in Schutt und Asche. An Schulraum mangelte es überall, und in manchen Klassenzimmern staute sich der zu unterrichtende Nachwuchs. Bis zu siebzig Schüler drängten sich in den kleinen Schulzimmern mit alten Bänken. Unser Klassenlehrer Gerhard Junge, gerade aus der Gefangenschaft zurückgekommen, ein Junglehrer mit seinen 27 Jahren, versuchte Ordnung in die junge Bande zu bringen. Seine Methode war ein «Zauberkästchen», in dem ein kleines Büchlein lag. In das trug er, je nach Vergehen, eine Nachsitzstunde ein. Aber immer wenn ich nachsitzen sollte, versuchte ich auszubüchsen. Wenn es mir gelang, wurde die Stunde verdoppelt! Mir gelang immer die Flucht. Einmal schloss er sich im dritten Stock mit mir in ein Klassenzimmer ein. Mit einem einzigen Satz war ich von der Bank am Fenster und hangelte an der Regenrinne wie ein Eichkätzchen nach unten. Unser Jahrgang musste wegen Platzmangels ausgeschult werden, und deshalb sollten wir alle in eine Lehre gesteckt werden.

Mein Bruder Erhard, sechs Jahre älter als ich, ging aufs Gymnasium in Dresden, und wenn es normal zugegangen wäre, so hätten meine Eltern sicher versucht, mich auch aufs Gymnasium zu schicken. Aber, um es mit Bert Brecht zu sagen: Die Verhältnisse, sie sind nicht so. Vom Standpunkt der neuen Machthaber aus waren wir mit unserem Rohproduktenhandel kleine Kapitalisten, und für die war kein Platz auf einer höheren Schule. Meine Mutter bestimmte für mich notgedrungen eine Mechanikerlehre und war froh, dass ich nach einer Eignungsprüfung als Lehrling bei der Schreibmaschinenfabrik Clemens Müller angenommen wurde.

Es war September 1950, als ich mich zum ersten Lehrlings- und Arbeitstag in der Lehrwerkstatt einfand. Die Ausbilder bogen sich vor Lachen, als ich in die Arbeitshalle eintrat, in der sich etwa sechzig Lehrlinge versammelt hatten. Meine Mutter hatte mir, da wir nichts anderes besaßen, einen blütenweißen Büromantel meines Onkels Helmuth mitgegeben, und da ich gerade Zahnschmerzen hatte, mir auch noch einen dicken Wollschal um den Kopf gebunden. Ich fühlte mich gar nicht wohl in meiner Haut. Auch die anderen Lehrlinge schauten spöttisch, vor allem die Mädchen, die, genauso wie die Jungen, auch eine Lehre machten, diese kichernden Mädchen dachten sicherlich: Was will der kleine Junge hier? Erst im Oktober wurde ich vierzehn Jahre alt und war eigentlich auch ein Jahr zu früh in die Schule gekommen. Ausgesehen habe ich sowieso wie ein zwölfjähriger Knabe, und benommen habe ich mich wahrscheinlich auch so. Mir wurde als kleinstem Lehrling auch der kleinste Schraubstock zugeteilt, und unter den musste noch ein Podest gestellt werden, damit ich bis zum Schraubstock hinaufreichte.

Neben mir stand ein Lehrling, der schon etwas erwachsener aussah, größer war als ich und etwas schlaksig, dazu immer ein lustiges Lachen im Gesicht. Günter Johne hieß er; er lachte nicht ganz so laut über mich und meine Bürokleidung, und im Lauf der nächsten Tage freundeten wir uns miteinander an. Ich erzählte ihm von meinen ersten Klettererfahrungen im Elbsandstein und meiner Besteigung des Mönchs, und er wiederum erzählte mir, dass er schon einmal mit seinem Vater auf einen kleinen Felsen geklettert sei. Wir vereinbarten, bei einer der ersten Gelegenheiten zusammen zum Klettern zu gehen.

Immerhin bekamen wir im ersten Lehrjahr 50 Reichsmark Ost im Monat. Meine Mutter knöpfte mir davon zwar 40 Mark wieder ab, doch ich fand Mittel und Wege, mein Lehrlingsgehalt aufzubessern. Dresden hatte sehr viele zerstörte Fabriken. Und jede der Fabriken hatte einen Schornstein. An diesem Schornstein gab es einen Blitzableiter. Wenn man also innen hochstieg – im Rucksack eine Säge –, konnte man den Blitzableiter absägen. Der rutschte dann durch die Ösen nach unten, und ich hatte satte 20 bis 30 Kilogramm Kupferdraht. Dieser dann an einen Rohproduktenhändler verkauft, war ein schönes Geld. Apropos Rohproduktenhändler: Das war im Volksmund ein Lumpenhändler! So nannten mich meine Schulkameraden auch: Lumpenbrandler. Als vordringlich erschien mir nun das Problem Seil. Ein Seil musste her. Aber wie? Solche Dinge waren in Dresden nicht käuflich zu haben. Ich wusste mir zu helfen! Ganz in der Nähe unseres Hauses war eine Baustelle der Roten Armee. Am Baugerüst hing ein dickes, mit Mörtel verschmiertes, etwa 20 Millimeter dickes Seil, gute 20 Meter lang. Das Seil war das Objekt meiner Begierde. Ich stellte mir die Frage: Braucht die Rote Arme so ein Seil? Nein, befand ich. Ich brauchte es dringender.

Dieses Seil wechselte in späten, dunklen Nachtstunden seinen Besitzer. Einem gemeinsamen neuen Ansturm auf einen Gipfel der Sächsischen Schweiz stand nichts mehr im Wege. Mit diesem alten Seil und meinem neuen Freund Günter Johne, der zu einem meiner besten Klettergefährten werden sollte, versuchte ich nun einen markanten Gipfel im Rathener Gebiet, den Türkenkopf, zu besteigen. Wir wanderten über weite Wiesen und dann durch einen steilen Kiefernwald hinauf bis zum Wandfuß des Türkenkopfes. Eine imposante Feldgestalt: Etwa 30 Meter hoch stand er weit über den Wiesen, und sein runder Gipfelkopf erschien wirklich wie der Kopf eines Türken mit Turban.

Von Kletter- und Seiltechnik hatten wir natürlich keine Ahnung. Woher auch? Wir banden uns das Seil einfach mit einem Sackstich um den Bauch, und die Kletterei konnte beginnen. Nach 20 Metern über einen kleinen Felsrücken standen wir unter dem markanten Kopf auf einem Absatz. Hier begannen die ersten wirklichen Schwierigkeiten. Ein langer Quergang führte zu einer Sanduhr. Eine Sanduhr im Fels ist eine Auswaschung in Form einer Sanduhr mit einem Durchbruch in der Wand, durch den man eine Seilschlinge fädeln kann. Bis hierher war ich schon einmal allein bei einem meiner Ausflüge gekommen. So band ich mich an dieser Sanduhr aus und fädelte das Seil hindurch. Dann band ich mich wieder in das Seil ein und stieg, so «gesichert», die restlichen 10 Meter bis zum Gipfel. Das gleiche Prozedere an der Sanduhr machte dann Günter und stand bald neben mir auf dem Gipfel des Türkenkopfs. Das war unsere erste von vielen gemeinsamen Klettereien im Elbsandstein und in den Alpen.

Noch standen wir aber hier auf dem Gipfel, und es stellte sich die Frage: Wie kommen wir wieder runter? Für den freien Abstieg schien es uns zu schwer. Also abseilen! Wie ging das eigentlich mit dem Abseilen? Gehört hatten wir schon davon, von uns beiden hatte allerdings keiner die geringste Ahnung, wie man das macht. Also fädelten wir das Seil durch die vorhandene Abseilöse, banden uns das Ende um den Bauch und ließen uns dann, Hand über Hand, nach unten gleiten. Unorthodox – doch auch so kann man abseilen.

Am Tag der Türkenkopf-Besteigung trafen wir eine andere Seilschaft. Sie hatten uns und unsere Abseilaktion von einem gegenüberliegenden Gipfel beobach-

Die groteske Felsformation des Türkenkopfs oberhalb der Elbe. Mit Günter Johne kletterte ich an einem kalkigen Bauseil auf diesen Gipfel.

tet. Als Günter und ich wieder sicheren Boden unter den Füßen hatten und die Kletterer zu uns kamen, sahen sie, dass hier zwei vierzehnjährige Burschen zugange gewesen waren, die noch keine große Ahnung vom Klettern hatten. Diese Kletterer gehörten zu den «Wildschützen 09», einem Kletterklub, der seinen Namen von einem kleinen Gipfel in den Schrammsteinen, der Wildschützennadel, hatte. Diese Wildschützen – sie hießen Gerhard Alde und Bernhard Engler – waren viel älter als wir, beide über zwanzig, für uns also absolut erwachsen und richtige Bergsteiger. Sie packten ihr Essen aus dem Rucksack und luden uns zum Mithalten ein. An dem Nachmittag wurden wir unter die Fittiche dieser neuen Freunde genommen und sollten Mitglied eines richtigen Kletterklubs werden. Was war das für ein Tag! So wurden Günter Johne und ich in die Gilde der Sandsteinkletterer aufgenommen. Wir waren im Bergsport angekommen und stolze Mitglieder der Wildschützen! Jede Woche war ein Klubabend in einer Eckkneipe in Dresden, die ein kleines Hinterzimmer hatte, in dem wir ungestört unsere Bergerlebnisse austauschen konnten.

Viele Klubmitglieder waren die Wildschützen nicht, etwa fünfzehn waren es, doch gerade diese kleinen Verbindungen von Kletterenthusiasten im Elbsandsteingebirge – es gab mehr als hundert Klubs – waren es, die den Reiz des Kletterns in diesem einmaligen Mittelgebirge ausmachten. Natürlich kannte man sich untereinander. Daneben gab es noch die großen Betriebssportverbindungen der Volkseigenen Betriebe VEB, staatlich gefördert und kontrolliert. In den Kletterklubs waren aber die führenden Kletterer der Nachkriegszeit. An den Wochenenden sah man jede Menge junger und älterer Bergsteiger mit großen Rucksäcken am Dresdner Hauptbahnhof stehen und auf den Bummelzug warten. Jeder Klub strebte einem Gebiet des Gebirges zu, um klettern zu gehen. Ein Auto hatte keiner von ihnen, und die wenigsten ein Motorrad. Viele, die kein Geld hatten, benutzten ein altes Fahrrad. Ansonsten fuhr man in der «Holzklasse» mit der Eisenbahn, und die wurde noch so richtig mit Dampf betrieben.

Hütten gab es natürlich auch so gut wie keine in der Sächsischen Schweiz, allenfalls kleine Gasthöfe, die Zimmer oder Matratzenlager hatten. In diesen Landgasthöfen herrschte der Komfort der Zwanzigerjahre, mit Plumpsklo, ohne Dusche oder Bad. Am Abend wurde gefeiert, dass sich die Balken bogen! Wer nicht in einer der kleinen Kneipen oder in einem Privatquartier wohnte, der blieb zum Übernachten in sogenannten Boofen. Das waren Plätze unter überhängenden Wänden, an deren Wandfuß sich kleine Einbuchtungen oder Höhlungen befanden, die Schutz vor Regen boten. Manche waren von einem Kletterklub mit Holz und Stroh ausgebaut worden, und es war eine Ehre für andere Kletterer, dort übernachten zu dürfen. Abends wurde dann ein kleines Feuer gemacht (das war damals noch erlaubt!) und das mitgebrachte Essen verzehrt. Man teilte gern das Wenige, was man hatte, mit den anderen Kletterern. Viel war es nicht, was wir

zum Essen hatten, und ich erinnere mich, dass ich mit Günter Johne gerade mal drei gekochte Kartoffeln und vier Scheiben Brot dabeihatte, und das für ein ganzes Wochenende.

Wenn man sich dann am Sonntagabend, nach einem langen Klettertag, wieder in einer Kneipe in der Nähe des Bahnhofs auf ein Dünnbier traf, wurden die Erlebnisse des Wochenendes und die Neuigkeiten des Tages ausgetauscht. Jede Erstdurchsteigung wurde gebührend gefeiert, und hatte einer der Besten der Sandsteinkletterer eine schwere Wand oder einen schwierigen Riss wiederholt, so wussten das in Windeseile alle Bergsteiger, die unterwegs waren. Dabei achtete man aber penibel auf die Einhaltung der sächsischen Kletterregeln. War eine Erstdurchsteigung oder auch eine Wiederholung einer Route nicht regelkonform durchgeführt worden, so konnte man sicher sein, dass am nächsten Wochenende die Eintragung im Gipfelbuch gestrichen wurde, mit dem schriftlichen Vermerk des vorgekommenen Regelverstoßes bei der Begehung der Route.

Das Gipfelbuch hat im Elbsandsteingebirge eine lange Tradition. Die kleinen Bücher, die sich in einer metallenen Kapsel auf jedem Gipfel des Elbsandsteingebirges befinden, werden, wenn sie vollgeschrieben sind, im Archiv des Sächsischen Bergsteigerbundes verwahrt. So sind Tausende von Gipfelbüchern fast lückenlos gesammelt und archiviert worden. Das dürfte auf der ganzen Welt wohl einmalig sein. Das Gipfelbuch, das es in den Alpen ab und zu noch gibt, ist im Hochgebirge so gut wie vergessen. In großen Wänden gibt es Wandbücher, doch auf den vom Massenauftrieb der Touristen bestiegenen Bergen sind sie verschwunden. In den Anfängen des Alpinismus hatten die Erstbesteiger noch Weinflaschen dabei, in die sie, nachdem sie ihren Gipfelsieg mit einem kräftigen Schluck aus der Flasche gefeiert hatten, anschließend ihre Visitenkarte steckten und damit ihren Gipfelsieg dokumentierten.

Mit meinem Beitritt zum Klub der Wildschützen bekam ich auch ein Klubseil, das aus den Zwanzigerjahren stammte. Es war 40 Meter lang, 16 Millimeter dick und aus italienischem Langhanf hergestellt. Damit hatte sich auch mein bei den Russen konfisziertes Kalkseil der Roten Armee erübrigt. Dieses Klubseil sollte mich in den nächsten drei Jahren auf all meinen Klettertouren begleiten. Dass ich in diesen drei Jahren keinen einzigen Sturz baute, sollte sich später als mein großes Glück herausstellen. Aber davon später.

Was mich damals als sehr jungen Menschen ganz besonders prägte, war der Umgang mit älteren, erfahrenen Bergsteigern. Mit meinen gerade mal fünfzehn Jahren war ich überall der Jüngste. Die Wildschützen hatten allerdings zusätzlich zu ihrem Klubnamen noch einen spöttischen Spitznamen: Man nannte sie die «Saufschützen». An den Klubabenden ging es oft recht «feucht» zu. Die älteren Freunde hatten durch ihre Berufe genügend Geld, und mitzumachen war für uns Jungen fast schon Pflicht. Aber in den anderen Klubs war es um keinen Deut anders.

Eine typische Boofe am Pfaffenstein – Hütten zum Übernachten kannten wir nicht.

So verging gerade mal ein Jahr, bis ich zum ersten Mal an einem Gipfel eine Erstbegehung machte. Im Großen Zschand, einem Teilgebiet des Elbsandsteingebirges, das zum Teil Naturschutzgebiet ist und an die Grenze zu Tschechien grenzt, durchstieg ich als Erster die Nordwestkante des Bergfreundschaftssteins, eines großen, massigen Felsbrockens. Diese Kletterei im sechsten Schwierigkeitsgrad, die ich am 11. April 1952 mit Günter Johne durchführte, stand nun für alle Zeiten im Kletterführer des Elbsandsteingebirges. Das war ein Meilenstein in meinem jungen Klettererleben! Erst wenn man in einem Kletterführer als Erstdurchsteiger steht, ist man bei den ernst zu nehmenden Bergsteigern angekommen – so glaubte ich damals. Was das für ein Irrtum war, erkannte ich erst viel, viel später, denn der wirkliche Bergsteiger braucht zwar die Berge, aber kein Papier zu seiner Bestätigung.

Immer mehr Wiederholungen der schwersten Klettereien im Sandstein kamen dazu. Doch kommen wir nun zu einer Spezialität der sächsischen Kletterer untereinander – zum Spitznamen. Einen Spitznamen zu haben rangierte als besondere Ehre ganz oben. Ich schreibe deshalb etwas ausführlicher darüber, da mein Spitzname eine eigene kleine Geschichte hat und ich mit diesem Namen durch manches Buch geistere. Mein Spitzname ist Schnippel! Und das ging so: Erst nannte man mich «Büchsenbuddel». Eine schwere Kletterei ist im Sprachgebrauch der sächsischen Kletterer eine Büchse. Nun, ich kletterte schwerste Routen in den Wänden, also kletterte ich «Büchsen». Da ich mich aber ständig an meiner Hose kratzte, sagte man salopp auf Sächsisch: «Der spielt an seinem Buddel.» So entstand die Wortverbindung «Büchsenbuddel».

Dieser Name hielt sich etwa ein Jahr. Eines Tages saßen wir auf dem Gipfel des Wilden Kopfs in den Affensteinen; ich war die «Strubischkante» geklettert, eine VIIIa, ungesichert und hochgefährlich (heute stecken dort zwei Sicherheitsringe). Mit uns saß auch jemand dort, der schon Legende unter den sächsischen Kletterern geworden war: Herbert Richter, genannt «König». Sein Humor und ganz besonders seine spitze Zunge waren damals schon berüchtigt. Er schaute mich eine Weile an und sagte dann ganz trocken zu mir: «Büchsenbuddel! Dein Name ist einfach zu lang – ich nenne dich einfach ‹Schnippel›.» So geschah es, und alle Welt nannte mich ab diesem Moment «Schnippel» – nur die Mädchen, wenn sie aufgeklärt wurden, was «Schnippel» eigentlich bedeutete, taten sich ein wenig schwerer mit diesem neuen Namen. Schnippel war nun mal im sächsischen Dialekt das Genitale eines kleinen Buben. In den anderen deutschsprachigen Berggebieten und vor allem im Ausland tat man sich mit diesem Spitznamen einfach leichter, man wusste eben nicht, was er bedeutet! Ich musste lernen, mit dem Namen «Schnippel» zu leben, und letztlich ist daraus dann ja nach langer Zeit wieder der Lothar Brandler geworden. Meine alten Freunde allerdings nennen mich heute noch Schnippel.

Erstdurchsteigungen am Falkenstein und an anderen Gipfeln

Sachsen sind sangesfreudige Menschen, und so blieb es nicht aus, dass die Bergsteiger in Dresden Bergsteigerchöre gründeten. Wie es aber so geht, wenn die verschiedenen politischen Einstellungen nicht auf eine Linie gebracht werden können, gab es in Dresden zwei Chöre: einmal den Bergsteigerchor «Kurt Schlosser», das waren die Kommunisten und später linientreuen SED-Sänger, zum Zweiten die «Bergfinken». Wer zur Elite des sächsischen Kletterns gehörte und nicht komplett unmusikalisch war, der war bei den Bergfinken. Ich natürlich auch. Einen Tag pro Woche trafen wir uns zum Singen. Chorleiter war Kurt Kämpfe, ein leidenschaftlicher Musiker, der es verstand, die musisch etwas herben Kletterer zum Singen und damit zu Höherem zu bewegen. Wenn dann auf manchem Klettergipfel am Abend sich ein Gesang erhob und Lieder von Beethoven und Schubert über die weiten Berghöhen und durch die Täler des Gebirges erklangen, so war es das Verdienst von Kurt Kämpfe

Das ist mir in meinem Leben nie wieder begegnet, dass sich Bergsteiger nach einer Kletterei auf dem Klettergipfel einfinden und dann vierstimmig ihre Freude über den Gipfelerfolg mit Gesang zum Ausdruck bringen – und dazu auch noch den Text jeder Strophe perfekt können. Das kann man auf keiner Berghütte in den Alpen erleben. Die Konzerte der beiden sächsischen Bergsteigerchöre sind ein Höhepunkt des Konzertschaffens in Dresden. Wer einmal in freier Natur, inmitten der Felsen des Gebirges, an der Hohen Liebe oder am Frienstein, die Bergfinken oder den Kurt-Schlosser-Chor gehört hat, weiß, welches Erlebnis die Verbindung von Natur, Fels und Mensch in der klassischen Musik eingehen können. In meinem Chor, den Bergfinken, wurde der Grundstein zu meinem späteren Musikstudium in München gelegt.

Nicht immer waren es nur heitere Tage beim Klettern, und ein besonderes Erlebnis blieb mir unvergessen in Erinnerung. Im Frühsommer 1952 ging ich mit einem meiner Klubfreunde, wir nannten ihn «Pforz» – ein kleiner und wendiger Kletterer, der von Beruf Klavierbauer war –, an einem Sonntag zum Klettern ins Bielatal. In diesem Tal stehen viele kurios geformte Kletterfelsen, die sich in einer langen Kette bis hinüber in das tschechische Staatsgebiet ziehen. Diese Grenze zu überschreiten war natürlich auch zu DDR-Zeiten streng verboten. Gehalten haben wir uns aber nicht an dieses Verbot. Ganz im Gegenteil pflegten wir Freundschaften zu den benachbarten tschechischen Kletterern. An diesem schönen Sonntag also gingen Pforz und ich über die Grenze zum Klettern. Nur mit Kletterhose und Hemd bekleidet und mit dem Rucksack auf dem Rücken, in dem sich das Seil und unsere Kletterutensilien befanden, liefen wir über die grüne Grenze hinüber zu den Felsentürmen in Tschechien.

Wir waren gerade erst ein paar Minuten jenseits der Grenze, als wir beide auf Tschechisch angerufen wurden und unmittelbar danach ein Schuss durch den Grenzwald hallte. «Was war das?», fragte ich mich sofort, denn derlei hatten wir bei unseren Klettereien in den tschechischen Gebieten noch nie erlebt. Wir blieben stehen, und zwei Grenzpolizisten der «befreundeten» ČSSR kamen auf uns zu. Wir verstanden kein Wort von dem, was sie sagten, doch eines war uns klar, hier war Vorsicht geboten, denn mit angelegter Waffe begrüßt man keine Freunde. Die beiden Grenzer führten uns wortlos ab. Auf der Grenzstation sagte man uns in gebrochenem Deutsch, dass wir illegal die Grenze überschritten hatten. Das verstanden wir. Erst einmal warteten wir in einem Arrestraum der Grenzstation. Wenig später ging es per Auto nach Děčín, der Grenzstadt an der Elbe, ins Stadtgefängnis. Viel konnte man mit uns beiden nicht anfangen, das merkten die Grenzbeamten bald, doch ganz so einfach ging das mit der Rückkehr in die DDR nicht.

Im Gefängnis saß schon ein ganzer Schwung Illegaler und wartete auf den nächsten Schub in die DDR. Es war die Zeit vor dem großen Volksaufstand in der DDR am 17. Juni 1962, und die Tschechen hatten Order, jeden Grenzgänger sofort zu verhaften.

Wir verbrachten schon drei Wochen im Gefängnis von Děčín, als uns eines Morgens verkündet wurde, dass am nächsten Tag ein Transport in die DDR gehe. Man hatte am Vortag eine Frau mit drei kleinen Kindern beim Blaubeerensammeln am Winterberg festgenommen, und die mussten so schnell wie möglich in die DDR zurückgeschickt werden. Das war unser Glück! Vom 17. Juni hatten wir dadurch gar nichts mitbekommen. Meine Mutter hatte keine Ahnung gehabt, wo ich abgeblieben war, und alle Versuche, etwas über mich zu erfahren, waren bei den Behörden in Dresden im Sande verlaufen.

Wir hatten, wie ich schon erwähnte, einen Rohproduktenhandel in Dresden, in dem eine Menge Buntmetall gelagert war, darunter auch Kupfer in jeder Form, als Platten und Draht. In Westberlin war das eine gefragte Ware – vorausgesetzt, es gelang einem, dieses Kupfer über die Sektorengrenze zu bringen. Mein Wunsch war, ein gutes Seil zu besitzen, und das gab es meines Wissens nur in Westberlin. Also packte ich etwa 15 Kilogramm Kupferplatten in zwei Aktentaschen und fuhr nach Berlin. In der S-Bahn nach Westberlin passierte es dann: Ich kam in eine Kontrolle der Volkspolizei, und das Kupfer wurde entdeckt. Das war für mich eine peinliche Situation, denn ich kam erst einmal in das Zentralgefängnis am Alexanderplatz und wurde drei Tage später mit dem «Grotewohl Express» – das war der Spitzname für den Gefangenenwagen der Reichsbahn, der an reguläre Züge angehängt wurde und so die Gefangenen kreuz und quer durch die DDR brachte – per Schub nach Dresden gebracht. Ich wurde in das Gefängnis am Münchner Platz – nomen est omen – eingeliefert.

Nach zwei Monaten beschied eine Richterin, dass ich bis zur Verhandlung vor dem Jugendgericht auf freien Fuß zu setzen sei. Meine Mutter hatte in der Zwischenzeit keine Ahnung, wo ich geblieben war. Monate später, bei der Verhandlung vor dem Jugendgericht, konnte ich glaubhaft machen, dass ich wirklich nur ein Seil wollte, und der Vorsitzende Richter, ein Herr Schwarz, der selbst ein Kletterer und Mitglied bei der sächsischen Bergwacht war, konnte den Schöffen im Gericht bestens meine sportliche Situation schildern, denn er wies auf das Dilemma der fehlenden Kletterseile in der DDR hin und welche Bedeutung für einen Kletterer ein Bergseil hat. Das stimmte die Schöffen milder. Ich musste nur dreißig Aufbaustunden beim Ziegelklopfen im zerbombten Dresden ableisten. Das war das erste Mal, dass mir das Klettern Glück brachte. Nur als Beispiel der damaligen juristischen Situation: Wer beim Schmuggel von Buntmetall nach Westberlin erwischt wurde, musste in der Regel mit zwei bis fünf Jahren Gefängnis rechnen.

Ich hatte den Ehrgeiz, ein sehr guter Felsgeher zu werden. So schaute ich an den Felsen der frei stehenden Gipfel nach lohnenden Möglichkeiten für neue Erstdurchsteigungen. Um als Gipfel bezeichnet zu werden, muss ein Turm im Elbsandsteingebirge nicht nur frei stehen, sondern auch mindestens den ersten Schwierigkeitsgrad aufweisen. An Massivwänden werden keine Klettereien durchgeführt. Das wiederum führt momentan zu großen Diskussionen unter den Kletterern des Sächsischen Bergsteigerbundes. Mein Ziel war es, nicht zwischen schon vorhandenen Routen noch eine neue Route zu quetschen. Nein, ich wollte etwas Bedeutendes klettern, an Wänden, die optisch ins Auge sprangen und als lohnend galten, an Gipfeln, die das Gebirge mit ihrer besonderen Gestalt geprägt haben.

Der Falkenstein, der unbestrittene Hauptgipfel des Elbsandsteingebirges, hatte es mir angetan. Seine zentrale Südwand war noch nicht durchstiegen.

Rechts in der Wand befand sich lediglich der «Südriss» des legendären Oliver Perry-Smith von 1913, und ganz links zog sich der «Rohnspitzler Weg» von 1912 empor. Die ganze Mitte der Südwand war noch nicht durchstiegen, sie galt damals als undurchsteigbar. Als auf dem Hohen Torstein einmal die damalige Elite des Kletterns – Herbert Wünsche, Harry Rost, Gerhard Walpert und noch einige andere – saß und wir über die Schrammsteine weiter zum Falkenstein schauten, da meinte ich als Jüngster: «Schaut einmal, dort die Südwand am Falkenstein, die sollte man probieren.» Alle schüttelten den Kopf, und einer meinte: «Die geht nicht, sicher nicht!» Wenn die das meinen, dachte ich, dann geht sie wohl auch nicht. Doch ganz hatte ich die Idee nicht aufgegeben. Hier sollte meine Route durchführen, beschloss ich und schaute mir die Wand einige Male genauer an.

Mit meinen beiden ständigen Kletterfreunden Günter Johne und Konrad Tschirschwitz besprach ich meinen Plan von dieser Erstdurchsteigung, und sie waren zuerst mehr als skeptisch, ob es gelingen würde. An einem geeigneten Wochenende, das Wetter musste ja mitspielen und der Fels trocken sein, fuhren wir zum Falkenstein. Zuerst machten wir als «Eingehtour» die Schrammtorwächter-Nordwand. Eine riesige Wand: Schwarz und unheilvoll steht sie in den Schrammsteinen. Erst eine Woche zuvor war sie «sportlich einwandfrei» durchstiegen worden, auf einer extrem schwierigen Route mit nur drei Ringen und ganz oben einer gefährlichen, ungesicherten Passage. Das bedeutete beim Ausstieg zum Gipfel eine mögliche Sturzhöhe von etwa 20 Metern. Viele Jahre später wurde dort vom Sächsischen Bergsteigerbund ein neuer Sicherungshaken gesetzt, um gefährlich hohe Stürze zu vermeiden. Die eigentliche Erstdurchsteigung von Willy Hentzschel im Jahr 1936 wurde wegen zu vieler Ringe gestrichen, und die Sicherungspunkte wurden entfernt. Erst Harry Schöne durchstieg sie 1954, diesmal mit drei Ringen, die von ihm neu gesetzt wurden.

Der nächste Morgen sah uns sehr zeitig am Einstieg der Falkenstein-Südwand. Wir hatten zum ersten Mal neue Seile dabei. Ein Kontingent von Hanfseilen aus italienischem Langhanf war zu horrenden Preisen in der Sport-HO angeboten worden. Diese DDR-Handelsorganisation hatte die Aufgabe, durch überteuerte Preise Geld vom Markt abzuschöpfen. Dazu gab es dann noch Spezialläden, in denen nur gegen Devisen Spezialitäten angeboten wurden. Purer Staatskapitalismus! Nun gut, Günter und Konrad hatten etwas Geld angespart, und jeder hatte ein Seil erstanden, 40 Meter lang, spiralgeflochten und 12 Millimeter dick – das Beste, was es zu kaufen gab. Italienischer Langhanf! Für die vorgesehene Erstdurchsteigung hatte ich zwei neue Ringe geschmiedet, solide Ringe. Einen dritten Ring brachte Günter aus seiner eigenen Kollektion mit. Nicht sehr vertrauenerweckend schaute der mickrige Ring aus, doch er war besser als gar nichts, denn mit mindestens drei Ringen musste ich rechnen. Das Unternehmen Südwand begann.

Von einem großen Vorblock ging es in schwieriger Kletterei links über eine Wandstufe und einem engen Handriss nach zu einem Band. Hier setzte ich den ersten Ring, denn über mir wölbte sich ein Überhang mit brüchigen Platten. Als wir ihn überklettert hatten, setzte ich den zweiten Ring. Nun muss man sich vorstellen, dass man nicht wie in den Alpen einfach mit kräftigen Hammerschlägen einen Haken in eine Ritze oder Spalte einschlug – das Setzen der Ringe war eine langwierige Prozedur. Die Regeln waren damals sehr streng. An dem Punkt in der Felswand angekommen, wo der Sicherungshaken gesetzt werden sollte, zog man erst einmal – vollkommen frei stehend – an einem dünnen Seil oder an einer Reepschnur einen Beutel mit allen Utensilien, die gebraucht wurden, nach oben. Aus dem Beutel holte man einen schweren Hammer und einen etwa 25 Zentimeter langen Kronbohrer, der 2 Zentimeter dick war. Dieser war innen hohl und hatte eine 2 Millimeter starke Wandung, die oben, einer Krone gleich, gezahnt war. Natürlich waren diese scharfen Zacken gehärtet, um das Abstumpfen zu vermeiden. Nun, frei stehend und sich mit einer Hand am Fels haltend, begann man den Bohrer mit der Hand so lange zu drehen, bis er im Fels stecken blieb. Das dauerte in der Regel sehr, sehr lange. Erst dann konnte mit dem Hammer weitergemeißelt werden, wobei der Bohrer immer ein Stück weitergedreht wurde. Im günstigsten Falle, wenn man gleich hämmern konnte, dauert es 30 Minuten, bis das 20 Millimeter breite Loch etwa 15 Zentimeter tief ist. Dann wurde der Ringhaken aus dem Beutel geholt, in das Loch, in das vorher Bleistreifen gelegt wurden, gesteckt und mit kräftigen Hammerschlägen eingetrieben. So ein Haken musste nun drei Kletterer am Standplatz sichern und vor allem einen eventuellen großen Sturz halten.

Es war noch weit bis zum Gipfel. Und was mich oben erwartete, wusste ich nicht. So entschied ich mich für den Ringhaken von Günter und legte zur Absicherung noch eine Seilschlinge um den Schaft des mickrigen Ringhakens. Bernd Arnold, Kletterpapst des Elbsandsteingebirges, schreibt in der Alpinzeitschrift «Klettern» vom März 2007: «Die Falkenstein-Südwand, heute VIIIb und ein ‹Meisterweg› nach der Sportklassifizierung in der DDR, also kein kleiner Appetithappen, sondern schwer verdauliche Kost, [...] fand damals selten Wiederholer und stand für höchste Kletterkunst.»

Dietrich Hasses Erlebnisbericht von der zweiten Begehung der Südwand 1955 untermauert diese Annahme: «Wie auf einem Balkon hingen wir draußen in der ausgesetzten Höhe, denn unter uns brach die herausbauchende Wand stark zurück. Erstaunlich, wie verhältnismäßig kletterbar es [...] bis hierher gewesen war. Was weiter kam, war ungefähr senkrecht, bis es sich oben zu legen begann. Es sollte aber Letztes im Fels sein, wie wir von den Erstbegehern wussten. Dies bedenkend, zog ich noch einmal die Einbindeknoten fester. Dann ging es linker Hand in schwierigster Reibungskletterei aufwärts. Flache, löcherartige Dellen boten in der steilen Wand nur Druckauflagen, manchmal Zangen- und mitunter so-

gar Untergriffe [...]. Noch den Rinneneinstieg, und es musste geschafft sein. Ich befand mich hier gut 10 Meter über dem sichernden Kameraden, der angespannt jede meiner Bewegungen verfolgte, um im Notfall rechtzeitig noch ein Stück Seil einraffen zu können. [...] Herrgott, sollte es kurz vor dem Gipfel noch mit einem Sturz enden? [...] Sorgsam prüften Hände und Füße die erreichbare Umgebung. Da links oben gab es ein kleines Fingerloch für ein oder zwei Finger. Vor der Rinne wölbte sich ein schwach angedeuteter Reibungswulst zum Antreten. Mit der Rechten gegengestützt, hatte ich somit endlich den Trick heraus und stand kurz darauf In der Rinne.» So weit Dietrich Hasse, geschrieben im Sommer 1955. Weiter schreibt Bernd Arnold: «Mit dieser Niederschrift im Hinterkopf und dem Willen, da hochzukommen, stiegen wir ein. [...] Am Gipfel sind wir glücklich, und ich weiß gar nicht, über was ich mich mehr freue: Über Lothar Brandlers Tat einfach so hochzuklettern? Über Dietrich Hasses Erlebnisbericht als Schlüssel unseres Erfolges? Über die Tatsache, dass es der eigenen Zumutung nicht zu viel war?» Dazu kann ich nur sagen: Wie schön ist es, nach vielen Jahrzehnten, 2007, so etwas lesen zu dürfen!

Die Schlüsselstelle in der Südwand des Falkensteins: nur ein kleines Fingerloch, 10 Meter über dem letzten Haken.

Vorbereitungen für das Abenteuer Alpen

Wir schrieben das Jahr 1954. Damals war es noch möglich, mit einem Personalausweis-Ersatz von der DDR in den Westen in Urlaub zu fahren. Mit Günter Johne und Konrad Tschirschwitz plante ich, in die Alpen zu fahren, erst nach München, von dort weiter nach Tirol in den Wilden Kaiser. Als Erstes mussten wir unsere Ausrüstung für eine Alpentour zusammenstellen. Was heute nur noch eine Frage des Geldes ist, war damals ein fast unüberwindbares Hindernis. In den Sportgeschäften der DDR gab es so gut wie nichts. Wir hatten zum Glück die neuen Hanfseile. Karabiner hatten wir eiserne, aber nicht solche, wie man sie in München oder Zürich kaufen konnte, sondern nur gekröpfte Feuerwehrkarabiner. Diese hatten eine sehr geringe Bruchfestigkeit, doch wir hatten nun mal nichts anderes. Für das Klettern in unseren Sandsteinfelsen reichten sie aus, doch für die Alpen, wo man in schweren Wänden bis zu dreißig Karabiner braucht, war das Gewicht der Eisenkarabiner eine gewaltige Bürde. Ebenso hatten wir keine Felshaken für den Kalk in den Alpen. Wir kamen auf die Idee, uns welche zu schmieden. Mühsam stellten wir, nach dem Vorbild eines alten Fiechtlhakens, ein Dutzend Felshaken her und schmiedeten uns zusätzlich drei leichtere Kletterhämmer.

Konrad kaufte für viel Geld ein Zelt im HO-Sporthaus, denn Hüttennächtigungen wollten wir aus Kostengründen vermeiden. Einen Schlafsack nähte ich mir mit der Nähmaschine meiner Mutter aus meinem Winterbett.

In den Läden der DDR gab es 1954 schon die wichtigsten Lebensmittel ohne Bezugsmarken zu kaufen. Angesichts des für uns sehr ungünstigen Wechselkurses, der uns in München erwartete, kauften wir Lebensmittel ein, das Übliche wie Nudeln, Zucker, vor allem aber auch Speck und sogenannte Dauerwurst. Diese, in Alubüchsen verpackt, sollte für die ersten Tage unser Proviant sein. In der Meldestelle unseres Stadtbezirks gaben wir unseren Personalausweis ab und bekamen eine Art Reise-Ersatzpapier für das Überschreiten der Zonengrenze. Von unserer Absicht, nach Österreich zu fahren, sagten wir natürlich kein Sterbenswörtchen. Die Rucksäcke waren sorgfältig gepackt – und schwer! Wie sollte das in den Bergen des Wilden Kaisers werden? Mein Rucksack wog mindestens 30 Kilo, und dazu kam noch das Zelt, das, über dem Rucksack liegend, abwechselnd getragen werden sollte.

Mein jüngerer Bruder Dieter war mit einigen seiner Freunde zur Verabschiedung gekommen und fragte mich, ob er nun mein altes 16-Millimeter-Kletterseil von 1922 haben könne. Das gab ich ihm gern. Dann kamen wir auf die Idee, mit diesem Seil ganz spontan ein Tauziehen zu veranstalten. Plötzlich, beim ersten festen Ziehen und «Hau ruck!» auf beiden Seiten, gab es einen dumpfen Knall, und das Seil, mit dem ich drei Jahre geklettert war und dem ich mein Leben anvertraut hatte, war in der Mitte zerrissen. Ich war zuerst sprachlos und freute mich dann, dass mein Bruder Dieter nicht mit diesem alten, morschen Seil kletterte. War es ein Wink des Schicksals, dass wir das Tauziehen gemacht hatten?

Konrad, der gleich um die Ecke wohnte, holte mich bei mir zu Hause ab, und wir schleppten die schweren Rucksäcke zur Straßenbahn, die vor unserem Haus eine Haltestelle hatte. Günter sollten wir am Bahnhof in der Halle treffen. Vorbei am ungeliebten Kriegerdenkmal der Roten Arme ging die Trambahnfahrt dann über die Albertbrücke, von wo wir das letzte Mal die Elbe und die Dampfer der Weißen Flotte sahen, weiter an der zerbombten Semperoper und am historischen Zwinger vorbei über den Postplatz zum Dresdner Hauptbahnhof.

An der Grenze wurden die Ausweise kontrolliert, und die DDR-Abfertigung war erstaunlich locker. Das Ostgeld hatten wir gut versteckt, die Ausfuhr von Devisen war in der DDR strengstens verboten. Als wir in Gutenfürst nach der Zonengrenze, die Deutschland in Ost und West teilte, in den Bahnhof von Hof, das schon zu Bayern gehört, einfuhren, begrüßte uns ein Grenzbeamter in breitem Fränkisch, und später bat dann der Bahnschaffner in fröhlich klingendem Bayrisch um unsere Fahrkarten. Wir waren den Alpen und dem Wilden Kaiser ein großes Stück näher gerückt. In unseren Gedanken standen wir schon auf den hohen Bergen des Wilden Kaisers und kletterten in den Hunderte von Metern hohen Kalkwänden, von denen wir seit Jahren geträumt hatten.

Mit meinem Kletter- und Musikfreund Klaus Buschmann (rechts), als wir uns im Wilden Kaiser kennenlernten.

STEILE WÄNDE IN DEN ALPEN

Helle Julisonne durchflutete den Münchner Hauptbahnhof, als wir den Zug, der uns in 8 Stunden von Dresden nach München gebracht hatte, mit unseren schweren Rucksäcken verließen. Doch im Gegensatz zu Dresden, wo unsere Rucksäcke großes Aufsehen erregten, nahm man hier von unserem alpinen Gepäck kaum Notiz. Wir waren in der Landeshauptstadt Bayerns angekommen, aber München war nicht nur Hauptstadt Bayerns, sondern auch Hauptstadt des Bergsteigens. Geschäftige Menschen eilten über die Bahnsteige, und wir mit unseren unförmigen Rucksäcken wurden von den mit uns Ankommenden wie in einem Sog vorwärtsgeschoben. In der Vorhalle des Hauptbahnhofs, an einem Stand, der den Geruch von frischen Semmeln und Leberkäs verbreitete, machten wir halt. Leberkäs – ein unbekanntes Etwas, das aber verdammt gut roch. Liebend gern hätten wir es probiert, doch das Geld, das wir in der Tasche trugen, war noch unsere Ost- beziehungsweise Reichsmark, wie sie damals noch hieß.

Also auf zum Geldwechseln bei der Bahnhofsbank, um unsere Ostmark in Westgeld zu tauschen! Der aktuelle Kurs war etwa 1 : 5, also bekamen wir für 5 Ostmark eine Deutsche Mark. Wir waren nicht nur in München und im Schatten des Wilden Kaisers angekommen, sondern auch im Kapitalismus mit all seinen Auswirkungen auf die Wirtschaft und die Politik. Der Kalte Krieg bestimmte damals das Leben des deutschen Volkes und damit auch unser Urlaubsgeld, für das wir – genauso wie ein westdeutscher Bürger – hart gearbeitet hatten. Die Stundenlöhne waren, ob im Osten oder im Westen, etwa in der gleichen Höhe, und nun sollten wir nur den fünften Teil Westgeld für unsere DDR-Mark bekommen – wir verstanden die Welt nicht mehr.

Mit dem zusammengeschmolzenen Geld lösten wir Fahrkarten ins österreichische Kufstein am Fuß des Wilden Kaisers. Wir hatten noch etwas Zeit bis zur Abfahrt des Zuges, und so machten wir einen kurzen Stadtbummel zum Marienplatz, wo sich das große Sporthaus Schuster befand. Das war uns natürlich ein Begriff. Wir wollten uns die neuesten Errungenschaften auf dem Gebiet des Bergsports anschauen. Etwas zu kaufen war sowieso illusorisch. Anschließend bummelten wir noch über den Viktualienmarkt. Was war das für ein kulinarisches Dorado der Genüsse! Wir sahen an den Ständen Obst, das wir überhaupt nicht kannten, und alles in so großen Mengen, wie wir es noch nie gesehen hatten.

Wir trollten uns zum Bahnhof zurück und versprachen der Stadt, ihr bald wieder einen Besuch abzustatten. Unser Zug verließ endlich den Bahnhof in München, und wir klebten buchstäblich am Fenster, um ja nicht den ersten Blick auf die in der Ferne im Dunst langsam sichtbar werdenden Berge zu verpassen. Der Traum von «unseren» Alpen und dem Wilden Kaiser rückte immer näher und näher, unsere Vorfreude war grenzenlos.

Grenzenlos? Da war ja noch die Grenze nach Österreich mit der übliche Prozedur der Grenzpolizei … Aber nicht mit der österreichischen, sondern mit der bayerischen Grenzpolizei gab es zuerst mal ein Problem. Wir hatten unsere Ausweise vorgezeigt, und sofort monierte der Grenzbeamte mein jugendliches Alter von gerade siebzehn Jahren. Ich war ein Jugendlicher, eine Genehmigung meiner Mutter konnte ich nicht vorweisen, an so etwas hatte ich gar nicht gedacht, und so beschied uns der Grenzer, dass ich nicht nach Österreich ausreisen dürfe. Günter und Konrad durften, denn sie waren schon über achtzehn Jahre alt. Allerdings gab uns der freundliche Beamte noch einen Tipp: Wir sollten es in Rosenheim beim zuständigen Landratsamt versuchen. Also raus aus dem Grenzgebäude, wieder eine Fahrkarte gelöst und mit dem nächsten Bummelzug zurück nach Rosenheim zum Landratsamt. Dort schilderten wir einem Beamten unser Problem und nannten das Ziel unserer Sehnsucht, den Wilden Kaiser. Der Beamte hörte uns geduldig an und hatte – wie sich herausstellte, war er Mitglied der Sektion Rosenheim des Deutschen Alpenvereins – für unser Anliegen vollstes Verständnis. So kam ich zu einem befristeten Grenzübergangsschein, mit dem ich nach Österreich einreisen konnte. Ohne dieses Dokument und nur mit unseren provisorischen Reisedokumenten aus der DDR wäre ich an der österreichischen Grenze gescheitert.

Wir schulterten unsere schweren Rucksäcke und marschierten – vielmehr wankten – von Kufstein in Richtung Kaisertal: 3 Kilometer Fußmarsch.

So zog es sich mehr als 2 Stunden dahin bis zum Talaufschwung, der den Eingang ins Kaisertal versperrte. Barbarisch wurde es für uns drei dann über die steilen Treppen hinauf bis zum Eingang in das sich weit öffnende Tal. Hier führte ein Karrenweg an alten Bauernhöfen vorbei und mit stetigem Blick auf die unvorstellbar schönen Gipfel des Wilden Kaisers in Richtung Hinterbärenbad, das in 830 Meter Höhe in einem Talkessel liegt. Von herrlichen großen Bäumen umsäumt, ist es eine Oase der Ruhe für Bergsteiger und Wanderer. Es war einer der schlimmsten Gepäckmärsche meines Lebens; ich habe auch in späteren Jahren selten eine solche Schinderei auf mich genommen.

Endlich im Wilden Kaiser!

So herrlich, wie das Kaisertal auch war, so verführerisch, wie die in der prallen Sonne leuchtenden Gipfel zu uns Wanderern auch hinunterschauten, wir hatten damals kaum ein Auge dafür. Vom Bahnhof in Kufstein sind es gerade mal etwa 9 Kilometer bis Hinterbärenbad. Doch uns kam es nach achtstündigem Marsch durchs Kaisertal vor, als wären wir 100 Meilen marschiert. In der Alpenvereinshütte in Hinterbärenbad übernachten wollten wir nicht – Geld sparen war angesagt. Über uns wölbte sich die 800 Meter hohe Nordwestwand der Kleinen Halt, und links hinten, im Talende, sahen wir über den Tannenwipfeln die imposante Westwand des Totenkirchls. Für uns Sandsteinkletterer aus Sachsen waren die Landschaft und die Berge überwältigend, und jetzt, nachdem wir von der Last unserer Rucksäcke befreit waren, hatten wir auch Augen für alles Neue und Schöne des Wilden Kaisers.

Am Ufer des rauschenden Kaiserbachs, unweit der Alpenvereinshütte der Sektion Kufstein des Österreichischen Alpenvereins, stellten wir unser Zelt in einer kleinen Wiese auf und packten die Aludosen mit den sächsischen Würsten und dem Speck aus dem Rucksack. Aber die Hitze der vergangenen Tage hatte ihre Spuren an dem schlecht geräucherten Fleisch hinterlassen, alles war verdorben. So mussten wir uns an diesem ersten Abend mit einer Kanne Tee und Brot und Käse begnügen, Letzterer hatte die Reise von Dresden in den Wilden Kaiser gut überstanden.

Unsere erste Bergtour im Wilden Kaiser und damit überhaupt die erste Alpentour in unserem Leben sollte der Enzenspergerweg durch die Nordwestwand auf die 2116 Meter hohe Kleine Halt werden. Allzu schwer sollte es nicht sein, aber nach Möglichkeit vergnüglich, so hatten wir es uns gedacht und deshalb diese schöne Kletterei im dritten Schwierigkeitsgrad ausgewählt. Der Enzenspergerweg ist über 600 Höhenmeter rundweg eine Genusstour, gerade richtig, um das ungewohnte Kalkgestein kennenzulernen. In so luftiger Höhe waren wir noch nie geklettert, und der mehrere Hundert Höhenmeter tiefe Blick hinunter zum Kaiserbach und nach Hinterbärenbad war für uns eine tolle Sache. Solche Tiefblicke waren wir von unseren heimischen Kletterfelsen nicht gewohnt. Da waren es vielleicht bis zu 200 Meter ins Tal hinunter; die höchsten Wände waren ja gerade mal 100 Meter hoch.

Der Zustieg beginnt im Hohen Winkel und führt zur sogenannten Totensesselscharte. Man klettert über die Totensesselschlucht zum Totensessel. Eigentlich nur ein Gratturm, war dieser schon 1886 von Georg Winkler bestiegen worden und wurde dann zum eigentlichen Einstieg zum Enzenspergerweg, der 1895 erstmals geklettert wurde. «Reizvolle, ausgesprochen schöne und auffallend ausgesetzte, luftige Wand- und Plattenkletterei an überwiegend festem Fels, einzig in ihrer Art (gilt nur für die Nordwestwand, nicht für den langen Zustieg, der vielfach brüchig, gras- und latschendurchsetzt ist). Bei Nässe zu widerraten.» So steht es im «Alpenvereinsführer Kaisergebirge» von Pit Schubert und Wolfgang Zeis von 1978. Mit dieser Beschreibung war auch schon unser erstes Dilemma mit dem brüchigen und feuchten Fels klar: Wir taten uns in diesem splittrigen Fels recht hart, und der immer wieder einsetzende Steinschlag war auch nicht nach unserem Geschmack. Steinschlaghelme hatten wir noch nicht, die wurden damals gerade erst entwickelt. So richtig in unserem Element waren wir erst in den eisenfesten Kalkplatten weiter oben. Am Gipfel angekommen, waren wir überglücklich. Unser erster Alpengipfel! Wir schauten hinüber zum Totenkirchl mit seiner fast 700 Meter hohen Westwand. Was hatten wir nicht schon alles von dieser Wand gehört und gelesen! Die Geschichte der Dülfer-Westwand war uns von älteren Bergsteigern oft genug an Kneipenabenden erzählt worden.

Beim Abstieg von der Kleinen Halt wäre dieser erste große Berg in meinem jungen Leben auch beinahe der letzte geworden. Vom Gipfel zog sich eine lange Schneerinne hinunter und lief in einer kleinen Mulde aus, unter der sich ein senkrechter Abbruch befand. In alten Bergbüchern hatte ich vom Abrutschen auf Schnee mit den Schuhsohlen gelesen. Man sollte auf dem Schnee auf den Schuhsohlen abrutschen können und dabei mit dem Eispickel oder Kletterhammer bremsen. Dumm wie ich war, probierte ich es auf der Stelle aus, stellte mich, wie im Lehrbuch von 1910 beschrieben, in die steile Schneerinne, und dann ging auch schon die Post ab. Allerdings anders, als ich es mir erhofft hatte. Ich knallte auf den Hosenboden und schoss über den harten Schnee die Rinne nach unten. Nichts war mehr mit Bremsen mittels Kletterhammer, laut Lehrplan … Ich wurde immer schneller und begann mich zu überschlagen. Mein Glück war ein großer Block am Ende der Schneerinne. In der Mulde unten lag er im Schnee und bremste meine rasende Fahrt. Ich kam sehr unsanft zum Stehen.

Das Stripsenjochhaus im Wilden Kaiser vor der Nordwand des Totenkirchls.

Erst einmal begutachtete ich meine Abschürfungen. Wenige Meter weiter war der 200 Meter hohe Felsabbruch, und einen Sturz über diese Felswand hätte ich auf keinen Fall überlebt. Meine Freunde Günter und Konrad sahen meine Talfahrt mit Schrecken und waren vor so viel Leichtsinn gewarnt. Ganz behutsam tasteten sie sich mit ihren Kletterschuhen über den Schnee nach unten. Diesen ersten Bergtag in den Alpen habe ich in meinem Leben nie vergessen. Wir überstanden den restlichen Abstieg gut, aber er war uns eine Lehre.

Der nächste Morgen sah uns wieder schwer bepackt mit unseren Rucksäcken auf dem Weg zum Stripsenjoch mit seiner 1577 Meter hoch in einem Sattel gelegenen Hütte. Unser Ziel waren für die nächsten Tage die Wände über der Steinernen Rinne, die Fleischbank und der Predigtstuhl. Dafür wollten wir unseren Standort nach oben und näher an die Wände verlegen. Über uns sahen wir die Westwand des Totenkirchls mit ihrem markanten Westpfeiler. Was für ein gewaltiger Felspfeiler, der sich so hoch hinauf in die Wolken schwingt, dachte ich, 700 Meter hoch, fast senkrecht und im oberen Teil sogar überhängend. So etwas hatte ich noch nie in meinem Leben gesehen. Ich war fasziniert von dem Gedanken, dort oben vielleicht einmal zu klettern.

Das Gelände um die Hütte war nicht geeignet, um ein Zelt aufzustellen, und wir beschlossen, im Matratzenlager der Hütte zu übernachten. Die Ernüchterung kam beim Anmelden: Der Hüttenwirt fragte nach unseren Alpenvereinsausweisen, und so etwas hatten wir natürlich nicht. Wir versuchten mit dem Hüttenwirt zu verhandeln, schilderten unsere Lage als Bergsteiger aus der DDR und unsere Geldnot. Nichtmitglied bleibt Nichtmitglied, beschied er uns, und so mussten wir zähneknirschend eine für uns hohe Summe fürs Matratzenlager zahlen. Am Abend verzogen wir uns in eine Ecke des Hüttenraumes und aßen unser Brot und den sächsischen Käse. Den Tee kochten wir vor der Hütte und schmuggelten die Tassen in den Hüttenraum.

Der nächste Tag – es war wieder ein Prachtwetter – sah uns in der Südostwand der Fleischbank. Diese Tour ist ein Muss für jeden Kletterer aus Sachsen. Fritz Wießner hatte diese berühmte Kaiserführe am 28. Juli 1925 mit Roland von Rossi eröffnet. Wießner war uns natürlich ein Begriff, und man kann sagen, dass er wohl der einzige sächsische Bergsteiger war, den man damals auch international kannte. Für uns war es natürlich eine Ehre, gerade diese Route von Fritz Wießner zu wiederholen. Irritiert haben uns allerdings die vielen Haken im Fels, waren wir doch vom Elbsandsteingebirge gewohnt, schwierigste Passagen frei zu klettern. So wie alle anderen auch benutzten wir die Felshaken als willkommene Griffe. Allerdings hatten wir keine Trittleitern dabei, wie es damals im alpinen Klettern üblich war, die waren uns absolut fremd. Es war eine wunderschöne Kletterei in absolut festem Fels und vermittelte uns so richtig das Genussklettern, für das der Wilde Kaiser bekannt war. An dem Abend genehmigten wir uns zur Feier des Tages und in Gedenken an Fritz Wießner in der Hütte ein Bier – gefei-

Der Nasenquergang der Dülfer-Westwand am Totenkirchl damals und heute, mit Seilzug (links) und frei begangen. Mehr oder weniger aus Versehen machte ich die zweite Alleinbegehung dieser Route.

ert musste werden. Viele Jahre später, als ich Fritz Wießner kennenlernte, erzählte ich ihm von unserem Erlebnis in der Südostwand an der Fleischbank. Er lud mich zu einem Essen im Münchner Nobelhotel «Vier Jahreszeiten» ein. Dort erzählte er mir von seinen großen Bergfahrten in Amerika und seinen Abenteuern im Karakorum, vom Achttausender K2 und von seinem vergeblichen Versuch, diesen Berg als Erster zu besteigen. Außerdem meinte er, dass er bei der Erstdurchsteigung in der Südostwand der Fleischbank nur ganz wenige Haken geschlagen hätte. Aber das war, wie gesagt, viele Jahre später.

Am nächsten Tag, einem Ruhetag, beschloss ich, mir die Westwand des Totenkirchls einmal genauer anzuschauen. Der Tag war schön und sonnig, ein Gewitter war weit und breit nicht in Sicht. So schlenderte ich, mit meinen leichten Kletterschuhen an den Füßen, bekleidet nur mit Hemd und Hose und ein Stück Brot und Käse im Hosensack, vom Stripsenjoch durch den sogenannten Teufelswurzgarten, der ein lang gezogenes Latschenfeld ist, hinüber zur Westwand des Totenkirchls. Dort legte ich mich auf einen mit Alpenrosen bewachsenen Block und schaute hinauf in die 700 Meter hohe Westwand. Viel hatte ich gelesen und gehört von diesem Geniestreich des berühmten Kletterers Hans Dülfer, eines musischen Menschen, der mit seinen Fingern nicht nur den Fels streichelte, sondern auch die

Tasten des Klaviers. Er hatte auch das Zeug zum Konzertpianisten. Das imponierte mir gewaltig. Ich begab mich in Richtung der Winklerschlucht, wo sich ein wenig höher der Einstieg in die Dülfer-Westwand befand. Versuchsweise kletterte ich ein bisschen höher und dann noch höher und immer höher, bis ich einen richtungsweisenden alten, rostigen Haken fand. Ich kletterte immer noch weiter, bis ich merkte, dass sich links von mir der berüchtigte Nasenquergang befand. Er wurde üblicherweise mittels Seilzug überwunden, das wusste ich aus vielen Berichten. Der Quergang schaute aber aus meiner Position durchaus kletterbar aus. Man müsste es einmal probieren, ganz einfach mal probieren, dachte ich. Die kleinen Tritte und Griffe in diesem Quergang kamen meinem Kletterstil entgegen. Ganz entspannt und locker machte ich mich an die filigrane Kletterei und schlich in sächsischer Manier über die berühmte Stelle. Als der «Seilquergang» hinter mir lag, war mir klar: Da brauche ich eigentlich nicht wieder zurück, das ist ja der schwierigste Teil der ganzen Wand. Ich konnte also auch gleich weiterklettern.

Gute 2 Stunden nach meinem Einstieg in die Westwand stand ich auf dem Gipfel des Totenkirchls und fühlte mich blendend. Noch ahnte ich nicht, was ich mit meinem Alleingang angerichtet hatte. Von der Gipfelschlucht, weit oben, hatte ein Kufsteiner Bergführer meine Solobegehung der Westwand beobachtet und dann, als er wieder auf der Hütte angekommen war, dem Wirt und anderen Bergsteigern davon berichtet. Für den Abstieg vom Totenkirchl ließ ich mir Zeit, eingedenk dessen, was mir auf dem hart gefrorenen Schneefeld an der Kleinen Halt widerfahren war. Günter und Konrad erwarteten mich schon an der Hütte, und auch der Hüttenwirt kam, stellte mir ein großes Bier auf den Tisch und gratulierte mir zu meiner Begehung. Dann erzählte er mir, dass diese erst einmal im Alleingang durchstiegen worden war, von Hermann Buhl. Vor unserer Reise in die Alpen hatte ich einen Vortrag von Hermann Buhl in Dresden besucht, in dem er von seinen Erlebnissen und seinem Alleingang auf den Nanga Parbat berichtet hatte. Wie hatte ich diesen einmaligen Alpinisten und seine Tat bewundert! Dr. Max Schneider, Alpenvereinsvorstand von Neuburg an der Donau, stellte sich uns vor. Seine Alpenvereinssektion habe mit einigen jungen Kletterern in der Hütte Quartier bezogen, erzählte er, und er würde mich und meine beiden Freunde gern zum Abendessen einladen. Dieser gesellige Abend sollte eine Wende in meinem Leben bringen. Ich lernte neben einigen anderen jungen Kletterern aus Neuburg auch den drei Jahre älteren Klaus Buschmann, einen Maschinenbaustudenten, kennen. Er war der «Kletterstar» in Neuburg, allerdings auch der einzige sehr gute Kletterer der Sektion Neuburg. Wir planten für den nächsten Tag eine gemeinsame große Tour. Die Konstellation war günstig, da Günter, Konrad und ich eine Dreierseilschaft bildeten. So vereinbarten wir, mit Klaus Buschmann als Viertem zwei Seilschaften zu bilden und die Peters/Eidenschink-Route in der Totenkirchl-Westwand zu klettern, die damals zu den schwierigsten Ostalpentouren zählte. Konrad Tschirschwitz und Klaus Buschmann, die beide gleich alt waren, sollten eine Seilschaft bilden, sozusagen eine sächsisch-bayerische Allianz.

Im Morgengrauen verließen wir das Stripsenjochhaus und stiegen eine Stunde später in die Totenkirchl-Westwand ein. Dabei bemerkten wir, dass wir nicht die einzigen Seilschaften in der Wand waren. Vor uns befand sich etwa 100 Meter höher eine Seilschaft, die, wie sich später herausstellen sollte, aus dem schwäbischen Donautal stammte. Günter Nothdurft und Franz Mayer, stellten sie sich vor, als wir sie nach etwa einer Stunde eingeholt hatten. Sie hatten sich in einen Überhang verbissen und einen klassischen «Verhauer» gebaut, sich verstiegen. Einige Jahre später sollten sich unsere Spuren noch einmal in der Eiger-Nordwand kreuzen. Wir waren nun drei Seilschaften, und diese Durchsteigung wurde für alle ein großes Erlebnis; wir gerieten in Zeitnot, Klaus und Konrad mussten in der Gipfelschlucht gar biwakieren. Wir anderen kamen in der Dunkelheit über den klassischen Führerweg noch am Abend zum Stripsenjoch zurück.

Klaus Buschmann in der Schlüsselstelle der Peters/Eidenschink in der Totenkirchl-Westwand, fotografiert von Günter Nothdurft.

Dr. Schneider erwartete uns schon. Er war um Klaus Buschmann besorgt, aber ich konnte ihn beruhigen, die beiden würden in der Gipfelschlucht biwakieren. In der Nacht begann es zu regnen. Am frühen Morgen stieg ich allein zum Gipfel und dann in der Gipfelschlucht etwa sechs Seillängen nach unten, bis ich Rufverbindung zu Konrad und Klaus hatte. Gemeinsam kletterten wir dann zum Gipfel und stiegen zur Hütte ab. Das Wetter hatte sich verschlechtert, und es hatte stark geregnet. Max Schneider war über das glückliche Ende der Klettertour am Totenkirchl erleichtert. Am zweiten gemeinsamen Abend, als wir alle im Hüttenraum saßen, meinte er beiläufig, dass es doch ganz gut passen würde, wenn ich in ihre Sektion nach Neuburg kommen würde. Er könne mir als Direktor eines Neuburger Betriebes, des Globuswerks, Arbeit als Betriebsmechaniker geben, und ein Zimmer würde er mir im Hauptwerk auch einrichten lassen. Ich hätte Arbeit, und Klaus Buschmann hätte einen Partner in der Sektion Neuburg, mit dem er schwere Bergtouren gehen könne. Der Gedanke war verlockend für mich. So schnell lossagen wollte ich mich von meiner sächsischen Heimat aber doch nicht. Ich sagte Max Schneider, ich würde es mir überlegen und erst einmal meinen Urlaub mit meinen beiden Freunden zu Ende führen. Wir hatten noch sehr viel auf unserer Tourenliste stehen.

Einen Tag später fuhren die neu gewonnenen Freunde zurück nach Neuburg. Günter und Konrad aber begleiteten mich ins Wettersteingebirge, das wir als nächstes Kletterziel geplant hatten. Diesmal aber benutzten wir aus Geldmangel nicht die Bahn, sondern fuhren per Autostopp. Das war natürlich zu dritt nicht ganz einfach – wer nimmt schon drei Bergsteiger mit großen Rucksäcken mit? Wir brauchten einen ganzen Tag durchs Inntal nach Innsbruck und weiter über Mittenwald nach Garmisch-Partenkirchen. Meistens waren es Lastwagen, die uns auf der Ladefläche mitnahmen.

Nach Scharnitz hatten wir ein schönes Erlebnis mit dem Fahrer eines Lieferwagens, der uns mitnahm. Er unterhielt sich angeregt mit uns und erzählte uns, er sei Mitglied im Alpenverein Garmisch-Partenkirchen. In den Alpen sind alle im Alpenverein, dachte ich und fand das ganz praktisch. Er wäre schon sehr oft auf der Oberreintalhütte – unserem Hüttenziel – gewesen, und den Hüttenwart dieser Hütte kenne er sehr gut. Wir sollten ihn grüßen, und der Hüttenwart solle uns doch wie die Alpenvereinsjugend der Sektion behandeln und uns nicht so viel Geld wie am Stripsenjochhaus abknöpfen. Ich fragte ihn nach dem Unterschied zwischen einem Hüttenwart und einem Hüttenwirt. Er sagte, der Hüttenwirt verkaufe warme Speisen und Getränke und sei so etwas wie ein Gastwirt, der Hüttenwart aber sei nur für die Übernachtung zuständig, und ansonsten mache er gegen eine kleine Gebühr das Essen warm, das die Touristen selbst mitgebracht hätten. Wir mussten also einkaufen gehen. In Garmisch brachte er uns dann zu einem Lebensmittelgeschäft, das er beliefern musste, und kaufte für uns eine riesige Menge Proviant für unsere Klettertage auf der Oberreintalhütte. Das war eine tolle Sache!

Klettertage im Oberreintal

Das Wettersteingebirge mit Deutschlands höchstem Berg, der Zugspitze, ist ein Dorado für Felskletterer. Ganz im Innern dieses Gebirges steht in einem hoch gelegenen Seitental des Reintals, das an der Partnachklamm beginnt, eine der letzten echten Berghütten der Alpen: die Oberreintalhütte. Nicht bewirtschaftet und nur mit einem Hüttenwart versehen, steht sie, nur im Sommer geöffnet, in 1530 Meter Höhe. Nach Garmisch, vorbei am Olympiastadion und dann durch die wildromantische Partnachklamm mit ihrem schäumenden Wildwasser, öffnet sich nach dem felsigen Einschnitt der Klamm das Reintal, das über die Reintalangerhütte bis zur Knorrhütte führt.

Von der Knorrhütte kann man die 2964 Meter hohe Zugspitze besteigen. Wir drei waren auf dem Weg zur Oberreintalhütte und nicht zur Zugspitze. Links und rechts ziehen steile Wände empor; die Hochwanner Nordwand, 1600 Meter hoch, ist die zweithöchste Wand der Ostalpen. Weiter links in einem Seitental befindet sich das Oberreintal mit seiner wunderschön gelegenen Hütte. Wir erreichten den

Das Oberreintal ist eine Oase der Extremkletterer im Wettersteingebirge. Links die malerisch gelegene Oberreintalhütte, rechts der Oberreintaldom mit der Brandler-Route.

Talkessel und unter schattigen Ahornbäumen die kleine Hütte, vor der ein plätschernder Brunnentrog stand. Dieser war das fließende Wasser der Hütte, die nur einen großen Aufenthaltsraum und ein mittelgroßes, einfaches Matratzenlager hatte.

Dominierender Gipfel in diesem Felskessel ist der Oberreintaldom mit seiner 500 Meter hohen Nordwand. Hier wurde deutsche und österreichische Alpingeschichte geschrieben. Gondaverschneidung, Schließler-Führe und PS-Verschneidung, Eichhorngrat und Schoberkante, um nur einige zu nennen, sind vielen Kletterern ein Begriff. Dieses Kletterdorado war also unser Ziel für vierzehn ungestörte Klettertage. Wir kletterten viele der Routen: die Gondaverschneidung, die Schüsselkarspitze-Südostwand und den Schobergrat, unterboten dabei sogar als Dreierseilschaft alle bisherigen Bestzeiten der schweren Kletterwege.

Diese schönen Tage gingen bald zu Ende. Meine Freunde mussten nach Hause, der Urlaub war abgelaufen. Wir hatten auf der Hütte wunderbare Freunde aus Garmisch, München und Nürnberg kennengelernt. Meine Freunde waren weg, und ich blieb allein zurück auf der Hütte. Das hatte seine Ursache im Angebot von Max Schneider aus Neuburg: Mit ihm hatte ich einen späteren Termin ver-

Ein Wiederholer der Brandler-Route, Jahrzehnte später von Heinz Zak fotografiert.

einbart, und er meinte, wenn ich mit dem Tourengehen genug habe, so solle ich einfach Bescheid geben und in Neuburg aufkreuzen. Ich hatte es also nicht eilig.

Tagelang, wenn ich vor der Oberreintalhütte saß, hatte ich mir immer wieder die Nordwand des Oberreintaldoms betrachtet und wusste, dass im rechten Teil, in dem sich eine Wandflucht von gut 300 Metern aufbäumt, eine neue Tour eröffnet werden konnte. Nur war das Problem, dass ich so gut wie keine Felshaken hatte. Da kam mir eine Idee. Eine der vielen Routen, die ich mit meinen Freunden geklettert war, war die Nordwand am Unteren Oberreintalturm. Bei dieser Kletterei im sechsten Grad steckten meiner Meinung nach zu viele Haken. Das kam mir gelegen. Ich kletterte im Alleingang durch diese Nordwand und entfernte alle mir überflüssig erscheinenden Haken. Unten an der Hütte, klopfte ich mit dem Kletterhammer alle krummen Haken wieder gerade und hatte nun einen wertvollen Schatz von Felshaken für eine Erstdurchsteigung.

Jetzt fehlte mir noch ein geeigneter Partner. Mit dem sächsischen Kletterer Gerhard Walpert stieg ich an einem frühen Morgen in die Nordwestwand des Oberreintaldoms ein. Wir waren erstaunt über den eisenfesten Fels, den wir in diesem Wandteil vorfanden, denn das Wettersteingebirge ist eigentlich für sein brüchiges Gestein bekannt, auch am Oberreintaldom. Fast wie im Elbsandsteingebirge kletterten wir vollkommen frei über raue Felsplatten und setzten nur ab und zu einen Haken zur Zwischensicherung. Wenn es möglich war, legte ich eine sächsische Seilschlinge über Felsplatten oder Knotenschlingen in die wenigen vorhandenen Risse. Einmal musste ich meinen Partner als Steigbaum benutzen, um über eine absolut glatte Stelle zu kommen, an der auch kein Haken anzubringen war.

In achtstündiger Kletterei eröffneten wir eine der schönsten Klettereien im Wettersteingebirge. Freie Kletterei fast im sächsischen Stil zeichnet diese Route am Oberreintaldom aus. Heute ist diese Tour mit gebohrten Zwischenhaken versehen, die vom Sicherheitskreis des Deutschen Alpenvereins eingerichtet wurden, und die alten, rostigen Haken sind verschwunden. Heute steht sie als «Brandler-Führe» im Alpenvereinsführer und ist die am meisten begangene Kletterei im sechsten Schwierigkeitsgrad im Wettersteingebirge. Das war – ich war ja gerade mal siebzehn Jahre alt – ein gelungener Abschluss meines ersten Alpenurlaubs im Jahr 1954.

Eine neue Heimat

Tage später stieg ich von der Oberreintalhütte zum Bahnhof nach Garmisch ab. Einen Tag später kam ich mit der Bahn in Neuburg an der Donau an und wurde von Klaus Buschmann und Max Schneider am Bahnhof in Empfang genommen, um hier eine neue Heimat zu finden und zu arbeiten. Von der Elbe an die Donau, meinte Klaus, dass passt doch ganz gut, oder nicht?

Dr. Max Schneider, mein Mentor und Chef des Globuswerks in Neuburg an der Donau, gab mir den Rat, Gesang und Musik zu studieren.

Rechte Seite: Im Dolomitenweg am Burgfelsen bei Konstein. Mädchen als Kletterpartnerinnen waren noch eher selten.

Im Globuswerk, das Kieselerde förderte und daraus Putzmittel herstellte, hatte man mir in einer Baracke ein nettes Zimmer eingerichtet, dann stellte mich Max Schneider meinen neuen Kollegen vor. Ein wenig kritisch schauten sie schon, denn ich war ja nicht nur der neue sächsische Kollege aus Dresden, sondern vor allem auch der Freund des Betriebsdirektors Dr. Max Schneider. Vom Betriebselektriker Edi lernte ich eine ganze Menge über elektrische Dinge. Viele Jahre später kam mir beim Filmen und Filmlichtstellen die Vorbildung als Betriebselektriker zugute, der dem Namen nach eigentlich ein Betriebsmechaniker war.

Das Besondere an Neuburg war, dass sich im alten Donaubett bei Konstein im Wellheimer Tal einer der schönsten Klettergärten Bayerns mit seinen bekannten Kalkfelsen befindet. Konstein ist nur ein kleines Dorf, aber dieses kleine Tal ist eine Traumlandschaft, mit frei stehenden Felstürmen, die Namen wie Dohlenfelsen, Weiße Wand, Konsteiner Wand und Oberländerturm tragen und die geologisch aus Jurakalk bestehen. Aus München, Nürnberg, Ingolstadt und Stuttgart kommen die Kletterer, um am Wochenende hier zu klettern. Klaus wollte natürlich gleich nach wenigen Tagen mit mir zum Klettern, um einen alten Plan zu verwirklichen. An der Konsteiner Wand gab es einen überhängenden Riss, den er durchsteigen wollte. Wir fuhren mit dem Fahrrad nach Konstein und stiegen in der Konsteiner Wand 20 Meter hinauf bis zu einem überhängenden Riss. Am Standplatz, an dem sich zwei alte Haken befanden, übernahm Klaus die Führung, um den sehr schwierigen überhängenden Handriss zu klettern. Ich sah, dass Klaus ziemlich Mühe hatte, denn die sächsische Risstechnik war ihm fremd. Er griff in eine morsche Hanfschlinge, die dort seit ewigen Zeiten von einem Besteigungsversuch in einem Holzkeil baumelte, und die riss natürlich entzwei. Ein Sturz war die Folge, denn er war schon gute 6 Meter über mir. Ich sicherte ihn wie immer mit unserer sächsischen Doppelkreuzsicherung und nicht, wie damals im Alpenraum üblich, einfach nur über die Schulter. Durch den gewaltigen Sturz von Klaus wirbelte es mich mit dem Kopf nach unten herum, doch die Sicherungsschlinge um meinen Körper hielt und zog sich zusammen. Das war das Glück für Klaus, denn mit der Schultersicherung hätte ich den Sturz des 80 Kilo schweren Burschen nicht halten können, und Klaus wäre gute 25 Meter hinunter bis zum Einstieg gestürzt. Einer der

Standhaken brach aus, und Klaus hing etwa 10 Meter unter mir. Passiert war ihm nichts, doch ich hatte eine riesengroße Beule am Kopf. Klaus hangelte am Seil zu mir hinauf, und da ich nicht einfach aufgeben wollte, übernahm ich die Führung.

Die sächsische Risstechnik kam mir natürlich zugute, und so durchstieg ich den überhängenden Riss, der etwa 15 Meter hoch war, bis zum Ende. Klaus kam nachgeklettert, und wir freuten uns, dass alles ohne größeren Schaden ausgegangen war. Einige Zeit später kam, wie verabredet, Dr. Max Schneider mit Auto und Chauffeur, um uns abzuholen. Da saß ich aber schon, ganz grün im Gesicht, am Wegesrand auf einer Wiese. Im Krankenhaus diagnostizierte man eine mittelgroße Gehirnerschütterung. Klaus meinte lakonisch: «Wo nichts ist, kann auch nichts erschüttert werden.» Dieser Riss ist auch heute noch ein Prüfstein für alle angehenden Extremkletterer und als «Schnippelriss» allen Kletterern in Bayern und Schwaben ein Begriff.

Klaus, mit dem ich noch wunderschöne Klettertouren unternehmen sollte, wurde zu einem wichtigen Freund in meinem Leben. Dabei habe ich ihm noch etwas Besonderes zu verdanken. Klaus ist ein ausgezeichneter Pianist – er war in der Meisterklasse am Konservatorium in Wiesbaden –, und er animierte mich wieder zum Klavierspielen. Mit zwölf Jahren hatte ich aufgehört, Klavier zu spielen: Klettern war wichtiger! Aber jetzt, als ich hörte, wie gut Klaus spielte, wurde auch bei mir wieder die Freude am Klavierspiel geweckt. Leider habe ich dabei ein Handicap, meine Hände sind klein, fast wie die einer Frau, mit kurzen Fingern, sodass ich gerade mal mit Mühe eine Oktave umspannen kann. Das ist für virtuoses Spielen am Klavier viel zu wenig. Sei es darum – mir macht das Spielen immer wieder Freude, und wenn ich einmal richtig traurig bin, setze ich mich ans Instrument und vergesse fast allen Kummer.

In der Zwischenzeit war ich Mitglied im Alpenverein geworden, was damals noch gar nicht so einfach war. Man brauchte zwei Bürgen, um aufgenommen zu werden. Meine Bürgen waren Max Schneider und Elisabeth Fricke, die Apothekerin von der Hofapotheke in Neuburg, die zweite Vorsitzende der Sektion Neuburg.

Weihnachten wollte ich bei meiner Mutter in Dresden verbringen. Die politische Situation sah so aus: Da es in Westdeutschland und in Ostdeutschland noch wenig Arbeitsplätze gab, war man im innerdeutschen Verkehr noch großzügig. In Neuburg angekommen, gab ich meinen provisorischen DDR-Ausweis ab und bekam einen bundesdeutschen Personalausweis. Per Post meldete ich mich in Dresden ab, und so konnte meine Mutter mir zu Weihnachten eine Aufenthaltsgenehmigung für Dresden schicken. Nichts stand einer Reise nach Sachsen im Weg. Den Begriff «Republikflucht» gab es noch nicht. Man wechselte einfach die Gegend, in der man leben wollte.

Meinen Freund Klaus überredete ich, mich nach Dresden zu begleiten und so das Elbsandsteingebirge kennenzulernen, wenn auch nur das winterliche.

Musizieren war unser beider Vergnügen, auch im Klettergarten Konstein: Klaus – am Akkordeon – mit seiner Freundin Erika, der einzigen Kletterin der Sektion Neuburg, ich an der Gitarre.

Meine Dresdner Kletterfreunde nahmen Klaus freundlich auf, und am 31. Dezember erlebte Klaus mit uns eine Silvesternacht unter den Felsen, bei offenem Feuer, gebratener Wurst am Stecken und genügend Getränken. Eine Eigenart der Silvesternacht im Elbsandsteingebirge war, dass auf vielen der Gipfel um Mitternacht große Feuer angezündet wurden, und genau zum Jahreswechsel ertönte auf allen Gipfeln anstatt eines Feuerwerks der Gesang der Bergsteiger, die zum Teil Mitglieder in einem der beiden Bergsteigerchöre waren. Von Gipfel zu Gipfel ertönten die Lieder über die Berge durch die kalte Silvesternacht hinüber in das Jahr 1955. Klaus war begeistert und freute sich schon auf einen zweiten Besuch, um im Sommer mit mir einige der schweren Wände im Elbsandsteingebirge zu klettern.

Die Predigtstuhl-Direttissima im Wettersturz

Sektionsausflug zu Pfingsten in den Wilden Kaiser – Saisonbeginn war angesagt. Am Stripsenjochhaus machten wir wieder im Massenlager Quartier. Klaus und ich wollten die heiß begehrte Direttissima in der Predigtstuhl-Westwand durchsteigen. Von Hans Wörndl und Peter Hofer am 29. August 1952 nach vielen Versuchen erstdurchstiegen, galt sie als eine der schwersten Klettereien in den Ostalpen. Max Schneider hatte uns ein neues Seil gekauft, ein Perlonseil, 12 Millimeter stark und 40 Meter lang, nicht geflochten, sondern gedreht. Mit diesem Seil sollte jede Wand zu durchsteigen sein, meinten wir. In den Morgenstunden stiegen wir in die Direttissima ein. Trittleitern hatten wir damals noch nicht. Finger in den vorhandenen Haken mussten genügen. Nach zwei Seillängen merkte ich aber, dass diese Kletterei für Klaus etwas zu anstrengend war, und wir säbelten kurzerhand ein knapp 3 Meter langes Stück vom Seil ab. Klaus knüpfte sich eine Schlinge, und mit dieser Hilfe ging es nun schon viel besser.

An dem Tag meldete sich schon sehr zeitig ein aufkommendes Gewitter, und es erreichte uns in den späten Nachmittagsstunden. Es begann mit Blitz und Donner, bald fegte Schnee über die Berge. Wir befanden uns gerade im großen Überhang etwa 70 Meter unterhalb des Gipfels, für uns im Moment der beste und geschützteste Punkt in der Wand. Diesmal hatten wir einen Biwaksack aus Mosettigbatist dabei, also eine Art gummiertes Inlett, doch leider nicht sehr reißfest. Diesen stülpten wir uns über und warteten ab, wie sich das Wetter entwickelte. Es hörte nicht auf zu schneien, ganz im Gegenteil, als es dunkel wurde, nahm der Wind zu und zerlegte langsam unseren Biwaksack. Wir hingen an einer Schlinge in einem Hängestand, zu essen hatten wir eine Kleinigkeit, zum Trinken nur eine kleine Plastikflasche mit Tee, aber die hatten wir schon zu Mittag ausgetrunken. In der Nacht hatte es fast 30 Zentimeter Neuschnee gegeben.

Auf dem Stripsenjoch hatte man das Unternehmen beobachtet. Wegen des vielen Schnees hatte der Hüttenwirt die Bergwacht in Kufstein benachrichtigt, und die rückte über die Griesneralm und die Steinerne Rinne zum Predigtstuhl vor. Klaus und ich nützten das vorübergehend besser werdende Wetter zum Weiterklettern und erreichten nach dem Überhang einen kleinen Absatz, etwa 15 Meter unter dem Oppelband am Predigtstuhl. Plötzlich hörten wir über uns Stimmen, und ein Bergwachtmann über uns fragte uns, ob wir gesund und munter seien. Die Bergwacht hatte in der Zwischenzeit über den Botzongkamin das Oppelband erreicht und warf uns ein Seil zu unserem Standplatz herunter. So sicherten sie mich hinauf, und bald stand auch Klaus neben mir. Wir bedankten uns für diese spontane Hilfe beim Leiter der Bergwachtgruppe aus Kufstein. Max Fischbacher hieß er, und mit ihm kletterte ich einige Wochen später die schöne, klassische Rebitsch/Spiegl-Route von 1946 an der Fleischbank, eine «ausgesprochen interessante, abwechslungsreiche Kletterei an ausnahmslos festem Fels, vor allem im oberen Teil überwiegend schöne Freikletterei, zu Unrecht weniger begangen», wie es im Kaiserführer heißt.

Dolomitentage

Der Sommer 1955 sah mich mit meinem Freund Klaus zum ersten Mal in den Dolomiten; mit von der Partie waren Freunde aus Nürnberg. Studienrat Hermann Luschner und Mathematikstudienrat Dr. Lothar Finzel waren gute Kletterer, und sie besaßen – was ganz wichtig war – ein Auto. Kennengelernt hatten wir uns im Felsenzirkus von Konstein. Wunderland Dolomiten – wie oft hatten wir davon geträumt, diese steilen Zinnen und Türme einmal vor uns zu sehen! Der Traum nahm uns voll und ganz gefangen, und nun sollte er Wirklichkeit werden.

Am Sellajoch hatten wir in einer Privathütte ein Matratzenlager, und von dort kletterten wir in den umliegenden Wänden, am Ersten Sellaturm die Tissiroute, an der Pordoispitze die Nordwestwand. Wir stiegen auch auf die Marmolada, den mit 3344 Meter Höhe höchsten Gipfel der Dolomiten. Ein Dutzend schönster Dolomitentouren war das Ergebnis des Trainings.

Als letztes großes Ziel unseres Dolomitenurlaubs war die Nordwand der Großen Zinne geplant, diese gewaltige Mauer, die einem beim Besichtigen den Kopf in den Nacken zwingt. Mit Klaus und Lothar – Hermann war etwas unpässlich – durchstieg ich die Comici-Route in der Nordwand. Nach der guten Hälfte der Wand war Lothar Finzel total erschöpft. Ich sicherte ihn von oben am straff gehaltenen Seil und Klaus am zweiten Seil, damit Lothar sich immer wieder auf die Schulter von Klaus stellen konnte. Das kostete Zeit. Im Dunkeln erreichten wir den Gipfel der Großen Zinne. Lothar setzte sich auf den Boden und weigerte sich, weiter abzusteigen. Schon seit geraumer Zeit spürten wir ein nahendes Gewitter, und jetzt, als wir auf dem Gipfel waren, stand das Gewitter über unseren Köpfen. Fast mit Gewalt mussten wir Lothar in der Abstiegsroute etwas weiter nach unten bringen, um der Gefahr eines Blitzschlags vorzubeugen. Dieses Biwak hatte den vollkommen entkräfteten Lothar Finzel so entmutigt, dass er am nächsten Tag, mit seinem Freund Hermann nach Nürnberg zurückfuhr. Klaus und ich fuhren noch mit ihnen gemeinsam im VW bis Garmisch mit und wollten von dort weiter ins Wettersteingebirge, um zur Oberreintalhütte zu gehen.

Der Wettergott meinte es noch einmal ganz besonders gut mit uns beiden. Wir kletterten alles ab, was es an schweren Touren im Bereich der Oberreintalhütte gab. In der Hütte traf ich den sächsischen Kletterer Herbert Wünsche, den ich zu meiner Zeit im sächsischen Fels schon immer bewundert hatte. Wunderbare Erstbegehungen im Elbsandsteingebirge zeugen heute noch von seiner Extraklasse. Ein angenehmer, ruhiger Mensch. Mit ihm – Klaus war zum Zahnarzt nach Garmisch gegangen – kletterte ich die Cukrowski-Route in der Südwestwand des Oberen Berggeistturms.

Viele Haken hatten wir nicht dabei, als wir am Einstieg dieser schwierigen Route standen. Wir beäugten die Wand und entdeckten gleich nach der ersten Seillänge auf der linken Seite der Wand einen feinen Riss, der zum oberen Teil der Route hinaufführte. Wenn man diesen Einstieg wählen würde, so dachten wir, dann könnte man die glatte Cukrowski-Platte umgehen, die, wenn sie feucht war, sehr gefährlich werden konnte und dazu auch noch ungesichert war, das wussten wir von anderen Kletterern. Ich kletterte nach links, etwa 10 Meter, und machte mit einem Haken in einer Platte einen Standplatz. Herbert kam nach, meinte aber, dass es wohl besser wäre, wenn wir noch einen Haken dazusetzen würden – sicher ist sicher. Jetzt hatten wir nur noch drei Haken. Vorsichtig begann ich in diesem Riss hinaufzuklettern, legte eine Schlinge in einen feinen Riss und kämpfte mich Meter für Meter nach oben. Nach 10 Metern opferte ich zum Zwischensichern wieder einen Haken und kletterte weiter. Der Riss fasste gerade mal die Fingerspitzen, behutsam balancierte ich mich höher. Eine Schlinge, die letzte, die ich besaß, legte ich in einen Spalt. Wieder 10 Meter geschafft. Jetzt war ich schon ganz schön hoch und hatte noch zwei Haken. Die musste ich mir für den Standplatz weiter oben aufsparen. Einige weitere Balanceakte im Fels, und ich konnte einen kleinen Stand machen, an dem ich Herbert nachholte.

Er hatte mich kommentarlos beim Klettern beobachtet, und beim Nachklettern sah ich, dass er diese Seillänge elegant kletterte. Bei mir angekommen, schüttelte er den Kopf und meinte: «Alle Achtung, das war riskant!» 10 Meter weiter erreichten wir die Cukrowski-Route mit einem guten Standplatz. Ich erzähle diese Geschichte deshalb so ausführlich, da diese Einstiegsvariante im «Alpenvereinsführer Wettersteingebirge» von Stefan Beulke als extreme Freikletterei bezeichnet wird. Das Besondere daran ist: Alle im Oberreintal kennen diese Variante, aber es hat über zehn Jahre gedauert, bis sie zum ersten Mal wiederholt wurde. Dieser Riss ist ein «Himmelfahrtskommando» allererster Güte. Die Erstdurchsteigung mit Herbert Wünsche zählt zu meinen schönsten Erlebnissen am Berg.

In München wurde ich Mitglied der Alpenvereinssektion Bergland. Sie war keine so große Sektion wie die Sektionen München oder Oberland, doch mit 450 Mitgliedern war sie überschaubar und hatte tolle Bergfreunde. Hermann Buhl, schon viele Jahre Mitglied dieser Sektion, brachte mich dorthin, denn es schien mir ratsam, auch einer Münchner Alpenvereinssektion anzugehören. Ein paar Jahre später kam dann, ebenfalls über Hermann Buhl, Kurt Diemberger zu dieser Sektion. Hermann Buhl wurde für mich ein guter Freund und ein großes Vorbild als Mensch und als Alpinist. Und mit Kurt Diemberger verbindet mich heute eine jahrzehntelange Freundschaft. Mehrmals fuhren Hermann Buhl und ich gemeinsam in den Klettergarten von Konstein. Dort bewunderte ich nicht nur seinen eleganten Kletterstil, sondern sah auch die Gemeinsamkeiten in den Bewegungsabläufen beim Klettern. Doch zu einer größeren Bergtour in den Alpen kamen wir nicht, da Hermann Buhl immer mit der Vorbereitung seiner Expeditionen und mit Vorträgen beschäftigt war.

Alleingänge im Wilden Kaiser

Im Frühsommer 1956 machte ich für ein paar Tage einen Ausflug in den Wilden Kaiser, um einige Alleingänge zu machen. Ab und zu gönnte ich mir so eine persönliche Auszeit, um mit meinen Gedanken ins Reine zu kommen. Auch die Fleischbankverschneidung kletterte ich allein. Eine Stelle hatte mir sehr zu denken gegeben: Am Ende der zentralen Verschneidung musste man einen Quergang von etwa 4 Metern über eine glatte, geneigte Platte machen. Man musste den linken Fuß ganz ruhig auf Reibung belasten und hatte keinen einzigen Griff für die Hände. Wenn man in einer Seilschaft kletterte, riskierte man schnell einmal einen kleinen Sturz. Nicht aber als Alleingänger. Ich hatte ein altes, schlechtes Seil aus Manilahanf und konnte mir ausrechnen, dass dieses Seil auf keinen Fall einen Sturz halten würde. Auch die Haken, in die ich das Seil gefädelt hatte, waren nicht sehr vertrauenerweckend. Hier spürte ich zum ersten Mal in meinem Leben eine Unsicherheit beim Klettern. Sollte ich diesen entscheidenden Schritt wagen? Fühlte ich mich sicher genug? Ich wusste es nicht, musste aber eine Entscheidung treffen. Für meine Begriffe zu lange stand ich an dieser Stelle. Dann gab ich mir einen inneren Befehl und setzte den Fuß auf die Reibungsstelle. Jetzt galt es, den Schuh zu belasten und das Risiko einzugehen. Als ich den nächsten Griff mit der linken Hand fest umfasste, zog ich den rechten Fuß nach und stand mit dem linken Fuß wieder auf einem sicheren Tritt. Diese kritische Situation gab mir sehr zu denken. Zum ersten Mal war ich an eine Grenze gestoßen und hatte diese Grenze überschritten, aber mir war nicht wohl dabei.

Die Fleischbankverschneidung hatte vor mir schon Hermann Buhl im Alleingang durchstiegen, nicht aber die Direttissima in der Predigtstuhl-Westwand. Diese galt damals als die schwerste Kletterei im Wilden Kaiser. Es war eine gewagte Solobegehung, da ich nur ein dünnes Seil zur Selbstsicherung dabeihatte und die alten Haken in der extrem schwierigen Wand nicht gerade vertrauenerweckend waren. Wenn man in einer gesicherten Seilschaft eingebunden ist, werden einem diese schlechten Haken nicht so bewusst, doch im Alleingang spürt man das Risiko doppelt und dreifach. Ganz wohl war mir nicht dabei. Die schweren Bergschuhe hatte ich in meinen Rucksack gesteckt. Doch drei Stunden später stand ich auf dem Gipfel des Predigtstuhls und hatte die Direttissima im Alleingang begangen.

Wieder zurück auf der Stripsenjochhütte, spürte ich im Nachhinein eine große innere Anspannung und merkte, dass diese Art des Kletterns nicht die Form der Selbstbestätigung war, die ich mit meiner Einstellung zum Klettern suchte. Ich war wohl doch ein Bergsteiger, der sich lieber mit einem guten Kameraden am Berg verband, und nicht der geborene Einzelgänger. Diese Erkenntnis war es, die weitere große Alleingänge verhinderte, denn insgeheim träumte ich immer von einem Alleingang in der Eiger-Nordwand und am Bonattipfeiler an der Aiguille du Dru.

Paul Preuß, der berühmte Alleingänger, sagte einmal als Credo: «Bergtouren, die man unternimmt, soll man nicht gewachsen, sondern überlegen sein.» Dass dabei allerdings die großen Unbekannten, die objektiven Gefahren des Berges wie Steinschlag und Wetter, auch noch eine gewichtige Rolle spielen, hat Paul Preuß sicher gewusst, aber genauso bewusst ignoriert. Er war der geborene Alleingänger und verzichtete bei den meisten seiner Erstdurchsteigungen auf einen Begleiter. So erklärt sich vielleicht auch seine Abneigung gegenüber dem Felshaken und ganz besonders gegenüber dem gebohrten Sicherheitshaken als Stand- und Sturzhaken bei schweren Klettertouren. Paul Preuß verunglückte im Alter von 27 Jahren bei einem Alleingang im Dachsteinmassiv – viel zu jung für einen passionierten Bergsteiger. Mein Credo ist: Man soll dem Berg gewachsen sein in der Erkenntnis, dass er uns allemal überlegen ist und ganz andere Waffen einsetzen kann, um sich der lästigen Menschen zu entledigen. Wir sollten immer bedenken, dass wir in den Bergen nur zu Gast sind.

Mit Ludwig Gramminger, dem Bergwacht-«Boss» aus München, und dem großen Alpinisten und Bergwachtmann Hermann Huber 1957 bei der Rettung Claudio Cortis am Eiger.

NORDWANDTRÄUME

Erstmals am Eiger

Im Juli 1956 traf ich mich mit meinem Freund Klaus Buschmann bei seinen Eltern in Neuburg. Wir hatten etwas Unerhörtes vor: Wir wollten die Eiger-Nordwand durchsteigen. Erst zwölf Begehungen zählte sie und galt damals als die bedeutendste alpine Wand auf der ganzen Welt. Jeder Bergsteiger kannte die Geschichte der Wand, die vielen gescheiterten Versuche und vor allem natürlich die Erstdurchsteigung durch die Seilschaften Anderl Heckmair und Wiggerl Vörg aus Deutschland sowie Heinrich Harrer und Fritz Kasparek aus Österreich. Mit unserem Mentor und Freund Dr. Max Schneider besprachen wir den Plan, und er gab uns auch einen Zuschuss für unsere Ausrüstung. Vor allem wünschte er uns viel Glück, und ich glaube, dass er sich insgeheim wünschte, wir würden diese Unternehmung bleiben lassen.

Wir planten als Erstes einige Eingehtouren, um uns an die Dimension dieser Berge zu gewöhnen. Erst einmal auf das Fiescherhorn wollten wir, denn das stand in Grindelwald genau vor uns. Also auf zur damaligen Strahlegghütte, von wo man über den Normalweg auf das 3895 Meter hohe Kleine Fiescherhorn steigen konnte. Wir blieben über Nacht auf der Hütte und genehmigten uns am Abend eine Suppe. Schnell stiegen wir am nächsten Tag aufs Fiescherhorn und genauso schnell wieder ins Tal. Wir machten noch eine Besteigung des Wetterhorns bei gemischten Verhältnissen und fühlten uns dann fit für die Wand am Eiger – meinten wir!

Wir schauten in die Zeitung nach dem Wetterbericht, denn wir wussten, dass mit einem Wettersturz in dieser Wand nicht zu spaßen war. Das Wetter versprach gut zu bleiben, und wir marschierten hinauf nach Alpiglen. Nachmittags stiegen wir über die grünen Matten von Alpiglen in Richtung Wand. Je weiter wir uns dem Einstieg in diese Riesenmauer näherten, umso gewaltiger bäumte sie sich in ihrer konkaven Geschlossenheit auf. Noch nie hatte ich vorher so eine riesige Wand aus Fels und Eis gesehen, und ich kam mir mit meinem Unterfangen, die Durchsteigung der Eiger-Nordwand zu wagen, unendlich klein vor. Wir stiegen ein und suchten uns einen Biwakplatz in der Höhe des Zerschrundenen Pfeilers. Die untergehende Sonne beleuchtete die Felsen und gab noch etwas Wärme ab. Glasklar war die Nacht und so kalt, dass wir kaum Schlaf fanden.

Als sich am Horizont die erste Morgenfärbung zeigte, hörten wir seitlich von uns Stimmen. Ich schaute aus dem Biwaksack heraus und sah auf unserer Höhe zwei Bergsteiger. Sie waren etwa 80 Meter von uns entfernt und kletterten rasch über den Zerschrundenen Pfeiler und weiter in Richtung einer Verschneidung. Schnell hatten wir unseren Biwaksack eingepackt und kletterten den beiden nach. Rufverbindung hatten wir nicht aufgenommen, denn es war uns klar, was die beiden vorhatten. Alles ging wortlos vonstatten. Wir wollten erst den Anschluss an diese Seilschaft finden und uns dann mit ihnen unterhalten.

Klaus Buschmann 1956 im unteren Teil der Eiger-Nordwand.

Der Seilerste hatte schon einen Teil der Verschneidung durchstiegen und machte im steilen Gelände Stand. Dann holte er seinen Partner nach, und dieser kletterte sofort weiter. Schnell war ich unter der Verschneidung, machte Stand und holte Klaus zu mir nach. Ich kletterte sofort weiter. Als ich etwa 8 Meter in der Verschneidung aufgestiegen war, hörte ich einen Schrei und sah einen Körper auf mich zufliegen. Instinktiv verspreizte ich meine Hände in dem Riss, der sich im Grund der Verschneidung befand, dann spürte ich einen Schlag auf meiner rechten Schulter. Einer der beiden Gestürzten hätte mich beinahe aus der Wand gerissen. Fassungslos sah ich die beiden Körper, sah, wie sie mehrmals aufschlugen und dann über einen Abbruch verschwanden. Totenstille, im wahrsten Sinne des Wortes.

Klaus erzählte mir später – er hatte es als Augenzeuge miterlebt –, dass der Seilerste gestürzt war und dann den anderen mitgerissen hatte. Schnell kletterte ich zurück zu Klaus, und wir schauten uns stumm an. Die Eiger-Nordwand hatte zugeschlagen. Wir verbrachten einige Zeit an unserem Standplatz, dann begannen wir mit dem Abstieg aus dieser grausamen Wand. An einem Bergschrund am Wandfuß sahen wir beim Abstieg einen Rucksack, aber von den Abgestürzten keine Spur. Es war unwahrscheinlich, dass die beiden Verunglückten einen Sturz von fast 150 Meter Höhe überlebt hatten. Unten in Grindelwald benachrichtigten

1956 half ich Grindelwalder Bergführern bei der Bergung der beiden Toten Franz Moosmüller und Manfred Söhnel aus dem Bergschrund.

wir umgehend die Bergrettung und verabredeten mit dem diensthabenden Bergrettungsmann, dass wir am nächsten Morgen mit einer Bergungsmannschaft aufsteigen würden, um die Toten zu bergen.

Mit dem Bergungstrupp fuhren wir am frühen Morgen zur Kleinen Scheidegg, von wo man schneller zum Einstieg gehen kann. Der Berner Fotograf Albert Winkler hatte sich dem Trupp angeschlossen, um von der Bergung zu berichten. Tief unten im Bergschrund bargen Stunden später zwei Bergführer die toten Kletterer und verpackten sie in graue Säcke, gemeinsam brachten wir dann die Toten zu Tal. Es waren die Münchner Bergsteiger Manfred Söhnel und Franz Moosmüller. Einen Tag später trafen die Angehörigen der Verunglückten in Grindelwald ein. Klaus und ich hatten die traurige Aufgabe, ihnen vom Hergang des Absturzes zu berichten. Diese traurige Pflicht ging mir sehr zu Herzen, und ich spürte, dass Bergsteigen immer eine ernste Sache bleiben würde, auch wenn man immer wieder über die Freuden des Bergsteigens lesen konnte. Tage später fuhren Klaus und ich zurück nach München. Wir waren uns beide sicher, dass uns die Eiger-Nordwand nie mehr sehen würde.

In München erhielten wir die Nachricht, dass zwei unserer Freunde beim Versuch, den Zmuttgrat am Matterhorn zu begehen, verschollen waren. Die Eltern der beiden hatten die Bergwacht in München gebeten, eine Suche nach den Vermissten zu starten, und Klaus und mich gebeten, daran teilzunehmen. Der Leiter der bayerischen Bergwacht, Ludwig Gramminger, und Anderl Heckmair, einer der Erstdurchsteiger der Eiger-Nordwand, hatten die Führung dieser kleinen Such- und Bergungsgruppe inne, die nach Zermatt fuhr. So lernte ich Anderl Heckmair und Ludwig Gramminger kennen. Ich stellte schnell meine Ausrüstung zusammen und stellte fest, dass meine Steigeisen verschwunden waren. Damals wohnte ich zusammen mit einem sächsischen Bergfreund in der Münchner Lerchenau. Mein Zimmerkollege hatte wegen eines Streites meine Steigeisen versteckt und wollte mich offensichtlich damit ärgern. In der Eile, der Freund war auf Arbeit, konnte ich die Steigeisen nicht finden. Ich fuhr zu Ludwig Gramminger in die Bergwachtwerkstatt und berichtete ihm, dass ich keine Steigeisen hätte und auch kein Geld, mir neue zu kaufen. Wiggerl wusste Rat und passte mir ein Paar Steigeisen aus seinem Bergwachtfundus an meine Bergschuhe an. Leider hatte er nur größere Exemplare, meine Schuhgröße war aber 39. Das sollte später aber noch eine Rolle spielen, denn die Steigeisen waren einfach eine Nummer zu groß.

In Grammingers altem VW fuhren wir über Oberstdorf, wo wir Anderl Heckmair abholten, weiter in die Schweiz nach Zermatt. Ludwig Gramminger war als Bergwachtexperte beim Bayerischen Roten Kreuz angestellt und hatte eine Werkstatt, in der er ständig neue Bergwachtgeräte entwickelte. Für eine eventuelle Bergung der Toten hatten wir einen neuen Ackja – eine Erfindung von Gramminger – mit einem einrädrigen Fahrgestell dabei. Auf diesen Ackja luden wir unsere Rucksäcke und gingen zu viert hinauf zur 2694 Meter hoch gelegenen Schön-

Mit dem schwer verletzten Anderl Heckmair auf dem Gletscher unter der Matterhorn-Westwand (links); der Ackja kam nun doch zum Einsatz, um Anderl nach Zermatt zu bringen (rechts).

bielhütte am Fuß der Matterhorn-Westwandflanke. Von hier wollten wir am nächsten Morgen über den Schönbielgletscher zur Westwand gehen, um dann durch das Tyndallcouloir zum Zmuttgrat aufzusteigen. Dort hofften wir Spuren der vermissten Bergkameraden zu finden.

Als wir an der Randkluft angekommen waren, überließen uns die beiden erfahrenen Alpinisten allerdings die Führung über den Eisabbruch, der in das Couloir führte. Wir seilten uns ein, und ich überstieg den etwa 6 Meter hohen Steilabbruch, um in die Rinne zu gelangen. Von dort sicherte ich Klaus, Anderl und Ludwig über die Steilstufe nach oben. Über uns zog sich die Eisrinne über gut 200 Höhenmeter nach oben bis zum Zmuttgrat. Richtig schwer schaute sie gar nicht aus. Allerdings machten wir einen verhängnisvollen Fehler. Ich stieg voraus, und alle drei folgten mir am laufenden Seil. Wenn man aber am Seil geht, dann sollte man sichern! Aber auch die beiden fünfzigjährigen Experten am Berg verzichteten darauf, und wir stiegen etwa 100 Meter höher. Ludwig Gramminger, der ein Fernglas dabeihatte, klinkte sich aus dem Seil aus und querte nach links in die etwa 30 Meter entfernten Felsen, um genauer in die Westwand schauen zu können.

Plötzlich hörte ich über mir Steinschlag; einige Brocken schossen die Eisrinne herab und näherten sich mir. Ich machte einen schnellen Schritt nach links, und dabei rutschte mein linkes Steigeisen vom Schuh. Das war für uns alle drei verhängnisvoll, denn ich stürzte kopfüber die Eisrinne hinunter. Anderl Heckmair, der unter mir stand, wurde mitgerissen, dann folgte ihm Klaus, der auf der rasenden Fahrt durch die Eisrinne nach unten aus dem Eis katapultiert wurde. Wir überholten uns gegenseitig, und vor allem Anderl wurde immer wieder hin und

Das Matterhorn hatte mir einige deutlich sichtbare «Tatzen» verpasst, und ich hatte großen Respekt vor den hohen Bergen.

her gerissen. Kurz vor der Randkluft bekam ich einen bremsenden Ruck und stürzte wie ein Stein in die Tiefe der Randkluft.

Da hing ich nun im Seil, das sich über den Rand der Spalte spannte und unseren Sturz stoppte. Erst einmal war Stille, dann hörte ich «Anderl, Anderl» rufen. Gramminger war ja noch oben in der Eisrinne und hatte das ganze Malheur mit angesehen, ohne uns helfen zu können. Wie lange ich an dem Seil in der Spalte hing, weiß ich nicht mehr. Später sah ich dann das Gesicht von Ludwig Gramminger über den Rand der Spalte schauen. «Bist du gesund – fehlt dir was?», fragte er und half mir aus meiner miesen Lage hinauf zum Spaltenrand. Vom Rand der Spalte sah ich nun Anderl und Klaus, die in einer Schneeflanke unterhalb der Randkluft hingen. Klaus hatte lediglich Abschürfungen am ganzen Körper und Prellungen, doch Anderl hatte es ganz böse erwischt. Rippen waren gebrochen, ein Arm war ausgekugelt, und er hatte auch viele Hautabschürfungen.

Nachdem Gramminger den verletzten Anderl Heckmair verarztet hatte, begann ein mühsamer Weg über den langen Schönbielgletscher. Von der Hütte aus sahen die Gäste und Bergführer, wie wir Anderl Heckmair transportierten, dachten sich aber, dass wir einen der toten Bergsteiger gefunden hätten. Als sie bemerkten, dass wir einen Verletzten hatten, kamen sie uns zu Hilfe und brachten Anderl Heckmair hinauf zur Schönbielhütte. So hatten wir uns das mit der Suchaktion nicht vorgestellt!

Ich musste an einige Worte denken, die mir Anderl Heckmair am Vorabend gesagt hatte: «Lothar», meinte er, «ein guter Bergsteiger ist ein Bergsteiger, der dabei alt wird.»

Erst ein Jahr später wurden die Toten, die wir gesucht hatten, seitlich in der Westflanke des Matterhorns gefunden.

Eiger zum Zweiten

Das Jahr 1956 hatte ein unschönes Ende genommen, und ich beschloss, mich ganz anderen Dingen zuzuwenden. In München war ich an einem Filmabend des Alpenvereins im Kongresssaal des Deutschen Museums. Der Film «Sterne und Stürme» von Gaston Rébuffat wurde gezeigt. Ich war begeistert von der Intensität dieses Filmes, von der Lockerheit in der Geschichte eines jungen Kletterers, der am Col du Midi mit Gaston Rébuffat klettert und dabei, wenn Gaston im Alleingang klettert, als Kontrapunkt auf seinem Cello klassische Musik spielt. Dabei hörte ich zum ersten Mal vom Filmfestival im italienischen Trento, verbunden mit einem internationalen Alpinistentreffen mit den besten Bergsteigern aus aller Welt.

Das Filmen hatte es mir angetan. Das wiederum animierte mich zu einem Drehbuchseminar, das als Fernkurs in einer Zeitung angeboten wurde. Ich bekam Einblick in die Filmdramaturgie und lernte etwas über die Technik des Drehbuchschreibens. Mir schwebte ein Film über Hans Dülfer vor, ich hatte aber keine Ahnung, wie man so einen Film realisiert. Er würde gern beim Film arbeiten, muss sich aber eine Arbeit suchen, mit der er Geld verdienen kann. Über einen Bergfreund, Franz Zuleger, bekam ich Kontakt zu einer Fabrik in Steffisburg bei Thun, die Spezialschleifmaschinen herstellte, die Studer AG. Hier verdingte ich mich als Dreher im Schichtbetrieb. Das war nun nicht gerade das, was ich mir gewünscht hatte, und ich wechselte zu einer Firma, die Seilbahnen baute. Zuerst arbeitete ich als Dreher im Stammwerk in Thun.

Das Berner Oberland verlockte mich immer wieder zu Bergtouren in einer grandiosen Landschaft. Als ich das erste Mal in Grindelwald war, um die Eiger-Nordwand zu durchsteigen, faszinierte mich der Ostgrat am Eiger. Allen Bergsteigern, die das Berner Oberland kennen, ist am Eiger dieser Grat, der Mittellegigrat, bekannt. Die gleichnamige Hütte wurde vom Erstbegeher, einem Japaner, gestiftet. Mit Franz wollte ich diesen Grat am Eiger überschreiten, und wir fuhren nach Grindelwald und mit der Jungfraubahn nach Alpiglen; von dort stiegen wir über die Nordflanke direkt hoch zur Mittellegihütte – ein gewaltiger und anstrengender Schlauch von fast 1800 Höhenmetern bis zur 3355 Meter hoch gelegenen Hütte, nicht schwer, nur anstrengend. Wir stapften über die Latschenfelder, in leichter Kletterei und weiter oben über steile Schneefelder hinauf zur Hütte.

In sternklarer Nacht schauten wir hinunter auf das beleuchtete Grindelwald, das unwirklich weit unten zu uns nach oben grüßte. Der Mittellegigrat am nächsten Tag war eine wunderbare Kletterei mit einem überwältigenden Tiefblick nach Grindelwald. Vom Gipfel des Eigers tasteten wir uns über die Westflanke nach unten zur Station Eigergletscher, und ich prägte mir den Abstieg gut ein, denn ich wusste, dass alle Eiger-Nordwand-Begeher große Schwierigkeiten hatten, über die Westflanke den Weg nach unten zu finden, vor allem bei schlechten Wetterbedingungen. Das sollte mir später dann einmal von Nutzen sein.

Links der Nordwand führt der gezackte Mittellegigrat zum Gipfel des Eigers, einer der schönsten Gratanstiege in den Alpen.

In Thun kam beim morgendlichen Radiohören in den Nachrichten die Mitteilung, dass in der Eiger-Nordwand zwei Seilschaften gesichtet wurden, die sich schon seit Tagen in der Wand befanden und bei schlechten Wetterbedingungen den Aufstieg versuchten. Ich verfolgte nun interessiert die weiteren Nachrichten, und es wurden die Namen der Bergsteiger genannt. Es handelte sich um eine italienische Seilschaft mit Claudio Corti und Stefano Longhi und um eine deutsche Seilschaft mit Günter Nothdurft und Franz Mayer aus Schwaben. Das waren doch die Kameraden aus der Totenkirchl-Westwand, die mit mir 1954 in der Peters/Eidenschink-Route waren! Am nächsten Morgen brachten die Nachrichten die Mitteilung, dass sich eine internationale Rettungsmannschaft gebildet hatte, um den offensichtlich in Bergnot geratenen Bergsteigern zu helfen. Besonders erwähnt wurde, dass eine Münchner Bergwachtgruppe unter Leitung von Ludwig Gramminger dabei war, die sich mit der schweizerischen Bergrettung unter Leitung des Thuner Rettungsmannes Erich Friedli im Aufstieg zum Eigergipfel befand. Meine damaligen Kameraden vom Totenkirchl und Ludwig Gramminger, mit dem ich am Matterhorn war – das war für mich Grund genug, mich auf den Weg zum Eiger zu machen. Vielleicht, dachte ich mir, wäre es gut, am Eiger einen Helfer mehr zu haben.

Schon gegen Mittag war ich an der Station Eigergletscher und fragte dort die Bergwachtler nach Ludwig Gramminger. Nach der Erwähnung, ich sei ein Freund von Gramminger und wolle helfen, gaben sie mir eine Rolle Stahlseil, um diese zum Gipfel zu tragen, wo sie dringend benötigt wurde. In aller Eile durchstieg ich die 1800 Meter hohe Westflanke zum Gipfel des Eigers. Hier traf ich auf Ludwig

Gramminger. Dieser schrieb später in seinem Buch «Das gerettete Leben»: «Dass sich vor allem Lothar Brandler, der ja damals noch sehr jung war, dieses Erlebnis zu Herzen genommen hatte [Gramminger bezieht sich hier auf das Erlebnis am Matterhorn], konnte ich später mit Freude feststellen. [...] so ist aus dem hervorragenden Felskletterer noch ein vorzüglicher Bergsteiger geworden. Ich erlebte es ein Jahr später, im August 1957, bei der Rettung des Italieners Claudio Corti aus der Eiger-Nordwand. Als wir ankamen, hatten freiwillige Helfer bereits eine Gebirgstrage für den Abtransport auf den Gipfel gebracht. Ich traute meinen Augen nicht, als ich Lothar bei ihnen sah [...].»

Meine Aufgabe beim Abtransport von Claudio Corti war das Bedienen der Seilwinde in der Westflanke, um den Akja abzulassen.

Rechte Seite: Der Münchner Bergwachtmann Alfred Hellepart mit Claudio Corti im Grammingersitz, kurz vor dem rettenden Gipfel des Eigers.

Oben auf der Firnschneide des Eigers war Hochbetrieb. An die zwanzig Bergwachtler und Bergführer waren dabei, einen der Verunglückten zu bergen. Der Bergwachtmann Alfred Hellepart, ein kraftvoller Münchner, brachte gerade Claudio Corti im Rettungssitz zum Gipfel, wo er sofort versorgt wurde. Neben den Schweizer und deutschen Bergrettungsmännern waren namhafte Bergsteiger aus Frankreich und Italien am Gipfel: der Franzose Lionel Terray und der Italiener Riccardo Cassin aus Lecco, der Heimat der verunglückten Italiener Claudio Corti und Stefano Longhi. Erst einmal hatte man Corti zum Gipfel gebracht, Longhi hing noch 400 Meter tiefer in der Wand. Der französische Bergführer Lionel Terray wurde noch einmal in die Wand nach unten gelassen, um auch Longhi zu bergen, doch an diesem Abend war es schon zu spät, und er musste wieder heraufgezogen werden. Der Italiener Corti musste so schnell wie möglich ins Tal gebracht werden. Eine Gruppe, zu der auch ich gehörte, wurde zusammengestellt, und zusammen mit Riccardo Cassin begannen wir mit dem Abtransport von Claudio Corti.

In der folgenden Nacht biwakierten wir mit Corti im Ackja in der Westflanke. Riccardo Cassin, der noch am Abend eine Rufverbindung mit Longhi hatte, rief – natürlich auf Italienisch – zu Longhi hinüber und bekam die Antwort «Fam, frecc!» zurückgerufen, also: «Hunger, kalt!» Als es am nächsten Morgen hell wurde, versuchte es Cassin noch einmal mit einer Rufverbindung, doch Stefano Longhi antwortete nicht mehr. Wir brachten an diesem Vormittag Claudio Corti sicher über die Westflanke hinunter zur Station Eigergletscher. Die Leichen von Günter Nothdurft und Franz Mayer wurden erst 1961 in der Westflanke gefunden. Bei all diesen Bergungsaktionen war der Berner Fotograf Albert Winkler dabei, dessen Bilder ein einzigartiges Dokument dieser internationalen Aktion wurden.

Im Buch «Corti-Drama – Tod und Rettung am Eiger 1957–1961» von Daniel Anker und Rainer Rettner kann man die Bergung lückenlos nachlesen.

Ein wenig Post bekam ich von meinen Freunden aus München. Hier erhielt ich eines Tages auch eine Postkarte von Dietrich Hasse, auf der Dieter mir schrieb, dass er eine Erstbegehung in der Großen-Zinne-Nordwand plane, und fragte, ob ich Zeit und auch Lust hätte, mich an dieser Erstdurchsteigung zu beteiligen. Es wäre ein Wahnsinnsunternehmen, schrieb er. Erst einmal hielt ich Dietrich Hasse für verrückt. Diese Wand, überhängend und aus brüchigem, gelbem Gestein, wurde schon so lange von guten Kletterern versucht, und unter Kennern galt sie als undurchsteigbar.

Mit meinem beim Seilbahnbau verdienten Geld fuhr ich zurück nach München und machte die Aufnahmeprüfung am Richard-Strauss-Konservatorium, um mit dem Studium der Musik und des Operngesangs zu beginnen. Ich hatte Glück! Nach der Prüfung beschied man mir, dass ich kein Schulgeld zahlen musste. Doch für meinen Lebensunterhalt musste ich selbst sorgen. Also suchte ich mir einen Job in einem Münchner Sportgeschäft und verkaufte Bergsportartikel und Kletterutensilien. Es war das Sportgeschäft, in dem auch Hermann Buhl eine kurze Zeit gearbeitet hatte, bevor er zur Konkurrenz wechselte. Der Besitzer des Geschäftes war Mitglied der Alpenvereinssektion Bergland und ermöglichte mir, halbtags zu arbeiten. Kurzzeitig wohnte ich mit meinem Freund Klaus in einem Zimmer, und da ich ja für das Studium ein Klavier brauchte, mietete ich eines.

Der Winter ging langsam vorbei, mit Skifahren am Wochenende und Studium mit Gesangs- und Klavierunterricht. Die restliche Zeit verbrachte ich mit meiner Halbtagsarbeit im Sportgeschäft Schuster, wo ich mich sehr wohlfühlte. Im Sportgeschäft arbeitete auch ein Innsbrucker Bergsteiger, Karl Schönthaler. Mit ihm ging ich verschiedene Klettertouren, unter anderem die Noichl-Route an der Fleischbank-Ostwand. Bei einer Begehung der Martinswand bei Innsbruck erlebten wir einen schrecklichen Unfall mit. In der Direkten Martinswand stürzte im Vorstieg ein Mädchen und hing etwa 2 Meter von der Wand weg frei im Seil. Das Seil schnürte dem Mädchen, die unter der Achsel eingebunden war, die Lymphdrüsen ab, und bevor die Bergwacht sie retten konnte, starb sie.

Dieser Unfall beschäftigte mich immer wieder, und ich begann mir Gedanken zu machen, wie man eine Kletter- und Anseilhilfe konstruieren könnte, um solche Unfälle zu vermeiden. Schon lange hatte ich beim Klettern mit Trittleitern zusätzlich eine Sitzschlinge dabei, in der ich mich ausruhen konnte. Ich überlegte, wie man diese Sitzschlinge mit einem Gurt verbinden könnte, ähnlich wie bei der Feuerwehr oder wie bei einem Fallschirmsitz. So entwickelte ich einen Ledergurt mit Schlaufen, mit Filz unterlegt und unter der Achsel mit einem Wulst. An diesem konnte mit Metallringen eine Sitzschlinge befestigt werden. Das waren erst Anfänge, doch ich machte immer wieder Zeichnungen und brachte Gustl Schuster, den Besitzer von Sport Schuster, dazu, einen Prototyp herstellen zu

Der Prototyp meines Klettergurts kam im Film «Sensation Alpen» in der Schweizerführe in der Nordwand der Westlichen Zinne zum Einsatz.

lassen. Später stellte ich in meinem Film «Sensation Alpen» diesen Klettergurt in der Schweizerführe in der Nordwand der Westlichen Zinne vor.

Dieser erste Klettergurt wurde später von der Firma Edelrid weiterentwickelt. Ich hatte Herrn Benk ein Exemplar des ersten, ledernen Klettergurts gezeigt, und er verband statt Leder mehrere Lagen Seil mittels eines Bandes. Zugrunde lag aber die erste Idee mit dem Lederband und Filz. Heute ist ein Klettern ohne Klettergurt gar nicht mehr vorstellbar. Für uns aber war es noch selbstverständlich, sich ins Seil einzubinden, und Schweizer Bergführer seilten ihre Touristen einfach um den Bauch an. So ändern sich die Zeiten.

Die «vier Musketiere» der Direttissima
durch die Nordwand der Großen Zinne:
Jörg Lehne, Dietrich Hasse, ich und Sigi Löw
(von links nach rechts).

DER GROSSE SOMMER

Die Direttissima an der Großen Zinne

Dietrich Hasse schrieb mir wieder eine Postkarte – Telefon hatte damals so gut wie niemand von uns – und bat mich erneut um ein Treffen. Er wollte mit mir über seinen Plan, in der Nordwand der Großen Zinne eine neue und direkte Route zu eröffnen, sprechen. Noch immer war ich unentschlossen, und deshalb erzählte ich einem gemeinsamen Freund, der auch Dieter gut kannte, von diesem Plan. Luis Vigl aus St. Johann in Tirol, einer der besten Freunde von Hermann Buhl, war von Dieters Vorhaben sehr angetan. Er meinte, das könne eine ganz große Sache werden.

Luis, der selbst ein hervorragender Felsgeher war, machte mir den Vorschlag, mit ihm zu den Drei Zinnen zu fahren und dieser Nordwand einen Besuch abzustatten. Mit dem Auto von Luis fuhren wir an einem Wochenende über Innsbruck und den Brenner in die Dolomiten. Am Samstag kletterten wir durch die Pordoi-Westwand, eine der schönsten Dolomitenklettereien im vierten Schwierigkeitsgrad. Die Wand ist 550 Meter hoch, senkrecht und weist im oberen Teil einen breiten, durch einen großen Klemmblock abgeschlossenen Kamin auf, der, wenn er nass ist, seine Tücken hat. Wir hatten Pech: An dem Tag war der Ausstiegskamin voller Wasser, das nach einer langen Schneeschmelze im späten Frühjahr vom oberen Band herabschoss. Ziemlich durchnässt erreichten wir am späten Nachmittag den Gipfel der Pordoispitze. Die anschließende Nacht verbrachten wir im Auto, trockneten unsere Kleidung und verwünschten die Idee, um diese Jahreszeit durch die Pordoiwand zu klettern.

Früh am Morgen fuhren wir über den Falzaregopass nach Cortina und zur Auronzohütte am Fuß der Drei Zinnen. Von dort war es nicht weit zum Paternsattel, dann querten wir durch den Altschnee, der sich unter der Nordwand der Großen Zinne angesammelt hatte, zum Wandfuß. Unmittelbar unter der Gipfelfalllinie blieben wir stehen und schauten nach oben, wo sich in schwindelnder Höhe riesige Dächer übereinanderwölbten. «Eine umgekehrte Riesentreppe», meinte Luis. «Wahnsinn», konnte ich nur sagen, und Luis Vigl nickte stumm mit dem Kopf. Würde man ein Seil von oben herablassen, würde es 30 Meter weiter außen herunterhängen, so überhängend ist auf knapp 300 Meter dieser untere Teil der Nordwand.

Ganz rechts in der Wand, wo es noch nicht so überhängend ist, hatte im August 1933 der Italiener Emilio Comici mit den Brüdern Dimai die klassischste aller Routen im sechsten Schwierigkeitsgrad eröffnet. Damals schon hatte man 200 Meter Seil dabei und eine riesige Menge Felshaken aller Größen. Aber diese Nordwand war das Schwerste, was man damals je geklettert war. Kritiker wie Guido Lammer sagten damals wegen der vielen Haken, die benutzt wurden: «Jetzt ist es erwiesen, dass die Nordwand der Großen Zinne undurchsteigbar ist.» Er meinte dabei natürlich, in reiner, hakenfreier Kletterei undurchsteigbar. Richard Goedeke spricht in seinem «Alpenvereinsführer Sextener Dolomiten» von der «berühmtesten der klassischen Routen des sechsten Grades, inzwischen bestens ausgeputzt und auf Hochglanz poliert von den alpinistischen Wallfahrern aus aller Herren Länder». Heute wird diese Comici-Führe fast ausschließlich in einer Mischung aus Freiklettern und technischem Klettern durchstiegen, ab und zu auch als Rotpunktbegehung – wir wissen heute, dass Guido Lammer auf dem Wissensstand von damals geurteilt hatte.

Dietrich Hasse war im Sommer 1957 mit dem sächsischen Kletterer Peter Voigt und zwei Kletterern aus Ruhpolding im Chiemgau, Willi Zeller und Toni Reiter, an der Nordwand der Großen Zinne und versuchte einen direkten Durchstieg. Versuche hatte es immer wieder einmal gegeben, meistens im linken Teil der Wand. Alle mussten nach wenigen Seillängen in dem brüchigen gelben Gestein unter den Dächern aufgeben. Dieter aber schaute sich genau im Zentrum der Wand einen langen Riss an einer Felsplatte an, der oberhalb einer 8 Meter hohen Wandstufe begann. Durch diesen stieg er in schwieriger freier Kletterei und machte in 30 Meter Höhe Stand. Meistens legte er Seilschlingen und Knotenschlingen und schlug nur wenige Haken. Willi Zeller kletterte dann einen langen, nicht allzu schweren Quergang und machte danach den zweiten Stand. Über ihnen lag nun eine Wandstufe mit einem kleinen Dach in der Mitte. Diese dritte Seillänge kletterte wiederum Dieter im Vorstieg, mit der Hakentechnik der damaligen Zeit, gemischt mit wenigen, kurzen Passagen freier Kletterei. Die vierte, sehr schwierige Seillänge führte wieder Willi Zeller teils frei, teils in hakentechnischer Manier. Gerade diese Seillänge erforderte beste Kondition im Freiklettern und zählt zu den schönsten, aber auch schwersten Seillängen der gesamten Tour. Die fünfte begann wieder Dieter mit schwierigster Freikletterei, er musste allerdings nach nur rund 10 Metern wieder abseilen. Das Wetter hatte umgeschlagen, und ein eisiger Wind blies den Kletterern in der Wand ins Gesicht. Wenn der Wind aus Norden kommt, werden in dieser Wandhöhe Minusgrade gemessen. Willi Zellers und Toni Reiters Urlaub war zu Ende, und sie mussten wieder nach Hause zurück.

Dieter, der nun allein war, suchte neue Partner für seine Unternehmung. Das war die Zeit, in der er mir die erste Postkarte in die Schweiz geschrieben hatte. Er traf auf der Drei-Zinnen-Hütte, dem Rifugio Locatelli, wie sie auf Italienisch heißt, zwei junge Kletterer: Lörg Lehne und Siegfried Löw aus Rosenheim. Mit diesen wollte er weiter in der Wand operieren, doch das Wetter und die späte Jahreszeit zwangen die Bergsteiger schon am Einstieg zum Abbruch des Unternehmens. Im nächsten Jahr wollten sie wiederkommen.

Im Herbst 1957 verunglückte Willi Zeller, der in der Direkten Nordwand der Großen Zinne so großartig geklettert war, am Fleischbankpfeiler im Wilden Kaiser beim Versuch, im Alleingang eine Erstbegehung zu machen, tödlich. Mit dem Innsbrucker Bergsteiger Karl Schönthaler kletterte ich dann diesen Pfeilerweg, den Willi Zeller begonnen hatte, bis zur «Rebitsch/Spiegl», die von links in eine große Verschneidung hineinquert, zu Ende. Bei dieser Kletterei mit Karl Schönthaler querte ich im unteren Teil des Pfeilers erst nach rechts zum Beginn der Pumprisse, da ich der Meinung war, dass Willi Zeller dort hinaufwollte. Ich kletterte in dem Riss etwa 15 Meter nach oben. Karl weigerte sich aber, mit unserer dürftigen Ausrüstung von wenigen Haken nachzuklettern, und ich stieg diese 15 Meter wieder zurück zu ihm, querte dann nach links zu einem kleinen Riss und kletterte über diesen bis zur Rebitsch-Führe. Wir nannten diese Route «Willi-Zeller-Gedächtnisweg».

Wir haben dieser klettergartenähnlichen Wand zunächst wenig Bedeutung beigemessen. Der Fleischbankpfeiler sieht von der Griesneralm gesehen imponierend aus, aber eben nur von dort. Schaut man vom Ellmauer Tor über die Steinerne Rinne nach unten, kann man den Pfeiler gar nicht mehr ausmachen. Er ist von dort aus gesehen nur der unterste Gratturm des langen Nordgrates auf die Fleischbank, also eigentlich ein bedeutungsloser Gratturm, gemessen an der Dimension der lang gezogenen und fast 400 Meter hohen Fleischbank-Ostwand. Jahre später kletterte ich dann einmal die Pumprisse, die angeblich die erste Route im siebten Grad in den Alpen sind, und musste feststellen, dass es sich um eine gängige, schöne Risskletterei handelte, die sich, gemessen an der Risstechnik der sächsischen oder tschechischen Klettereien, gerade mal als eine anspruchsvolle VI entpuppte. Fritz Scheffler war noch mit knapp siebzig Jahren die Pumprisse geklettert und hatte gemeint: «Ab und zu muss man schon mal hinlangen, aber ansonsten ist es ein Genuss zum Klettern.»

Einige Tage nach der Durchsteigung am Fleischbankpfeiler lernte ich die Familie von Willi Zeller in Ruhpolding kennen und spürte, dass mich das Schicksal des jungen, begabten Kletterers sehr bewegte. Vielleicht war das das auslösende Moment, um meine Meinung zu Dietrich Hasses Vorhaben an der Großen-Zinne-Nordwand zu ändern. Bei unserem ersten Gespräch in München sagte mir Dieter, dass er vorhabe, mit zwei Seilschaften in die Wand zu gehen. Er sei der Meinung, dass zwei Seilschaften sich bei eventuellen Schwierigkeiten besser helfen könnten. Wir brauchten eine große Menge Felshaken und eine speziell für diese Unternehmung gekaufte 300 Meter lange Reepschnur. Als wir alles zusammenhatten, fuhren wir mit der Bahn in die Sextener Dolomiten, und wenig später standen wir vor der Zinnenhütte.

Einen Tag später kamen auch Jörg Lehne und Siegfried Löw hinzu. Am ersten Hüttenabend besprachen wir unser Vorgehen in der Wand. Vereinbart wurde, dass Dieter und ich als erste Seilschaft einsteigen sollten, Jörg und Sigi würden einen Tag später als zweite Seilschaft folgen.

Mit unserer 300 Meter langen Reepschnur sollte Biwakmaterial und Essen nach oben gezogen werden, da wir keine Ahnung hatten, wie lange diese Unternehmung dauern würde. Jede Seilschaft hatte zwei Perlonseile der damaligen Machart dabei. Klettergurte hatten wir nicht, die gab es noch gar nicht. Man band

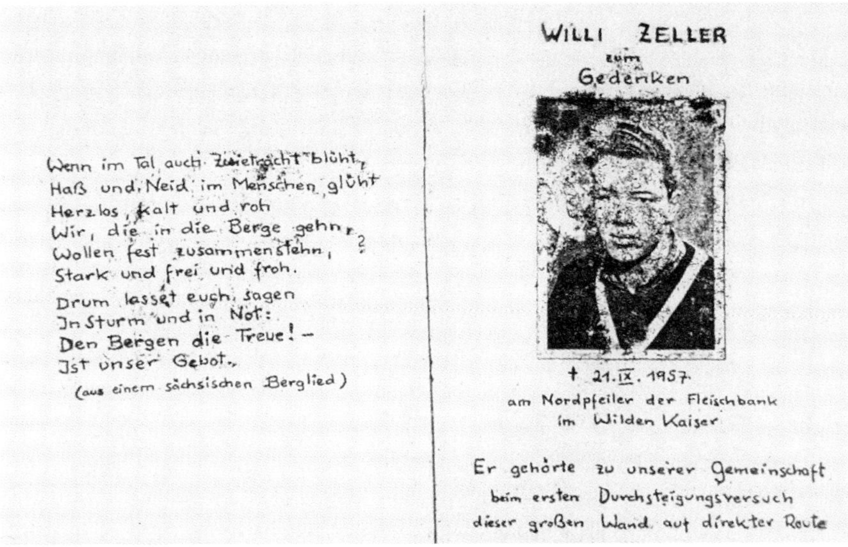

Wenn im Tal auch Zwietracht blüht,
Haß und Neid im Menschen glüht
Herzlos, kalt und roh
Wir, die in die Berge gehn,
Wollen fest zusammenstehn,
Stark und frei und froh.
Drum lasset euch sagen
In Sturm und in Not:
Den Bergen die Treue! –
Ist unser Gebot.
(aus einem sächsischen Berglied)

WILLI ZELLER
zum
Gedenken

† 21.IX.1957.
am Nordpfeiler der Fleischbank
im Wilden Kaiser

Er gehörte zu unserer Gemeinschaft
beim ersten Durchsteigungsversuch
dieser großen Wand auf direkter Route

Die ersten beiden Seiten im Wandbuch der Direttissima von 1958 sind Willi Zeller gewidmet, der ein Jahr vorher im Wilden Kaiser abstürzte; 1957 hatte er zwei schwere Seillängen im unteren Teil der Wand erstbegangen.

sich in der damaligen Zeit mit dem Seilende um den Körper ein und verhinderte mit einer dünnen Schlinge das Abrutschen des Seiles in die Hüfte, was sonst bei einem Sturz zu schweren inneren Verletzungen führen konnte. Neben dem gängigen Sortiment an Felshaken hatten wir etwa zehn Bohrhaken mit dem entsprechenden Bohrmeißel dabei, um ein Loch in den Fels meißeln zu können. Eine Bohrmaschine hatten wir natürlich nicht, auch wenn sie uns später angedichtet wurde.

Unsere Bohrhaken waren handelsübliche kleine, spitze Cassinhaken, von denen wir mit einem Seitenschneider die Spitze abgeschnitten hatten. Wenn also ein kleines Loch gebohrt war, wurde ein Cassinhaken etwa 1,5 bis 2 Zentimeter tief in das Loch geschlagen, in das wir Holzstifte gesteckt hatten. Eine windige Angelegenheit! Für die Standplätze hatten wir drei längere Cassinhaken rund schmieden lassen und dann etwas viereckig gefeilt. Ein schlechtes Gewissen hatten wir nicht was die Benutzung der Bohrhaken anbelangte, hatte doch Hermann Buhl 1943 bei der Erstdurchsteigung der Maukspitze-Westwand im Wilden Kaiser ebenfalls einen Bohrhaken benutzt. Bei allen großen Erstbegehungen der Alpen wurden in der Nachkriegszeit Bohrhaken verwendet, so auch bei der ersten Durchsteigung der Dru-Westwand im Montblanc-Gebiet durch Guido Magnone. Dass sich heute der gebohrte Haken etabliert hat, ist eine Folge der Weiterentwicklung im Klettersport der vergangenen Jahrzehnte.

Am 4. Juli 1958 machte ich mit Dieter die ersten Seillängen der Großen-Zinne-Nordwand, die schon im Vorjahr geklettert worden waren. Am Einstieg staunte ich, als ich die erste Seillänge von unten anschaute. Exzellent kletterte Dieter diese sehr schwierige Seillänge nach oben. Je höher wir kamen, umso mehr spürte ich, dass Dieter hier eine Route gefunden hatte, die sich in der Linienführung der Wand anpasste. Heute wird diese erste Seillänge nicht mehr geklettert, da sich

20 Meter rechts vom Originaleinstieg der Einstieg zur «Winterdirettissima» von 1963 befindet. Diese Rissverschneidung im vierten Schwierigkeitsgrad führt schneller nach oben und bedeutet Zeitersparnis. Die ersten Seillängen kletterten wir zügig, denn Dieter kannte sie ja schon. Es war ein Vergnügen, die vierte Seillänge, die Willi Zeller im Vorjahr geklettert war, zu begehen, und ich bewunderte, wie er diese Seillänge eingerichtet hatte. Kein Haken zu viel, und die freie Kletterei war vom Schwersten, was ich bis dahin kannte.

Nachdem wir den Endpunkt des Versuches von 1957 erreicht hatten, schauten wir uns den Weiterweg an, der nun besser einzusehen war, und seilten dann wieder zum Wandfuß ab. Mit Bepi Reider, dem Hüttenwirt der Drei-Zinnen-Hütte, besprachen wir die Verpflegung, die er uns zur Wand schicken sollte und die mit der 300 Meter langen Reepschnur aufgezogen werden musste.

Der 6. Juli war der Tag, an dem unsere Unternehmung Direkte Nordwand beginnen sollte. Gemeinsam gingen wir alle am frühen Morgen zum Wandfuß und rollten die lange Reepschnur auf. Damit sich das Seil nicht verhedderte, legten wir die Reepschnur in großen Schlaufen aus.

Dieter ging die Eröffnungsseillänge wie am Vortag als Erster. Es war kein Problem für uns, wieder die alte Höhe zu erreichen. In den späten Morgenstunden begann Dieter die fünfte Seillänge zu klettern. 10 Meter kannte er schon, ab da war es Neuland. Dieter ließ sich viel Zeit, um einen Haken zu setzen – für meine Begriffe zu viel Zeit, aber das war sein Stil. Fast akribisch prüfte er erst einmal jede Möglichkeit zu klettern, bevor er begann, eine Spalte für einen Haken zu suchen. Das kostete natürlich Kraft und vor allem Zeit. Die fünfte Seillänge war geklettert, und wir sahen, dass es nur einen Weg gab, zum vorgesehenen Biwakplatz zu gelangen: über einen langen Quergang nach links, etwa 20 Meter, bis zu einer kleinen Verschneidung, die sich bis zu einem geräumigen Band hochzog. Ganz oben sahen wir über uns die riesigen Dächer, die sich aneinanderreihten wie eine riesige umgekehrte Treppe – ein Blick wie in eine Domkuppel, die sich oben schließt. Und es war noch weit nach oben! Wir wollten an jenem Tag bis zu diesem Band kommen und dort unser Biwak aufschlagen. Durch das Fernglas hatten wir gesehen, dass dieses Band der ideale Platz für ein zentrales Biwak sein könnte. Wir ahnten, dass wir auf diesem Platz mehrere Tage verbringen würden, und deshalb sollte er uns allen genügend Platz bieten. Der Quergang war nun meine Aufgabe. Luftig war er schon, und unter den Füßen sah man weit hinunter ins Kar und von dort bis ins Tal nach Schluderbach, das auf rund 1400 Meter Höhe liegt. Wir waren hier schon auf 2600 Metern.

Diese Wand mit ihrem leicht splittrigen Gestein war, was das Hakenschlagen anbelangte, nicht so leicht zu überlisten. Man musste sehr vorsichtig mit den Haken umgehen, und die kleinen, spitzen Cassinhaken steckten nur seicht in den wenigen Felsritzen. Dieter saß am Standplatz und hatte gute Gelegenheit, mich beim Klettern zu fotografieren. Er besaß eine kleine Kodak Retina und konnte sie gut in die Tasche des Anoraks stecken. Es war schwierigste Kletterei für mich, über den Quergang in Richtung Biwakplatz zu balancieren. Jörg Lehne schrieb ein Jahr später darüber im DAV-Jahrbuch: «Mittendrin, nach einem Quergang, bei dem der Seilzug einige, aber notwendige Haken herausgerissen hatte, musste ich erst einmal Sigi heil herüberbringen. Bei dem Gedanken daran, was dem Freund jetzt bevorsteht, ist mir gar nicht so wohl in meiner Haut. Der macht sich aber frisch-fröhlich auf den Weg und hängt gleich darauf schon mitten drin im Schlamassel. Er brüllt dauernd: ‹Obacht, jetzt flieg ich!› Trotzdem kommt er immer wieder weiter, sogar ohne die Haken zu ersetzen. Dann ist er bei mir, ziemlich atemlos, aber ohne Sturz. Wie er das geschafft hat, wird für mich ewig ein Rätsel bleiben – für Sigi auch.»

Dietrich Hasse fotografierte mich bei der Erstdurchsteigung 1958 im großen Quergang.

Für mich, der den Quergang als Erster geklettert war und nun Augen- und Ohrenzeuge von dem Geschehen im Quergang wurde, in dem sich Jörg und Sigi befanden, war es ein wenig komisch. Meine Gedanken waren nur: Warum hängen die bloß an den Haken wie an einem Korkenzieher und belasten diese Haken nicht nach unten? Aber eigentlich hatte ich ja in den Dächern, in denen ich mich gerade befand, mit mir selbst genug zu tun. Gegen Abend standen wir auf dem Biwakband.

An diesem ersten Abend in der Wand zogen wir unser Biwakmaterial und den Proviant, der auf der Hütte hergerichtet worden war, mit unserer langen Reepschnur herauf. Der Proviant war leider ungeschickt zusammengestellt. Zwischen zwei dicken Weißbrotscheiben war ein trockenes Wiener Schnitzel geklemmt. Dazu gab es eine einzige Plastikflasche mit einem Liter Tee. Viel zu wenig! Wir riefen mit lauter Stimme unsere Wünsche, was das Essen und Trinken betraf, nach unten, wo sich Jörg und Sigi befanden, die uns den Proviant gebracht hatten. Über uns befanden sich die Dächer, die bedrohlich wirkten, auch wenn die sommerliche Sonne den Fels um uns rotgelb färbte und es angenehm warm war. Ein richtig schöner Abend war es, und das Biwakband war zwar ein wenig hart, aber allemal besser als ein ungemütlicher Schlingenstand.

Jörg und Sigi waren am Wandfuß, und wir konnten unser Frühstück aufziehen. Wieder nur eine Flasche Tee, wieder Weißbrot und Schnitzel! Dieter begann in einem sehr brüchigen Gelände zu klettern. Eigentlich nicht übermäßig schwierig, aber sehr, sehr brüchig. Es dauerte einige Zeit, bis Dieter unter einem großen Dach Stand machen konnte und mit dem Meißel ein Loch für einen Standhaken hämmerte – den ersten gebohrten Standhaken in der Wand! Als ich später bei ihm war, sah ich, dass sich von dort die großen Dächer wie eine Riesentreppe, nur eben umgekehrt, nach oben wölbten. Wir alle hatten beschlossen, so wenig Haken wie

Wie in der Kuppel eines Domes hing ich in der auf den Kopf gestellten Riesentreppe der großen Dächer, immer im Kampf mit dem brüchigen Gestein.

Rechte Seite: Nach jedem überkletterten Dach folgte das nächste, mit neuen Tücken und Schwierigkeiten. So weit wie möglich versuchte ich, die Überhänge frei zu überklettern.

möglich zu benutzen und uns möglichst auf das Schlingenlegen zu beschränken. Unsere Erfahrung mit dieser Technik aus dem Elbsandsteingebirge kam uns da zu Hilfe. Da sich durch die Dächer ein schmaler Riss zog, konnte ich unsere sächsische Rissklettertechnik einsetzen und stellenweise frei klettern. Drei Bohrhaken musste ich verwenden. Ich versuchte, viel frei zu klettern und Schlingen zu legen. Es dauerte etwa 4 Stunden, dann war ich über einige Dächer an einem winzigen kleinen Absatz im senkrechten Fels angekommen, der gerade für beide Füße Platz bot. Hier setzte ich den zweiten Standbohrhaken. Sicherheit am Standplatz war unsere oberste Devise.

Etwas Neues war, dass zum ersten Mal in der Geschichte des Kletterns ganz bewusst an schwierigen Wandstellen gebohrte Standhaken gesetzt wurden. Unsere späteren Kritiker warfen uns das als unsportlich vor. Gerade das aber war eine Neuerung im Felsklettern – eine Einstellung, die heute in der ganzen Welt beim Klettern Standard ist! Jörg Lehne beschrieb im DAV-Jahrbuch von 1959, wie er selbst diese Dachseillänge kletterte, wobei ich alle Haken und Schlingen belassen hatte und er somit eine vorbereitete Seillänge kletterte: «Die Seillänge ist schwierig, sie ist sogar unglaublich schwierig. Kurz vor dem Stand, ich muss frei zu einem Haken. Mit großer Mühe erreiche ich ihn, kralle mich daran ein, da habe ich ihn auch schon in der Hand. Verzweifeltes Scharren. Gerade kann ich mich noch ausbalancieren. Aber nur, indem ich den Kopf zu Hilfe nehme. Ich ramme ihn in einen tiefen Spalt, den das Dach über mir bildet. Noch einen weiteren Meter freie Kletterei, dann habe ich wieder sicheren Boden unter den Füßen. Sicheren Boden in Form eines wunderschönen Holzkeils. Er steckt senkrecht von unten nach oben im Dach, aber bestimmt gute 5 Zentimeter. Erleichtert hänge ich die Schlinge ein.» Es kollidierte hier wohl die sächsische Freiklettertechnik mit der damals üblichen hakentechnischen Kletterweise in den Alpen!

Aber noch waren wir in der Großen-Zinne-Nordwand, und ich hatte einen Standplatz über den großen Dächern erreicht. Es war Abend, unter mir auf dem Biwakband waren Jörg und Sigi angekommen und schauten zu mir nach oben. Ihre Kommentare über das, was sie sahen, waren nicht druckreif, aber zutreffend. Dieter war an seinem Standplatz unter den Dächern verborgen, aber ich hatte Rufverbindung mit ihm. So entwickelte sich eine heftige Diskussion, was ich nun am besten machen sollte. Der Gedanke an ein Hängebiwak auf dem winzigen Stand machte mich nicht sehr glücklich, außerdem hatte ich die Reepschnur nicht dabei, um Biwakzeug zu mir heraufzuziehen. Ich beschloss daher, diese Dachseillänge einfach abzusteigen. Laut Paul Preuß sollte man dort, wo man aufgestiegen war, auch wieder absteigen können. Griff für Griff und Haken für Haken kletterte ich über die Dächer zurück. Ein Haken aber gab bei der starken Belastung nach, und ich stürzte plötzlich kopfüber in die Tiefe. «Da hing ich nun, ich armer Tor, und war so klug als wie zuvor», dachte ich frei nach Goethe. Ich hing ziemlich weit weg von der Wand, und die Seile um den Körper schnürten mich ein.

Verletzt war ich nicht – also machte ich einen Überschlag, indem ich an den Seilen, an denen ich hing, zwei Klimmzüge machte und meinen Unterkörper nach oben schwenkte, dann mich mit den Oberschenkeln in die nun lockeren Seile setzte und damit meinen ganzen Körper etwas entlasten konnte. Mit einer dünnen Schlinge knüpfte ich jetzt einen Prusikknoten um eines meiner Sicherungsseile und setzte mich in eine meiner Knotenschlingen. Damit hatte ich die Atemwege wieder frei. Von der Wand hing ich gute 5 Meter weg, und zu Dieter an seinem Standplatz waren es fast 10 Meter. Nun versuchte ich mit Pendeln ein Seil zu erreichen, das mir Dieter zuwarf. Mehrere Versuche schlugen fehl, doch endlich bekam ich das Seilende doch zu fassen und konnte wieder an den Fels gelangen. Froh war ich schon, als ich mit etwas Klettern bei Dieter am Standplatz war. Diese Seillänge in den großen Dächern hatten wir in der Tasche.

Damit hatte ich die Möglichkeit, so wie die anderen drei auch auf dem Biwakband zu nächtigen, und das empfand ich als sehr angenehm. Jörg und Sigi zogen an der Reepschnur ihr Biwakmaterial und das Essen zum Biwak – wieder das gleiche Desaster wie am Tag zuvor. Wir flehten zum Bergführer Michael Innerkofler, einem Enkel des legendären Sepp Innerkofler, hinunter, doch auf der Hütte zu sagen, dass wir viel, viel Flüssigkeit brauchten. In dieser Nacht hing ich im Traum immer wieder unter Dächern und pendelte zwischen lachenden Bergdohlen am Seil.

Ein wunderschöner Tag begann, als im Osten die Sonne aufging. Unser Proviant war gekommen, und, oh Wunder, diesmal waren es belegte Brote mit Schinken und Wurst, einige Orangen und Äpfel und drei große Flaschen mit ungesüßtem Tee. Die Seilschaft Jörg Lehne und Siegfried Löw machte sich fertig zum Weiterklettern. Wie es der Wunsch von Dieter war, sollte jeder von uns vieren einen Teil der Wand erstbegehen und den gleichen Anteil am Erfolg haben wie

Nach vier Tagen schwerster Kletterei im Neuland der Direttissima saßen wir auf dem Gipfel der Großen Zinne. Neben einem Bergführer mit seinem Touristen, der dieses Erinnerungsfoto für uns schoss, waren wir die Einzigen dort oben.

die anderen. Somit hatten Dieter und ich heute einen Ruhetag. Vom Biwakband schauten wir unseren Freunden beim Klettern zu. An dem Tag kletterte Jörg nach den Dächern noch eine sehr schwere und überhängende Seillänge zu einer kleinen Nische. Dort sicherte er Sigi nach. Es war fast schon dunkle Nacht, als Jörg und Sigi beschlossen, das Biwak an dieser ungünstigen Stelle zu machen. Vom bequemen Biwakband aus versorgten wir die beiden mittels der Reepschnur mit Essen und mit ihrem Biwakmaterial.

Der vierte Tag in der Zinnenwand brach an. Dieter und ich kletterten wieder über die Dächer. Für Dieter waren sie eine Premiere, da er ja am zweiten Tag nicht nachgestiegen und ich durch den Sturz beschleunigt abgestiegen war. Sigi Löw führte ganz oben über ein letztes, ausladendes Dach in ein Gelände, das nicht mehr überhängend war. Es folgten zwei lange Seillängen im fünften Schwierigkeitsgrad in grauem und festem Fels bis zu einem breiten Band unter einer großen Riss- und Kaminverschneidung. Am Abend des vierten Tages waren wir alle auf dem breiten Band versammelt und zogen mit dem letzten Tageslicht den schweren Biwakrucksack nach oben. Diesmal waren es fast 300 Meter bis zu uns nach oben, und wir mussten gewaltig ziehen. Wir konnten uns zum letzten Mal mit Proviant versorgen, denn die Reepschnur musste am nächsten Morgen abgeworfen werden.

Im Rucksack war an diesem letzten Versorgungstag auch eine Metallkapsel, in der sich ein vorbereitetes Wandbuch befand. Wie es unser Wunsch war, widmeten wir diese Erstdurchsteigung der Direkten Nordwand an der Großen Zinne Willi Zeller, der maßgeblich an dieser Erstdurchsteigung beteiligt war. An der

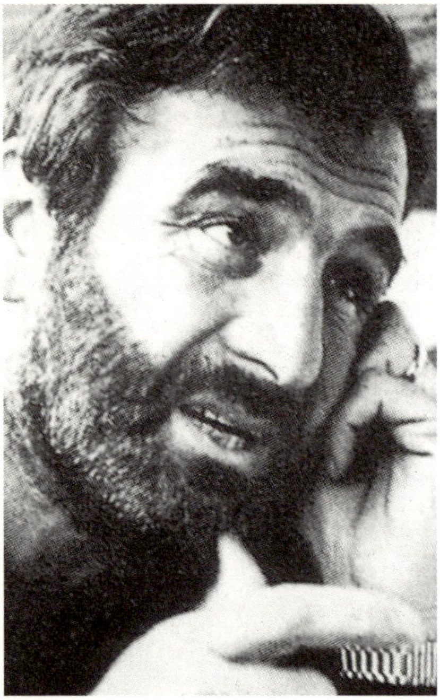

Cesare Maestri aus Madonna di Campiglio gelang mit seinem Partner Bepi Holzer aus Innichen die zweite Begehung. In das Hüttenbuch der Zinnenhütte schrieb er einen ausführlichen und lobenden Bericht.

Reepschnur ließen wir am fünften Tag im Morgenlicht das Biwakmaterial nach unten gleiten und warfen sie dann ab. Damit war die Nabelschnur gekappt, und wir vertrauten darauf, dass wir noch am gleichen Tag den Gipfel der Zinne erreichen würden. Gleich zu Anfang kam noch einmal eine schwere Seillänge mit einem kleineren Überhang am Ende eines Risses. Jörg führte diese letzte Seillänge im sechsten Grad, dann waren es nur noch Seillängen im mittleren Schwierigkeitsbereich, die hinauf zum großen Ringband führten. Hier querten wir nach rechts in die Wand. Natürlich wählten wir einen direkten Ausstieg in der Mitte der Nordwand, doch dieser wird heute nicht mehr geklettert, denn jede Seilschaft ist froh, oben angekommen zu sein, und will nur noch schnell absteigen. Da bewahrheitet sich der Spruch: «Der Weg ist das Ziel.»

Am 10. Juli 1958 gegen 16 Uhr betraten wir den Gipfel der Großen Zinne. Jörg Lehne schrieb dazu: « Die Seile sind aufgeschossen. In friedlichen roten und weißen Ringen liegen sie zwischen uns und wir zwischen ihnen. [...] Vom Antelao naht ein Gewitter, wir brechen auf!»

Das war in knappen Worten die Geschichte der Erstdurchsteigung der Direttissima in der Nordwand der Großen Zinne. Diese Erstdurchsteigung wirbelte natürlich viel Staub auf, und es kamen Fotografen und Journalisten auf die Zinnenhütte, um uns zu interviewen und Fotos zu machen.

Die zweite Durchsteigung dieser Direttissima in der Großen-Zinne-Nordwand verwirklichten Cesare Maestri aus Madonna di Campiglio und Bepi Holzer aus Innichen. Bevor er einstieg, verkündete Maestri, er werde alle überflüssigen Haken, welche die deutschen Anfänger in der Wand verschwendet hätten, herausschlagen und über die Wand nach unten werfen. Nun, das klang für die italienische Presse ganz gut, doch es sollte anders kommen. Alexander Huber und Willi Schwenkmeier schreiben in ihrem Buch «Drei Zinnen»: «Maestri kletterte vom Einstieg bis zum Gipfel als Seilerster. Nach 55 Stunden in der Wand und vierzig Haken, die zu den von den Erstbegehern komplett hinterlassenen dazukamen, standen die zwei am dritten Tag am Ausstieg.» Cesare Maestri selbst meinte, nachdem er erschöpft auf die Zinnenhütte zurückkam, sie hätten «überall dort, wo sich uns nur die kleinste Möglichkeit dazu bot, auf die Verwendung künstlicher Mittel verzichtet und die Wand in freien Passagen überwunden, die das Unmögliche streifen und die Geschicklichkeit der größten Alpinisten von gestern und heute auf eine harte Probe stellen». Maestri schrieb dann noch eine lange Lobeshymne in das Hüttenbuch, die mit dem Satz begann: «Lob und Ehre den vier jungen Kletterern [...].»

Die Franzosen René Desmaison und Jean Couzy, welche die dritte Begehung machten, bezeichneten die Route als «härter als alle anderen VI+-Anstiege, die wir kennen», «siebten Grad» und «einen großen Schritt nach vorwärts». Richard Goedeke, der Verfasser des «Alpenvereinsführers Sextener Dolomiten», schrieb: «Beeindruckt standen wir unter der Wand, erschlagen von der Dimension der Überhänge, voller Ehrfurcht vor solcher Leistung. Von der Demuthkante aus sahen wir einer Seilschaft zu, welche die Wiederholung versuchte, nur quälend langsam höher kam und nach Stürzen abseilte. Das war eine Wand für Übermenschen.» Das wiederum mag der erste Eindruck von Richard Goedeke gewesen sein, doch mit Verlaub: Wir waren keine Übermenschen! Und noch ein Nebensatz zum siebten Schwierigkeitsgrad: Das war Jahrzehnte vor den «Pumprissen», und nicht wir sprachen vom siebten Grad, sondern die Wiederholer dieser Route. An den «Pumprissen» behaupteten die Erstdurchsteiger, den siebten Grad geklettert zu haben. Ein sächsischer Kletterer wäre nie auf die Idee gekommen, die «Pumprisse» als VII zu bezeichnen!

Die gewaltige Pyramide der Großen Zinne mit ihrer überhängenden Nordwand und der eingezeichneten Routenführung der Direttissima von 1958. Die Große Zinne ist ein einmaliges Naturdenkmal und einzigartig in den Alpen. Hier wurde fast ein Jahrhundert Alpingeschichte geschrieben.

Wieder Eiger-Nordwand

Nach meinem Zinnen-Abenteuer galt meinem Freund, dem Bergführer und Leiter der Skischule in St. Johann Hias Noichl, mein längst fälliger Besuch. Wir hatten uns auf dem Gipfel der Fleischbank kennengelernt. Ich kam gerade aus der Fleischbankverschneidung, damals eine der ganz großen Touren der Ostalpen, und er saß gemütlich mit einem Gast, den er auf die Fleischbank geführt hatte, auf dem Gipfel. Er fragte mich, woher ich käme, denn dass so ein kleiner Stöpsel aus der berüchtigt schweren Verschneidung kommt, konnte er gar nicht glauben. Doch ich sagte ihm stolz, dass ich geradewegs aus dieser Tour käme. Sein Kommentar war kurz und knapp: «Du Lausejunge! Willst du mich verarschen?» Nun, ich muss gestehen, mit meinen neunzehn Jahren sah ich leider wie ein Fünfzehnjähriger aus, und so war seine Empörung verständlich. Immerhin war er damals schon 34 Jahre alt.

In St. Johann hatte ich auch Luis Vigl kennengelernt, der ebenfalls dort wohnte, aber ein geborener Innsbrucker war, und in Kitzbühel sah ich Heinrich Harrer wieder, den ich seit der Bergung Claudio Cortis am Eiger kannte.

In der Zwischenzeit hatte ich mit Hias Noichl schon einige Klettertouren gemacht, und so war in uns die Absicht gereift, gemeinsam die Eiger-Nordwand anzugehen. In Kitzbühel, bei Heinrich Harrer, trafen wir uns mit dem sehr guten Heeresbergführer Herbert Raditschnig, der aus Villach in Kärnten stammte. Heinrich Harrer, immer umtriebig auf der Suche nach neuen Themen für seine Vorträge, hatte die Idee, einen Film über eine Durchsteigung der Eiger-Nordwand zu drehen. Dafür musste es eine Dreierseilschaft sein, denn immer einer von uns dreien sollte dabei filmen. Das war ganz logisch gedacht: Einer führt, einer sichert, einer filmt! Dafür hatte Harrer eine 16-Millimeter-Bell-&-Howell-Federwerkkamera mit 15-Meter-Kassetten gekauft, insgesamt fünfzehn Stück, das entsprach also rund 225 Meter Filmmaterial oder 20 Minuten Vorführdauer. Für die Aufnahmen von unten und von der Seite, also vom Westgrat, von dem man wunderbar in die Wand filmen kann, hatte Heinrich Harrer den holländischen Kameramann Jan Boon engagiert, der schon viele Filme im Himalaya realisiert hatte und ebenfalls in Kitzbühel wohnte. Er war kein extremer Kletterer, aber ein guter Bergwanderer.

Heinrich Harrer finanzierte uns einen Großteil der nötigen Ausrüstung, und für die anfallenden Spesen stellte er 2000 DM zu unserer allgemeinen Verfügung. Wir besorgten uns als Steinschlaghelme einfache Bauhelme. Eishaken beschafften wir uns auch. Wenige Tage später fuhren Hias Noichl und ich nach Grindelwald zum Eiger. Herbert Raditschnig sollte etwas später nachkommen. Hias Noichl bestand auf einer Eingehtour, um meine Kondition zu testen. Er meinte, es müsse etwas anstrengend Großes sein, um als Training für die Eiger-Nordwand gelten zu können. Also suchte er eine Überschreitung aus, die über zwei Viertausender führte. Er wollte mit mir von der Lauteraarhornhütte über das Lauteraarhorn und das Schreckhorn gehen und noch am gleichen Tag wieder hinunter nach Grindelwald absteigen. Am nächsten Nachmittag stiegen wir zur Schreckhornhütte auf.

Nächster Morgen, Aufbruch in der Dämmerung. Seilfrei stiegen wir über mittelschweres Gelände zum Lauteraarhorn auf. Die Kletterei bewegte sich in den unteren Schwierigkeiten, und die Überschreitung des weiten, zerklüfteten Grates bis zum Schreckhorn bot keine großen Probleme. Wir stiegen fast alles seilfrei, nur an zwei schwierigen Stellen seilten wir uns an und sicherten. Aber es war eine endlose Steigerei über die beiden Gipfel des Lauteraarhorns und des Schreckhorns, die jeder für sich eine Tagestour gewesen wären. Am späten Nachmittag hatten wir den letzten Gipfel erreicht und stiegen wieder hinunter nach Grindel-

Damit wir mit dem ersten Morgenlicht zur Besteigung der Eiger-Nordwand aufbrechen konnten, stand unser Zelt oberhalb von Grindelwald, bei Alpiglen.

wald. Herbert war in Grindelwald angekommen und widmete sich der Wetterprognose. Wir wussten, dass der Erfolg einer solch großen Tour von einer präzisen Wettervorhersage abhing. Das war damals nicht so einfach. Eine der besten Prognosen hatte der Flugwetterdienst in Zürich, doch der war gar nicht so einfach zu erhalten. Heinrich Harrer, der inzwischen auch angekommen war, hatte als Erstdurchsteiger der Eiger-Nordwand einen großen Namen. Ihm, dem großen Tibet-Harrer, gab man bereitwillig alle Vorhersagen der Flugwetterprognose. Mit Heinrich Harrer war vereinbart, dass wir, wenn sich das Wetter als beständig erwies, von Grindelwald aufsteigen und oberhalb von Alpiglen ein Zelt aufstellen sollten, um von dort noch in der Dämmerung aufzusteigen und mit dem ersten Morgenlicht schon in den unteren Felsen zu sein.

Hias, Herbert und ich machten uns auf nach Alpiglen, um oberhalb der Waldgrenze in den Latschenfeldern ein Zelt aufzustellen. Diese Szenen waren auch für den herzustellenden Film gedacht. Wir hörten Schritte im Unterholz, und aus dem Latschengestrüpp kam zu meinem grossen Erstaunen Alfred Winkler, der Berner Fotograf. Wie war der bloß an die Nachricht gekommen, dass sich wieder Eiger-Aspiranten eingefunden hatten? Ich konnte ihm nicht böse sein und bemühte mich, dem unwirsch schauenden Hias zu erklären, welche Verbindung Alfred Winkler zum Eiger hatte und dass er schon im Vorjahr bei der Rettung von Claudio Corti auf dem Gipfel mit dabei gewesen war. Alfred blieb bei uns am Zelt, und in der Morgendämmerung machte er noch ein paar Aufnahmen, wünschte uns viel Glück für unsere Unternehmung und verabschiedete sich von uns.

Heinrich Harrer, einer der Erstdurchsteiger der Eiger-Nordwand von 1938, beobachtete uns durch das große Fernrohr. Neben ihm Fritz von Almen, der Hotelier auf der Kleinen Scheidegg, und ein Journalist aus Bern.

Über die weiten grünen Matten ging es zügig zu den ersten Schneefeldern am Wandfuß. Der Einstieg in die Wand war unproblematisch und bot keine Schwierigkeiten. Über uns wölbte sich die blaugraue, konkave Wand weit hinauf bis zu dem im Morgenlicht silbrig leuchtenden Gipfelgrat, an dem wir im Gegenlicht weiße Schneefahnen in den blauen Himmel stäuben sahen. Ein unwirkliches Bild, das so gar nicht zur düsteren Wand passte. Vieles ging mir beim Aufsteigen durch den Kopf: mein erster Versuch mit meinem Freund Klaus, der Sturz der über mir kletternden Seilschaft und dann später die Bergung der Toten. Das Drama der beiden Italiener und die immer noch in der Wand vermissten Freunde. All das beschäftigte mich und machte mir Angst. Fünf Jahre war die Wand nicht mehr durchstiegen worden. Lediglich zwölf Durchsteigungen hatte es seit der Erstdurchsteigung im Juli 1938 gegeben. Erst nach dem Zweiten Weltkrieg durchstiegen die Franzosen Lionel Terray und Louis Lachenal als Zweite die Wand. Die Brüder Hans und Karl Schlunegger aus Wengen waren mit ihrem Gast Gottfried Jermann die Dritten. Große Namen des internationalen Alpinismus findet man unter den weitern Begehern: aus der Schweiz Robert Sailer aus Biel, Hermann Buhl aus Innsbruck und Gaston Rébuffat aus Marseille, die Österreicher Erich Waschak und Leo Forstenlechner.

Als wir über dem Zerschrundenen Pfeiler angekommen waren und uns unter dem Schwierigen Riss befanden, seilten wir uns an. Wo waren nur Heinrich

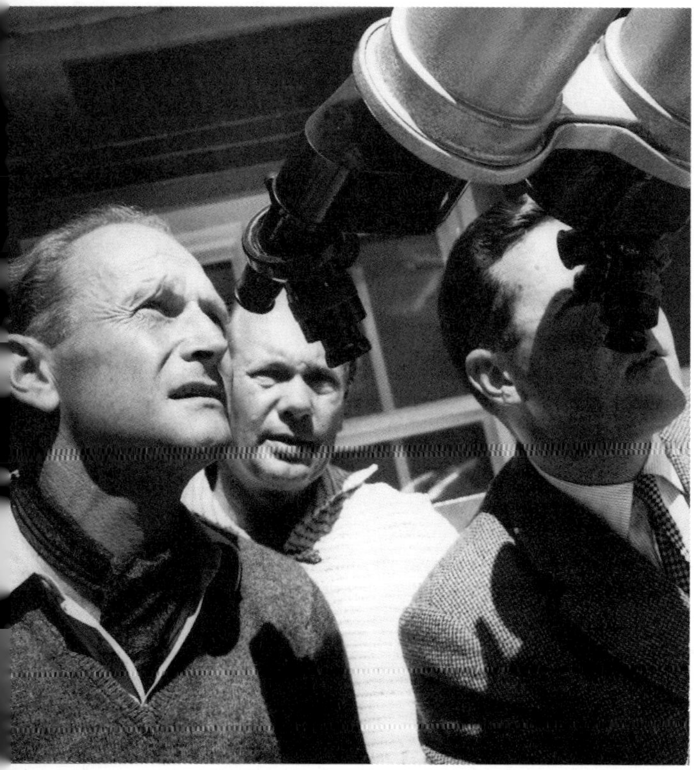

Harrer und Jan Boon abgeblieben, die filmen wollten?, fragten wir uns. Sie wollten von der Kleinen Scheidegg unseren Einstieg aus der Ferne als Totale filmen und uns dann später vom Westgrat aus in den schwierigen Passagen in der Wand aufnehmen. Wir filmten wichtige Stellen wie den Schwierigen Riss und den Hinterstoißerquergang. Der Schwierige Riss ist eine Kletterei im fünften Grad und bietet bei normalen Bedingungen für einen guten Kletterer keine großen Schwierigkeiten. Ist er aber nass oder vereist, so können schon hier Probleme auftauchen. Dann sollten erfahrene Kletterer umkehren, denn wenn schon hier Eis ist, dann ist es oben in der Wand umso extremer. Wir hatten einen idealen Tag für diese Wand und kamen als Dreierseilschaft sehr gut vorwärts. Im Hinterstoißer-

Quergang hingen ein paar alte Seile, aber wir waren uns nicht sicher, in welchem Zustand sie waren. Wir hängten ein zu diesem Zweck mitgenommenes Reserveseil zusätzlich dazu und sicherten uns damit einen eventuellen Rückzug. Fünf Jahre war in dieser Wand keine Begehung mehr zu verzeichnen gewesen – nur Tragödien und Tote.

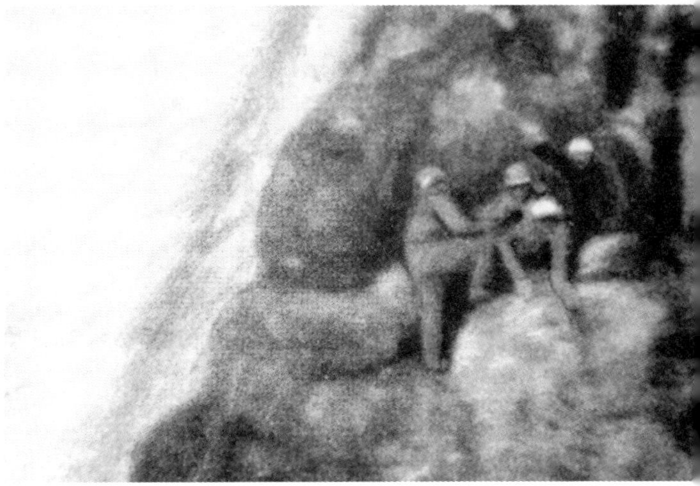

Durch das 2 Meter große Fernrohr nahm der Berner Fotograf Albert Winkler nach dem verhängnisvollen Steinschlag unseren Biwakplatz am Bügeleisen auf.

Der Eisschlauch ist eine Felspassage zwischen dem Ersten und dem Zweiten Eisfeld, an die sich eine dicke Eisplatte lehnt, die sich durch das Schmelzwasser des Zweiten Eisfeldes bildet. Normalerweise stellt er kein Problem dar, und wir stiegen in ihm bis zum unteren Rand des Zweiten Eisfelds. Dieses zog sich über mehr als acht Seillängen nach links oben durch das Zentrum der Wand. Wir hackten Stufen in das Eis; zur Zwischensicherung setzten wir Eishaken. Ich filmte, und Herbert machte dann und wann ein Foto. Wir erreichten am frühen Nachmittag das Bügeleisen, oberhalb dessen Max Sedlmayr und Karl Mehringer im Sommer 1935 bei einem Wettersturz ums Leben kamen, im sogenannten Todesbiwak.

Hias, Herbert und ich standen gegen 15 Uhr auf dem Felsgrat des Bügeleisens und schauten über das Dritte Eisfeld hinüber zur Rampe. Herbert sollte als versierter Eisgeher als Erster dieses Eisfeld queren. Nun hatte uns im Lauf des Anstiegs immer wieder Steinschlag aufhorchen lassen. Plötzlich nahm ich ein ganz nahes, schrilles Pfeifen in der Luft wahr, einen dumpfen Schlag neben mir und im Gesicht von Hias einen fassungslosen Blick. Ein Stein hatte seine linke Hand getroffen, und da diese sich am Fels hielt, hatte der Stein die linke Hand in der Mitte zerschlagen. Ich sah das Blut aus der zerschmetterten Hand schießen und schaute auf Hias, der ohne ein Wort zu sagen auf seine Hand sah. Herbert fasste sich zuerst, riss sich den Rucksack vom Rücken und suchte fieberhaft nach unserem Verbandszeug.

Ich war froh, dass Herbert die Nerven behielt. Hias, der noch gar nicht begriffen hatte, wie groß die Wunde war, fiel nicht in Panik, sondern blieb ruhig. Das zeichnet einen überragenden Alpinisten aus, dachte ich im Stillen. Beim Verbinden der klaffenden Wunde merkten wir, dass ein Finger nur noch an ein paar Hautfetzen hing, und sahen, dass der Stein die Mittelhand durchschlagen hatte. Herbert versorgte Hias, gab ihm eine Beruhigungsspritze und fixierte seine Hand in einer Schlinge am Körper. Insgeheim bewunderte ich Herbert und staunte, wie er die Situation meisterte. Mit einem Verletzten über das Dritte Eisfeld, dann durch die Rampe und über den Götterquergang zur Spinne, durch die Ausstiegs-

Nach dem geglückten Rückzug durch die Nordwand erwarteten uns Heinrich Harrer und Albert Winkler am Stollenloch der Jungfraubahn (oben): von links nach rechts Herbert Raditschnig, der schwer verletzte Hias Noichl und ich. Bei unserem Besuch im Krankenhaus konnte Hias Noichl schon wieder lachen. Sonja Füllemann, die Tochter vom Hotel Gletschergarten, wo wir logierten, begleitete uns (unten).

risse zum Gipfeleisfeld und weiter zum Gipfel aufzusteigen schien uns zu gewagt. Wir beschlossen abzusteigen.

Wir biwakierten unter einem kleinen Überhang am Bügeleisen. Von dieser Wandhöhe war bis dahin noch nie eine Seilschaft zurückgekommen. Keiner von uns dachte am nächsten Morgen an Filmen oder Fotografieren.

Zunächst musste von da oben abgeseilt werden. Ich seilte als Erster ab, um unten einen Standplatz zu schaffen und anschließend Hias in Empfang nehmen zu können. Herbert hatte einen Bremskarabiner installiert und ließ mit diesem Hias, der in einer Seilschlaufe saß und sich mit der rechten Hand am Seil festhalten konnte, zu mir hinunter. Dann konnte als Letzter Herbert abseilen.

Wir hatten am Vortag über das Zweite Eisfeld in etwa acht Seillängen Stufen geschlagen, die sich jetzt als Segen herausstellten. Ich querte eine Seillänge in das Eisfeld hinein und schlug die Stufen etwas größer aus, damit Hias mit den Steigeisen einen guten Halt fand. Dann spannte ich das eine unserer beiden Seile, das bei Herbert fixiert war, ganz straff an einem geschlagenen Standhaken, und wir hatten damit ein Geländerseil für Hias. Dieser konnte nun, mit der gesunden rechten Hand am Seil vorsichtig in den Stufen balancierend, zu mir nachkommen. Mit dem zweiten Seil sicherte Herbert Hias bei seinem Balanceakt über das Eisfeld. So ging es langsam, aber sicher die vielen Seillängen nach rechts über das Zweite Eisfeld, bis wir die richtige Höhe über dem Hinterstoißerquergang hatten, um senkrecht nach unten abzuseilen. Am Nachmittag waren wir am Hinterstoißerquergang und konnten das zurückgelassene Seil ebenso straff im Quergang fixieren und damit Hias hinüberbringen. 1936 war dieser Quergang respektive das fehlende Seil die Schlüsselstelle, an der die beiden Seilschaften scheiterten und die den tragischen Tod von Andreas Hinterstoißer, Willi Angerer, Edi Rainer und schließlich auch Toni Kurz bedeutete.

Hias Noichl hatte alle diese Anstrengungen mit einer überaus großen Willensleistung vollbracht, wir hörten ihn nur ab und zu aufstöhnen, aber sonst kam kein Jammern über seinen Zustand über seine Lippen. Als wir ihn die letzten Seillängen über den Schwierigen Riss abseilten, sahen wir unter uns am Stollenloch einige Leute, die uns zuwinkten. Heinrich Harrer, Jan Boon und Albert Winkler, der wie immer an Ort und Stelle war, waren mit der Jungfraubahn bis zum Stollenloch gekommen, um uns in Empfang zu nehmen. Endlich wieder unten, mit sicherem Boden unter den Füßen, sah ich, wie Hias uns stumm anschaute und über sein abgehärmtes Gesicht Tränen rollten. Er zitterte am ganzen Leib. Die Anspannung der vergangenen Tage hatte sich in eine große Mattigkeit verwandelt, und nun konnte er seinen Gefühlen freien Lauf lassen. Herbert und ich fühlten mit ihm und bewunderten seine Leistung, mit dieser schweren Verletzung den Abstieg zu überstehen.

Mit der Jungfraubahn brachten unsere Freunde Hias Noichl ins Spital nach Interlaken. Die Schweizer Presse berichtete über unser Unternehmen, und zum

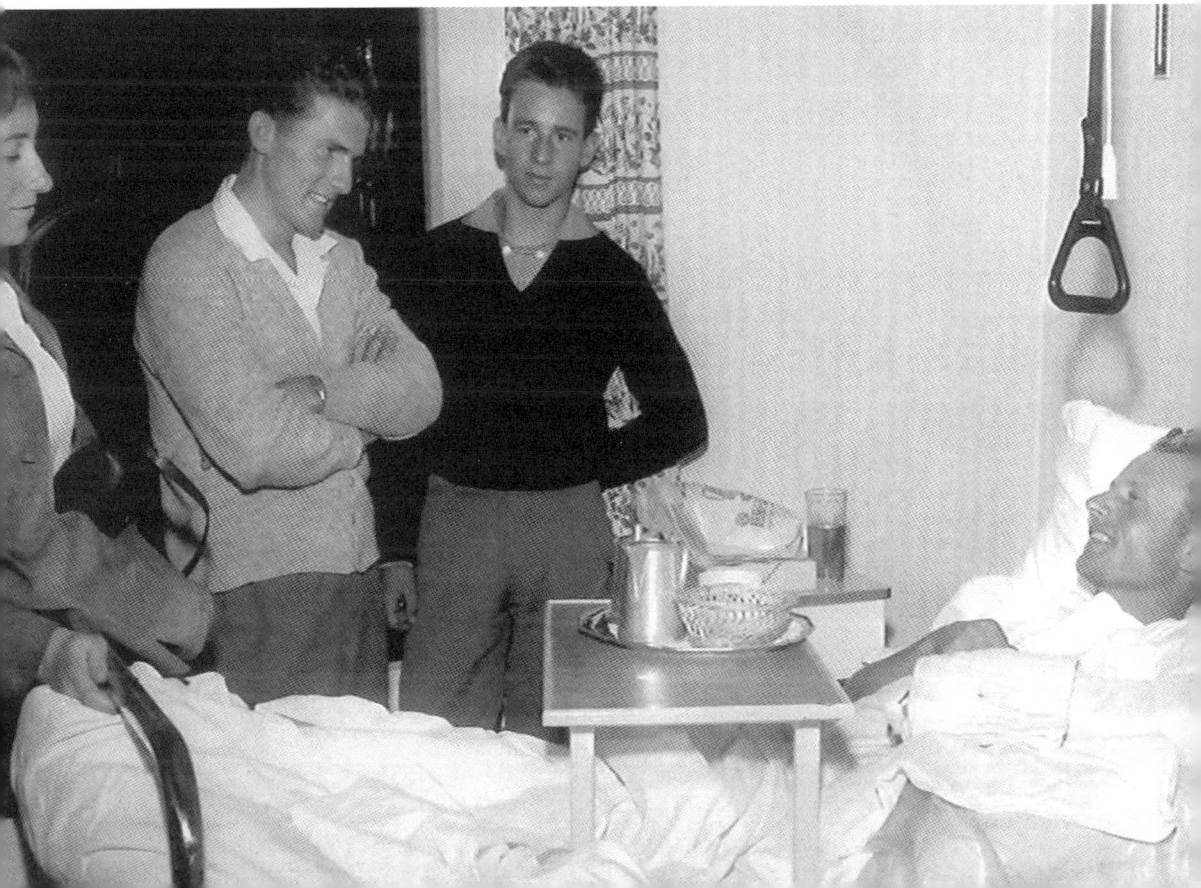

Kurt Diemberger (links) und Wolfgang Stefan, von Albert Winkler nach ihrem Ausstieg aus der Nordwand auf dem Gipfel des Eigers aufgenommen.

Rechte Seite: Nachdem wir Kurt und Wolfgang am Gipfel des Eigers abgeholt hatten, erwischte uns in der Westflanke ein Wettersturz.

ersten Mal in der Geschichte der Eiger-Nordwand schrieben sie nicht über verantwortungslose Berggesellen, sondern lobten die gute Vorbereitung der Alpinisten und das Gelingen des Rückzugs aus der von der Presse immer wieder als «Todeswand» verteufelten Wand.

Als wir vom Besuch bei Hias Noichl nach Grindelwald zurückkamen, saßen vor dem Hotel Gletschergarten Kurt Diemberger und Wolfgang Stefan, beide in bester Verfassung und voller Selbstvertrauen, und wollten in die Eiger-Nordwand. Herbert und mir steckte noch das Abenteuer unseres Eiger-Versuches in den Gliedern, und wir verschwendeten keinen Gedanken an einen weiteren Versuch. Das Wetter war gut, und so stiegen Diemberger und Stefan in die Wand ein. Verabredet war mit ihnen, dass wir, wenn sie es schafften, die Wand zu durchsteigen, sie am Gipfel abholen würden. Albert Winkler aus Bern war wieder der Dritte im Bund und kam mit uns über die Westflanke hinauf zum Gipfel.

Auf dem Gipfel des Eigers sahen wir drei Tage später mit dem letzten Tageslicht aus dem dicken Nebel zwei Gestalten über das Gipfeleisfeld auf uns zusteigen. Albert Winkler fotografierte, wie Kurt Diemberger und Wolfgang Stefan aus dem Nebel zu uns kamen. Sie meinten, sie hätten die ominöse dreizehnte Begehung der Eiger-Nordwand geschafft. Was wir damals allerdings noch nicht wissen konnten, war, dass die Seilschaft Günter Nothdurft und Franz Mayer ein Jahr zuvor den Gipfel im Schneesturm erreicht und damit die dreizehnte Begehung gemacht hatten. Die Dreizehn hatte ihnen aber kein Glück gebracht: Sie starben beim Abstieg in der Westflanke an Erschöpfung. Wir stiegen noch etwa 150 Me-

ter ab, und weil es schon spät am Abend war, biwakierten wir in der Westflanke. In dieser Nacht fegte ein Unwetter über das Berner Oberland und verwandelte den Eiger in eine Winterlandschaft. Bis zum nächsten Morgen hatten sich 30 Zentimeter Neuschnee schwer auf unseren Biwaksack gelegt.

Wir konnten nicht ahnen, dass wir nicht weit weg vom letzten Biwakplatz von Günter Nothdurft und Franz Mayer biwakiert hatten, in dem sie im Vorjahr den Tod fanden. Durch den frisch gefallenen Schnee stapften wir über die verschneite Westflanke hinüber zum Westgrat – zum Glück wusste ich noch, dass man hier absteigen musste – und weiter hinunter zur Station Eigergletscher. Unten sagte ich zu Herbert und den anderen: «Mein Bedarf an der Eiger-Nordwand ist vorerst gedeckt, und ich bin mir sicher, diese Wand sieht mich nie wieder!»

Grandes Jorasses, Walkerpfeiler

Der Walkerpfeiler in der Nordwand der Grandes Jorasses im Montblanc-Gebiet war unser nächstes Ziel. Von Riccardo Cassin und seinen Gefährten Esposito und Tizzoni 1938 erstbegangen, hatte der Walkerpfeiler einen fast ebenbürtigen Ruf wie die Eiger-Nordwand und ähnlich wie sie erst zwölf Begehungen. Die letzte lag sechs Jahre zurück. Der Walkerpfeiler an den Grandes Jorasses zählt mit der Matterhorn-Nordwand und der Eiger-Nordwand zu den drei großen Nordwänden der Westalpen. Wenn ihm das gelänge, meinte Kurt Diemberger, wäre das ein Hammer! Er hätte dann alle drei großen Wände durchstiegen, denn die Matterhorn-Nordwand hatte er schon ein Jahr zuvor erobert.

Wir packten unsere Sachen in Grindelwald zusammen und machten uns auf die Reise nach Martigny und dann über den 1527 Meter hohen Col de la Forclaz in das Bergsteigerdorf Chamonix am Fuß des Montblanc. Herbert und ich waren die Ersten in Chamonix, wir fuhren umgehend bis zur Talstation der Aiguille-du-Midi-Seilbahn. Wir hatten ein wenig Trainingsbedarf, und da Kurt und Wolfgang erst am nächsten Tag kommen würden, hatten wir uns als Eingehtour, um den rotbraunen Granit des Montblanc-Gebiets besser kennenzulernen, die Rébuffat-Route an der Südwand der Aiguille du Midi vorgenommen. Sie ist nicht lang, nur etwa 250 Meter hoch, aber eine der schönsten Granitklettereien der Alpen in absolut festem Fels.

Die Seilbahn brachte uns in nicht mal einer Stunde die 2700 Höhenmeter hinauf zur rund 3780 Meter hohen Gipfelstation der Bahn. Mit dieser Seilbahn muss man einmal gefahren sein! Die zweite Sektion schwingt sich über 1500 Höhenmeter von der Mittelstation ohne eine Zwischenstütze hinauf zur Gipfelstation. Schöner als von hier oben kann man den Gipfel des Montblanc nicht sehen. Majestätisch steht er dem Besucher unmittelbar gegenüber. Die Luft ist hier oben schon ganz schön dünn, und die schnelle Seilbahnfahrt von Chamonix bis auf fast 3800 Meter belastet den Organismus und die Lunge gewaltig. Das merkten wir an

unserer Kurzatmigkeit. Von der Gipfelstation geht man durch einen Tunnel, bis man zur Seilbahn kommt, welche die Aiguille du Midi mit der Turiner Hütte auf der italienischen Seite des Montblanc verbindet. Von dort kann man über einen Firngrat hinunter zum oberen Teil des Mer de Glace gehen, wo die größte und längste Skiabfahrt der Alpen über fast 25 Kilometer hinunter nach Chamonix beginnt. Nach dem Firngrat erreicht man auch den Einstieg der Rébuffat-Route in nur 30 Minuten.

Traumtour an den Grandes Jorasses: der Walkerpfeiler (links).

Mit Kurt Diemberger, unserem «Eisspezialisten» (rechts), auf dem Mer de Glace unterwegs zur Leschauxhütte.

Gleich am Anfang, nach 50 Metern, machten wir einen kraftraubenden Verhauer. Ein Rissdach am Einstieg brachte mich fast in Verlegenheit, und Herbert, der das Rissklettern noch nicht gut konnte, flog in hohem Bogen ins Seil. Ein zeitraubender Seilquergang führte uns auf die Originalroute zurück. Dann konnten wir diese wunderbare Wand klettern, wenn wir auch schwer atmeten und viel Kraft brauchten. In späteren Jahren filmte ich zweimal fürs Fernsehen in der Rébuffat-Route.

Wieder in Chamonix, trafen wir am Abend Kurt und Wolfgang. Kurt kannte einen berühmten Bergführer, der einen großen Garten hatte und in dessen Garage auch mal Bergsteiger übernachten durften. Es war Lionel Terray, der 1947 bei der zweiten Durchsteigung der Eiger-Nordwand und 1955 bei der Erstbesteigung des 8463 Meter hohen Makalu im Himalaya dabei war. Vor der Garage unseres Gastgebers ordneten wir unsere Ausrüstung.

Wir stiegen durch den Bannwald der Bahnlinie nach Montenvers und zum Mer de Glace in etwa 2000 Meter Höhe. Dort beginnt eine wunderschöne Gletscherwanderung zur Leschauxhütte, die damals wieder einmal durch eine Lawine zerstört worden war. Ganz hinten im Tal sah man die gewaltige Nordwand der Grandes Jorasses, die sich mit ihrem 1400 Meter hohen Nordpfeiler, dem Walkerpfeiler, bis auf 4208 Meter hinaufschwingt. Dieser berühmte Pfeiler gilt als die schwerste der drei großen Nordwände der Alpen, mit Kletterei im sechsten Schwierigkeitsgrad. Wir mussten mit einer Durchsteigungszeit von zwei bis drei Tagen rechnen, so stand es damals im Kletterführer für das Montblanc-Gebiet.

Auf dem Hüttenboden der Leschauxhütte, den die Lawine übrig gelassen hatte, verbrachten wir die Nacht. Sie war ungewöhnlich warm, auch wenn sich über uns ein sternklarer Himmel wölbte, was in der Regel eine kalte Nacht brachte. Diese Wärme ließ uns sehr unruhig schlafen. Es war noch dunkel, als wir aufbrachen, um über den Gletscher zum Einstieg des Walkerpfeilers zu gehen. Vereinbart war, dass wir in zwei Seilschaften gehen würden, um schneller voranzukommen. Kurt und Wolfgang stiegen als Erste in die steile Eisflanke ein und kamen schnell höher. Herbert und ich folgten als zweite Seilschaft. Als wir die ersten Felspassagen erreichten, wechselten wir die Reihenfolge. Wir kamen gut höher, fanden allerdings erstaunlich wenig Felshaken vor. Zu einem war es damals üblich, geschlagene Haken wieder mitzunehmen, zum anderen war der Pfeiler in den Jahren zuvor immer sehr stark eingeschneit gewesen, und es hatte sich in den Rissen Eis gebildet, das die Haken überdeckte. Dadurch entsprach die Kletterei fast einer Erstdurchsteigung.

Wir erreichten am ersten Tag nach einem kleinen Quergang ein schmales Band, das uns genügen musste, um zu viert darauf zu biwakieren. Über dem Horizont stand in flammendem Rot die untergehende Sonne und verhieß für den kommenden Tag nichts Gutes. Wenn sich die Sonne so verabschiedet, kippt das Wetter garantiert. In der Nacht kamen Wolken auf, und ein harter Wind pfiff um den Walkerpfeiler. Im Schein der Stirnlampen sahen wir Schneeflocken an uns vorbeifliegen, der kalte Wind beutelte unseren Biwaksack und blies uns die kalte Luft in die Kleider.

Am nächsten Morgen sahen wir die Bescherung. Etwa 20 Zentimeter Neuschnee bedeckte die Felsen. Was nun?, dachte ich, und die Augen meiner Freunde blickten auf mich. Die Felsen sollten ja meine Aufgabe sein! Kurt Diemberger schreibt darüber in seinem Buch «Der siebte Sinn»: «Der Fels ist wie mit Schmierseife bedeckt und die Sicht auf wenige Meter begrenzt. Während Lothar

Nach einer eisigen Nacht am Walkerpfeiler grüßte uns das Morgenlicht und verhieß einen schönen Tag. Die durch die Minusgrade klammen Finger machten mir beim Klettern viel Kummer.

eine unangenehme, durch Schnee und Nässe erschwerte Felsstufe überwindet, frieren wir anderen lange unter einer steilen Wandstufe, da die Kleidung durchnässt ist und der Wind um die Pfeilerkante tobt. Lothar bewältigt im Vorstieg eine Art von Kletterei, die bei diesen Verhältnissen absolut an der Grenze des Möglichen liegt.» Es war eine der heikelsten und schwierigsten Seillängen meines Lebens, die ich nach dem saukalten Biwak klettern musste. Kurt Diemberger schreibt weiter: «Binnen Kurzem beschließen wir, uns alle zu einer Viererseilschaft zusammenzuhängen, mit Lothar an der Spitze. Unser Elbsandsteinkletterer – Gott weiß, warum – entwickelt sich in dem verschneiten Granit zum Genie. Er hat eine Spürnase für jeden Halt, der unterm Schnee verborgen ist, die uns alle verblüfft.» Wir waren eine Viererseilschaft, und so konnte in diesem schweren Gelände mit dem frisch gefallenen Schnee immer nur einer führen. Das kostete Zeit. Also noch einmal ein Biwak. Diesmal bei einer sternklaren Nacht mit Minusgraden. Wir froren erbärmlich.

Der dritte Tag brachte dann wieder das erhoffte strahlende Wetter und am späten Nachmittag den lang ersehnten Gipfel der Grandes Jorasses. Gipfelglück wird in der alpinen Literatur immer mit großartigen Worten geschildert, doch eigentlich ist das Gipfelglück immer der Moment der Erleichterung, den Schwierigkeiten einer Wand entronnen zu sein. Das wirkliche Glück stellt sich erst später ein, wenn man wieder unten im Tal ist. Nicht umsonst sagt man: «Oben warst du erst, wenn du wieder unten bist.» Der Abstieg von den Grandes Jorasses zog sich in die Länge und war eigentlich eine eigene Bergtour. Über die italienische Grandes-Jorasses-Hütte kamen wir erst einmal nach Courmayeur und dann weiter über die Turiner Hütte wieder auf französischen Boden.

Eine große Wand im Rosengarten

Dieter Hasse und Luis Vigl schlug ich vor, im Rosengartengebiet an der Rotwand – oder, wie die Italiener sie nennen, Roda di Vaèl – die Südwestwand zu durchsteigen, eine gelb leuchtende, überhängende Wand, die oberhalb des Karerpasses das ganze Tal beherrschte und die ebenso wie die Zinnenwand als undurchsteigbar galt.

Luis Vigl war schon emsig am Organisieren. Zwei junge Burschen der Hochgebirgsgruppe Wilder Kaiser der ÖAV-Sektion St. Johann besorgte er uns als Helfer. Der eine war Horst Schneider, der Sohn des Kommandanten der Ortspolizei von St. Johann, der andere, Peter, ein groß gewachsener Bursche, fast 2 Meter lang und im Gegensatz zum quirligen Horst immer sehr ruhig. Wir hatten auch wieder eine 300 Meter lange Reepschnur dabei. Luis und die Sektion St. Johann spendierten die nötigen Felshaken für unser Vorhaben.

Erst einmal wollten wir einen Einstieg in die Wand finden und stiegen in einer großen Verschneidung, die sich direkt in der Gipfelfalllinie befand, in schwieriger Kletterei bis unter ein Dach. Der Weiterweg erschien uns aber zu brüchig, auch hatten wir dafür keine genügend langen Felshaken dabei. Und vor allem hätten wir für diese Routenführung viel zu viele Haken gebraucht. Eine Eisenleiter wollten wir aber nicht installieren, deshalb seilten wir schleunigst wieder ab. Das war wohl nicht der ideale Weg durch die Wand. Zwei Jahre später, 1960, kletterten über diese Route, die wir verschmäht hatten, Cesare Maestri und Claudio Baldessari in einer beispiellosen Materialschlacht zum Gipfel der Roda di Vaèl. Sie benötigten 420 Felshaken, darunter zwanzig Bohrhaken, und sieben Biwaks.

Während unseres ersten Versuchs in der Wand waren unsere beiden Helfer angekommen. Wer einmal den Herbst in den Dolomiten kennengelernt hat, mit dem würzigen Duft der immergrünen Latschen in der Luft, wird wissen, wie herrlich diese Landschaft ist und auch wie stabil das Wetter sein kann. Bei dieser Wetterbeständigkeit konnten wir beruhigt einsteigen. Ganz auf das Kommende konzentriert, gingen wir im Morgengrauen in Richtung Wandfuß, schwer bepackt mit Reepschnur, Seilen, Hakenbündeln und vielen, vielen Eisenkarabinern. Unsere beiden Helfer Peter und Horst buckelten mit uns zum Einstieg und lernten so den Weg kennen, auf dem sie uns in den nächsten Tagen den Proviant und das Biwakmaterial bringen würden, um es an die Reepschnur zu hängen.

Im Zentrum der Südwestwand dominiert ein etwa 40 Meter hoher Felsblock, der durch einen Kamin leicht zu besteigen war. Vom höchsten Punkt dieses Blockes zog sich eine feine Rissspur 30 Meter hoch nach oben bis in die gelbe Wand. Ein idealer und organischer Einstieg in die Wand war gefunden. In schwerer, aber freier Kletterei konnte ich diese Seillänge überklettern. Ich brauchte nur wenige Haken und legte meist kleine Schlingen in den Riss. So hatte ich mir das Klettern in der Rotwand vorgestellt – keine Hakenschlacht um jeden Preis! Die-

Die Rotwand oberhalb des Karerpasses im Rosengartengebiet. Ihre überhängende gelbrote Südwestwand galt lange als undurchsteigbar; eingezeichnet ist unser Hermann-Buhl-Gedächtnisweg von 1958.

ter kam flott nach – es war ja auch nach seinem Geschmack, so frei zu klettern – und stieg nach dem Führungswechsel weiter über eine graue, plattig geneigte Wand eine lange Seillänge bis zu einem brüchigen Pfeiler. Der sah nun gar nicht sehr vertrauenerweckend aus. Ganz geheuer war er mir nicht, aber er war gut zu ersteigen. Ab und zu hörte ich hinter diesem Pfeiler Steine rascheln, wenn er durch das Klettern erschüttert wurde, ein Hinweis darauf, dass seine Stabilität sehr zu wünschen ließ. Jahrzehnte später wurde der Pfeiler bei einem Gewitter vom Blitz getroffen und stürzte in sich zusammen.

Unter einem großen, dachartigen Überhang richteten wir unser erstes Biwak ein. Mit unserer langen Reepschnur zogen wir wie an der Großen Zinne unser Biwakmaterial, das Horst und Peter angehängt hatten, zu uns herauf.

Richtig schlafen konnten wir in unseren Fledermausbeuteln allerdings nicht. Ständig mussten wir die Lage verändern, und spitze Steine drückten in den Rücken. Dieter und ich vertrieben uns die lange Nacht mit Gesprächen über Musik und andere Themen, und Dieter meinte: «Puccini ist der Verdi des armen Mannes», wobei er geschickt das berühmte Zitat von Kurt Tucholsky benutzte. Damals kannte ich das Zitat noch nicht und staunte gehörig über das, was Dieter da an musikalischem Wissen von sich gab. Wir sprachen über Gott und die Welt und auch über die Kletterei, die uns am kommenden Tag bevorstand.

Morgens dann das übliche Prozedere mit dem Proviantrucksack an der langen Reepschnur, bei der man höllisch aufpassen musste, dass sie nicht an den Felsvorsprüngen hängen blieb. Immerhin war sie unsere Nabelschnur zum Rest der Welt. Nach dem Frühstück machten wir unsere Seile zum Weitersteigen fertig. Dieter querte unter dem Überhang nach rechts und begann mit der Überkletterung dieses großen Wulstes. Das dauerte natürlich eine Weile. Jeder Haken brauchte seine Zeit, manche Stelle ließ sich frei klettern. Am Nachmittag war ich eine weitere Seillänge geklettert und staunte über den kleingriffigen, festen Fels.

Wir bereiteten das zweite Biwak vor. Diesmal hatten wir allerdings das Biwakmaterial, um das Herablassen zu vermeiden, Seillänge für Seillänge nachgezogen. So brauchten wir am Abend nur den Proviant aufziehen. Im Rucksack befand sich immer ein Zettel, auf dem die neuesten Nachrichten standen, und unsererseits Wünsche, das Essen oder spezielle Haken betreffend, die wir brauchten, nach unten gingen. Auf einem der Zettel stand, dass Luis Vigl in der Hütte angekommen war und immer mehr Menschen im Tal unser Tun an der Rotwand mit dem Fernglas beobachteten. Fast ganz Südtirol verfolgte unsere Erstdurchsteigung in der Zeitung, denn die Rotwand war so etwas wie der Hausberg von Bozen.

Dietrich Hasse wurde im Ausstieg aus der 350 Meter hohen Dolomitenmauer von einem Bergsteiger fotografiert.

In dieser Nacht redeten wir nicht viel, denn die anstrengende Kletterei verhalf uns zu einem erholsamen Schlaf. Diese Wand war schwer, aber gleichzeitig ein wunderschönes bergsteigerisches Abenteuer im sechsten Schwierigkeitsgrad.

Der dritte Tag brach an, mit dem üblichen Aufziehen mit der Reepschnur und dem Verpacken der Biwakausrüstung. Dann begann wieder das Klettern im festen Fels, dann und wann ein Haken. Dazu das lange Warten in der Sitzschlinge, wenn der Führende kletterte. Man schaute gespannt nach oben und registrierte, was der Partner gerade machte, gab passende und unpassende Ratschläge und schaute ansonsten in die Landschaft und genoss das herbstliche Südtirol.

Gemeinsam mit Dieter auf dem Gipfel der Rotwand – nicht zu sehen sind die vielen Bergsteiger, die uns nach der tagelangen Kletterei in Empfang nahmen.

Ein drittes Biwak wartete auf uns. Am folgenden Morgen gingen wir davon aus, dass es nur noch zwei lange Seillängen bis zum Gipfel waren, und ließen an der Reepschnur alles Biwakmaterial hinunter zum Wandfuß. Dann warfen wir unsere Versorgungslinie nach unten ab. Die lange Nabelschnur verschwand nach unten in die Tiefe. Ich führte die erste Seillänge am vierten Tag und erreichte ein kleines Band unterhalb des Gipfels. Dieter übernahm hier die Führung und stieg am späten Nachmittag zum Gipfel der Rotwand aus.

Schon Stunden vorher hatten wir an der Kante des Gipfelgrats Gesichter von Bergsteigern gesehen. Sie beobachteten uns beim Klettern und riefen uns ermunternde Worte zu. Man konnte fast meinen, in einem Klettergarten zu sein. Der Gipfel der Rotwand ist eine geräumige Kuppe und bietet vielen Menschen Platz. Der Normalaufstieg zum Gipfel der Rotwand ist ein leichter Klettersteig, und so war das Gipfelplateau übersät von Bergsteigern, die uns begeistert in Empfang nahmen. Wir hatten uns eine ruhige und besinnliche Gipfelrast vorgestellt, nicht so einen Volksauflauf. Im Ernst: Wir dachten, oben allein zu sein und ganz ruhig die Durchsteigung feiern zu können. Einige Wochen zuvor auf dem Gipfel der Großen Zinne waren wir bis auf einen einzigen Bergsteiger, der von uns ein Gipfelfoto machte, vollkommen allein gewesen. Aber so war es eben diesmal nicht. Mit dieser Menge von Bergsteigern stiegen wir vom Gipfel der Rotwand ab. Der Abend auf der Hütte, mit unseren Freunden aus St. Johann, mit Horst und Peter und Luis Vigl, war dann allerdings sehr viel ruhiger.

Die Sektion Welschnofen des Südtiroler Alpenvereins feierte uns zwei Tage später mit einem guten Essen auf der Mooseralm und überreichte uns einen höl-

Internationales Bergsteigertreffen 1958 in Trento: von links nach rechts Anderl Heckmair, ich, Loulou Boulaz, Riccardo Cassin, Ugo Tizzoni, Gino Soldà, vorne kniend Luigi Esposito.

zernen, geschnitzten Bergsteiger und, was uns ganz besonders freute, jedem von uns 5000 Lire. Eine Portion Spaghetti kostete damals etwa 140 Lire. Die Spender wussten, wie teuer eine Erstdurchsteigung sein kann und dass Studenten immer Geld brauchten. Die Tageszeitung «Dolomiten» schrieb einen Tag später: «Das bisher waghalsigste klettertechnische Unternehmen im Rosengarten ist gestern Nachmittag, einen Tag früher als erwartet, glücklich zu Ende geführt worden. [...] Dreimal mussten sie in der Wand biwakieren, mit dem Seil an einen Haken gehängt, ohne Standplatz oder gar Sitzplatz [...].» Weiter schrieb der Reporter: «Nun haben die jungen Deutschen ein ‹unlösbares› alpines Problem gelöst. Selbst so erfahrene Kletterer wie Walter Bonatti und Gaston Rébuffat hatten die Rotwand als absolut unbesteigbar erklärt.»

Wieder in München, steckte im Briefkasten ein Brief aus Trento. Die internationalen Filmfestspiele für Berg- und Forschungsfilme hatte mich zu einem internationalen Bergsteigertreffen eingeladen, das jedes Jahr von den Organisatoren der Filmfestspiele in Verbindung mit dem CAI, dem italienischen Alpenverein, organisiert wurde. 1958 hatten sie anlässlich des Zwanzig-Jahr-Jubiläums der Erstdurchsteigung der Eiger-Nordwand und des Walkerpfeilers an den Grandes Jorasses alle Begeher dieser beiden Routen eingeladen. Da standen sie, die großen

Alpinisten Anderl Heckmair, Riccardo Cassin, Lionel Terray, Kurt Diemberger und all die anderen Bergsteiger, welche die Eiger-Nordwand oder den Walkerpfeiler durchstiegen hatten, alle auf der Bühne der Tridentiner Oper, fühlten sich denkbar unwohl und bekamen obendrein noch eine Medaille umgehängt. Das ganze Prozedere im guten Anzug und so gar nicht wie Bergsteiger gewandet.

Ein ganz besonderes Schmankerl hatte sich im Auftrag der Organisatoren der Wiener Alpinjournalist Kurt Maix einfallen lassen: Er machte eine Umfrage unter den anwesenden Bergsteigern, wer der erfolgreichste Alpinist und Kletterer des Jahres 1958 gewesen sei. Auf der Bühne der Oper verkündete Kurt Maix zu meiner Überraschung: Lothar Brandler. Das war ein grandioser, unverhoffter Abschluss des Jahres 1958, und ich stellte fest: Es war für mich ein großer Sommer! Ein Sommer, den ich mit vielen guten Freunden verbracht hatte. Diesen Freunden sage ich von ganzem Herzen Danke, denn ohne sie hätte ich alle diese Bergtouren nicht machen können.

Um ruhige Aufnahmen machen zu können, kommt dem Standplatz für das Stativ besondere Bedeutung zu.

MEIN WEG ZUM FILM

Mit einem gewissen Bangen wartete ich auf Post vom Richard-Strauss-Konservatorium. Hatte ich meine Aufnahmeprüfung geschafft oder nicht? Bei einer sehr hohen Zahl von Studienanfängern für den Sektor Gesang war es schwierig, einen der begehrten Studienplätze zu bekommen. Dann der Brief im Kasten und die Erleichterung beim Lesen des Prüfungsergebnisses: Ich war angenommen worden und konnte im kommenden Wintersemester am Konservatorium beginnen. Beim Vorspielen auf dem Klavier – ich spielte das Adagio cantabile aus Beethovens «Pathétique» – sagte meine Lehrerin ganz trocken zu mir: «Springen Sie jetzt freiwillig aus dem Fenster, oder soll ich Sie werfen?» Mein selbst Einstudiertes war offensichtlich in ihren Ohren tödlich.

An den neuen Alltag gewöhnte ich mich sehr schnell. Fast immer war es dasselbe: vormittags am Konservatorium allgemeine Fächer wie Instrumentenkunde, am Nachmittag im Sporthaus Schuster Bergsportartikel verkaufen, am Abend wieder ans Konservatorium zum Einzelunterricht in Gesang oder Klavier. So vergingen Tage und Wochen. Der Winter wollte kein Ende nehmen mit seinem Einerlei. Fürs Skifahren war zu wenig Geld vorhanden, und die wenigen Male, da ich mich auf ein Paar alte Bretter wagte, verliefen meistens mehr unter als über dem Schnee.

Im Februar wurde wie jedes Jahr in der Faschingszeit von der Zeitung «Münchner Merkur» ein Sportlerball mit der Wahl des Sportlers des Jahres organisiert. Per Brief wurde ich dazu eingeladen. Wie ich zu der Ehre kam, ist mir heute noch ein Rätsel. Damals war nicht die Zeit, in der vom Klettern viel Aufhebens gemacht wurde, und den Begriff «Berufsbergsteiger» gab es erst recht nicht. Wer mir etwas Gutes tun wollte, bleibt ein Geheimnis. Am Abend der Verkündung des Sportlers des Jahres war ich im Regina Palast Hotel im Großen Saal. Die Eiskunstläuferin Marika Kilius wurde zur Sportlerin des Jahres gewählt und an dem Festabend im Saal am Stiglmaierplatz mit Schokolade aufgewogen. Der Sportler des Jahres wurde logischerweise ihr Partner Hans-Jürgen Bäumler. Ich wurde bei der Wahl zum Sportler des Jahres der zehnte und letzte Preisträger.

Der Höhepunkt des Jahres für den Sport in München war die Verleihung des Ehrenbriefes der Stadt München für besondere Verdienste auf dem Gebiet des Sports – nicht zu verwechseln mit der Ehrenbürgerurkunde; diese bekommt ein Bürger nach jahrzehntelangem verdienstvollem Wirken für die Stadt München. Der Festakt wurde traditionell im Saal des Alten Rathauses am Marienplatz abgehalten. Um den Ehrenbrief zu bekommen, musste man als Sportler mindestens Deutscher Meister geworden sein oder aber Europa- oder Weltmeister. Beides war ich nicht, und ich weiß wie beim Sportler des Jahres bis heute nicht, wer mich vorgeschlagen hatte. Oberbürgermeister Thomas Wimmer – der «Dammerl», wie er liebevoll von den Münchnern genannt wurde – nahm die Ehrung und Überreichung der Urkunde persönlich vor und hatte für jeden ein paar nette Worte parat. Zu mir sagte er: «Denken S' an Hermann Buhl und kommen S' immer heil vom Berg wieder nach Hause zurück.» So war ich also der erste Bergsteiger, der den Ehrenbrief der Stadt München bekam, und das als Sachse!

An einem Tag im Mai 1959 kam der Alpinjournalist Toni Hiebeler zu mir ins Sportgeschäft und fragte mich beiläufig, ob ich Zeit und Lust hätte, bei Filmaufnahmen in den Dolomiten als Kamera- und Stativträger mitzuwirken. Der bekannte Bergfilmer Wolfgang Gorter mache einen Kletterfilm, und er, Toni Hiebeler, sei der Hauptdarsteller des Films. Die Handlung sei sehr simpel: Ein hübsches Mädchen und er, der Toni, der ihr das Klettern beibringen soll, klettern in den Dolomiten. So weit der Inhalt des Plots. Einfacher ging es nicht mehr! Der Titel des Films solle «Phänomen Klettern» heißen. Phänomen Klettern, das klang sehr verheißungsvoll für mich, denn bei den Filmfestspielen in Trento hatte ich mir im Vorjahr alle Kletterfilme angeschaut und war nun begeistert von dem Gedanken, an einem Film mitwirken zu können, wenn auch nur als Träger. Und etwas Geld sollte ich auch bekommen.

Wir trafen uns kurze Zeit später mit Wolfgang Gorter, einem kleinen, quirligen Mann von fünfzig Jahren, der ständig voller Ideen war und wie alle Filmemacher unter chronischem Geldmangel litt. Ende Juni fuhren Toni und ich mit der Bahn nach Toblach voraus und von dort weiter mit der Schmalspurbahn nach Cortina. Die gab es damals noch, sie war ein Überbleibsel aus dem Ersten Weltkrieg. Romantisch führte sie in vielen Schleifen an den Felsen entlang durch eine grandiose Landschaft nach Cortina. In Cortina wohnten wir in einer kleinen Pension beim Bergführer Gino Dibona, dem Enkel des legendären Angelo Dibona. Hier warteten wir auf Wolfgang Gorter, der am nächsten Tag mit der jungen Darstellerin nachkommen wollte. Er hatte nur noch etwas zu erledigen, sagte er.

Wolfgang kam aber nicht, nicht am nächsten Tag und auch nicht nach einer Woche. Toni telefonierte mit der jungen Frau, die seine Partnerin sein sollte, eine hübsche Verkäuferin von Sport Schuster, die Gerti Kannamüller hieß. Sie wartete in München auf Gorter und hatte sich extra freigenommen. Wolfgang Gorter blieb verschwunden. Dann kam ein Eilbrief von ihm, in dem stand, dass er aus familiären Gründen in Österreich aufgehalten wurde und wir schon einmal zum Rifugio Dibona – unterhalb der Tofana auf rund 2000 Metern gelegen – gehen sollten. Wir könnten schon etwas klettern, um für den Film fit zu sein. Er selbst käme in wenigen Tagen mit der Darstellerin des Films nach Cortina und dann gleich hinauf zur Dibonahütte.

Für mich war das die Gelegenheit, mit Toni den berühmten Tofanapfeiler zu klettern, damals eine der schwersten Touren in den Ampezzaner Dolomiten. Er erwies sich als die erwartete schwere Freikletterei, als die er berühmt geworden ist. Toni hat wohl nicht seinen besten Tag erwischt, dachte ich, als er aus dem großen Dach stürzte und 8 Meter unter mir in der Luft hing. Mit Prusikschlingen baute ich mir einen Flaschenzug, und indem Toni an einem der beiden Seile einen Klimmzug machte, konnte ich das zweite Seil mit einem Prusikknoten

Im großen Quergang der Großen-Zinne-Direttissima. Toni Hiebeler machte diese Aufnahme anlässlich der achten Durchsteigung für den Film «Phänomen Klettern».

fixieren. Es dauerte natürlich seine Zeit, bis ich Toni Meter für Meter nach oben brachte. In der Zwischenzeit hatte das Wetter umgeschlagen, es begann zu schneien, und wir kamen erst in der Finsternis zum Gipfel.

Gegen Mittag des folgenden Tages stand Wolfgang Gorter vor der Hüttentür und mit ihm Gerti. Die Filmarbeit konnte beginnen, und Wolfgang Gorter wählte für seine Aufnahmen die Felsenkulisse der Cinque Torri aus. Diese berühmten Türme stehen den Tofanen genau gegenüber. Egal wie man filmt, den Hintergrund bildet immer ein imposanter Berg – ein Dorado für jeden Bergfilmer. Die Wände und Kanten an den Türmen sind nicht allzu hoch. Das war bequem, denn Wolfgang war alles andere als ein Felskletterer. Nach der Tradition der damaligen Bergfilmszene hatte die Kamera am Boden zu bleiben. Mit dem altersschwachen DKW von Gorter fuhren wir von der Dibonahütte hinunter zur Passstraße, die zum Falzaregopass führt, und dann hinauf zum Rifugio Cinque Torri auf 2137 Metern.

Dann machten wir uns auf den Weg, um zunächst die idealen Drehorte zu suchen. Wir waren alle zum ersten Mal an den Cinque Torri. An der Westseite eines der frei stehenden Türme wurde Wolfgang fündig und meinte, dass es hier gerade richtig sei, um die ersten Einstellungen mit Toni und dem Mädchen zu drehen. Wolfgang Gorter begann mit Toni und Gerti über die erste Einstellung zu diskutieren. Ich schaute zu und stellte immer wieder einmal das Stativ um, damit Wolfgang Gorter eine neue Einstellung korrigieren und dann zu filmen beginnen konnte. Sehr schnell ging er dabei nicht zu Werke, und da ich mich ein wenig langweilte, kletterte ich in den langen Arbeitspausen an den umstehenden Felsen herum. Das bemerkte Gorter und filmte so zum Spaß, wie er meinte, auch einige Einstellungen mit mir. Toni fotografierte mich beim Klettern, und so kam bei den beiden die Idee auf, dass es ganz gut wäre, den Film mit einem Alleingänger aufzupeppen.

So drehten wir alle wichtigen Szenen an den Cinque Torri und fuhren jeden Tag zwischen den Hütten hin und her. Ich wunderte mich schon lange, weshalb wir nicht gleich auf der Cinque-Torri-Hütte blieben. Später merkte ich, dass der Hüttenwirt Gino Dibona unsere Zeche aufschrieb und Gorter erst später zahlen wollte. Nach Wochen erhielten Toni und ich die Rechnung des Hüttenwirts mit der Bitte, diese zu begleichen.

Der Höhepunkt des Films sollte aber eine Durchsteigung der Direttissima in der Nordwand der Großen Zinne werden. Damit und mit mir als Alleingänger würde man dem Titel «Phänomen Klettern» auch am ehesten gerecht. An den Cinque Torri hatten wir abgedreht und siedelten zum Rifugio Locatelli über, der Drei-Zinnen-Hütte, auf der Nordseite der Drei Zinnen gelegen, mit einem traumhaften Blick auf die Nordwände der Zinnen.

Es kam der Tag, an dem wir in die Direttissima der Großen Zinne einsteigen sollten. Früh am Morgen gingen Toni und ich mit dem Rest unserer Reepschnur

Filmarbeiten für «Phänomen Klettern»: als Alleingänger in einem Dachüberhang in den Cinque Torri.

von der Erstdurchsteigung 1958, die wir noch auf der Hütte gefunden hatten, zum Wandfuß. Mit Gorter hatten wir alles abgesprochen: Er würde von unten filmen, wir sollten nur mit einem Rucksack, in dem sich etwas Proviant, Tonis Fotoapparat und eine Flasche Tee sowie der obligatorische Biwaksack befanden, klettern. Die Reepschnur zogen wir Seillänge für Seillänge durch die Wand mit und konnten mit ihr auch immer den Rucksack nachziehen. Gorter war aber schon in den frühen Morgenstunden nach Cortina gefahren, um, wie er sagte, neues Filmmaterial für die Kamera zu besorgen. Wir sollten inzwischen in die Wand einsteigen, er wollte uns dann am frühen Nachmittag in der Wand filmen. Am Abend würde er zum Wandfuß kommen und uns in einem Rucksack Essen, Getränke sowie unsere Schlafsäcke bringen, die wir dann mit der Reepschnur aufziehen sollten.

Mit Toni kletterte ich nun in der Direttissima, führte jede Seillänge, zog jeweils den Rucksack nach, um Toni zu entlasten, und posierte für seine Fotos in allen erdenklichen Stellungen im Fels. Am Abend schauten wir uns vom Biwakband die Augen aus. Keine Spur von Wolfgang Gorter war zu sehen. In Erwartung von frischem Proviant und Trinkbarem am Abend hatten wir alles, was wir hatten, verzehrt. Wir riefen die Wand hinunter, denn irgendwo musste Wolfgang ja sein. Es wurde Nacht, und zum Glück hatte ich vorsichtshalber den dünnen Biwaksack in unseren Wandrucksack gesteckt, sodass wir vor der Nachtkühle wenigstens etwas geschützt waren. Am nächsten Morgen immer noch keine Spur von Wolfgang Gorter. Wir mussten die Reepschnur – es waren knapp 200 Meter – abwerfen und weiterklettern, um keine Zeit zu verlieren. Ich schnitt noch ein 35 Meter langes Stück von der Reepschnur ab, um den Rucksack nachziehen zu können.

Für mich war die extrem schwierige Wand kein Neuland mehr, aber Toni war damals etwas außer Tritt mit seiner Kondition. Um ihn zu entlasten, hielt ich immer eines der beiden Doppelseile auf Zug. Den Rucksack mit unserem Biwaksack und den Anoraks zog ich jede Seillänge mit der restlichen Reepschnur nach. Wir kletterten vom ersten Biwakband über die ausladenden Dächer. Toni kämpfte sich von Haken zu Haken und rutschte mir immer wieder in das straff gespannte Seil. Kein Wunder, wir hatten ja seit Langem nichts mehr getrunken! Am späten Abend erreichten wir das zweite Biwakband. Diesen Abend werde ich nicht vergessen. Im schattigen Felsgrund des beginnenden Kaminrisses waren einige alte Eisstücke zu sehen, und Toni lutschte diese, um etwas Feuchtigkeit auf die Lippen zu bekommen. Ich stopfte kleine Eisstückchen in die leere Flasche und schüttelte, bis sich ein wenig Wasser in der Flasche befand. Damit verbrachte ich die ganze Nacht: Eis klopfen, Flasche schütteln, trinken. Noch nie hatte ich so sehnlich auf den beginnenden Morgen gewartet.

Wir grübelten beide darüber nach, warum Wolfgang Gorter nicht erschienen war. Wenigstens das Wetter war gut, und wir machten uns an den Aufstieg durch die Risskamine hinauf zum großen Ringband. Von dort ging der Abstieg gut von-

statten, der Gedanke an viel Flüssigkeit beflügelte unsere Schritte hinunter zum Einstieg des Normalwegs und zum Paternsattel. Auf der Hütte angekommen, empfing uns ein sehr zerknirschter Wolfgang. Er entschuldigte sich heftig. Er habe das Material nicht gleich bekommen und deshalb in Cortina warten müssen. Toni und ich tranken und tranken und konnten gar nicht genug bekommen. Unsere Körper waren komplett ausgetrocknet. Erst viel später erfuhren wir von Gino Dibona, dem Hüttenwirt der Dibonahütte, der in Cortina die kleine Pension mit Bar besaß, in der wir gewohnt hatten, dass Gorter an dem bewussten Abend versackt und erst am nächsten Abend wieder einigermaßen nüchtern war.

Sechs Jahre später, 1965, erschien Toni Hiebelers Buch «Zwischen Himmel und Hölle», in dem er unser gemeinsames Erlebnis in der Zinnen-Direttissima anders darstellt.

Der Film «Phänomen Klettern» wurde in wenigen Tagen mit zusätzlichen Einstellungen an großen Felsblöcken am Paternsattel aufgepeppt und mit einem neuerlichen Einstieg in die Zinnenwand für die wichtigen Wandtotalen abgedreht. Diesmal stiegen wir aber nur noch drei Seillängen hinauf und seilten dann wieder ab. Damit waren die schönen, aber auch anstrengenden Tage in den Dolomiten zu Ende. Es war nach den Filmaufnahmen in der Eiger-Nordwand für Heinrich Harrer das zweite Mal, dass ich mit dem alpinen Film in Berührung kam. Eine Woche später rief mich in München der Produzent des Films, Edmund Geer – er war einer der Geldgeber des Streifens –, an und bat mich, bei der Montage des Films behilflich zu sein, da der Cutter des Films, Karl Aulitzky, wenig Ahnung vom Bergsteigen habe und die einzelnen Einstellungen, die in den Cinque Torri und an den Drei Zinnen gedreht worden waren, nicht in der richtigen Reihenfolge zuordnen konnte. Das wäre eigentlich Wolfgang Gorters Aufgabe gewesen, doch der war wieder einmal unauffindbar. Also setzte ich mich mit dem Cutter Karl Aulitzky tagelang in den Schneideraum und assistierte ihm. Für mich eine unbezahlbare Gelegenheit, an der Fertigstellung eines Films mitzuwirken.

Den Text zum Film schrieb dann der österreichische Schriftsteller und Journalist Kurt Maix, den ich aus dem Jahr 1958 von Trento her kannte und als Texter vorgeschlagen hatte. Im selben Jahr produzierte Edmund Geer noch einen Film mit Toni Hiebeler und mir in der Eiger-Nordwand – oder besser gesagt an der Eiger-Nordwand, denn der Kameramann war wieder Wolfgang Gorter, und der war zwar bedingt berggängig, aber eben doch kein Alpinist. In den unteren Wandteilen und am Eigergletscher stellten wir einen windigen Film zusammen. Eigentlich hätten Toni und ich die Wand durchsteigen sollen. Doch immer wenn wir am Hinterstoißerquergang im Schwalbennest saßen, in einer steinschlaggeschützten Nische in der Wand, war am Westgrat nichts von Wolfgang Gorter zu hören oder zu sehen. Am Vormittag kamen jeweils Wolken auf, und wir stiegen wieder zur Kleinen Scheidegg ab. Das wiederholte sich am nächsten Tag. Wolfgang kam einfach nicht aus den Hotelfedern. Der Zufall wollte es, dass eine Schweizer Seilschaft aus Adolf Derungs und Lukas Albrecht in der Wand war und wir diese von unten filmen konnten. Diese Totalen wurden dann mit einigen Naheinstellungen der beiden Schweizer in den Film eingeschnitten, und fertig war die Dokumentation «Eiger-Nordwand».

«Phänomen Klettern» und «Eiger-Nordwand» waren als Vorprogramm für das Kino geplant, und beide Filme waren vom Bavaria-Filmverleih bestellt worden. Edmund Geers Frau war dort Sekretärin vom Chef – das erklärt alles. Das Schlimme war, dass diese Art Bergfilm in der ganzen Welt üblich war. Nur ganz wenige alpine Filme wurden authentisch am Berg und in den Felswänden gefilmt. Einer der wenigen, die am Berg filmten, war Lionel Terray, der zweimal, 1956 und 1957, mit den Filmen «Makalu» und «Hommes et cimes du Pérou» den Großen Preis in Trento gewann. Und dann natürlich Gaston Rébuffat und sein genialer Kameramann Georges Tairraz im Jahr 1955 mit dem Film «Étoiles et tempêtes».

Im Oktober 1959 war wieder Festspielzeit in Trento, und ich war zum zweiten Mal eingeladen, diesmal als Erstbegeher der Nordwand-Direttissima an der Großen Zinne, zusammen mit Dietrich Hasse, Jörg Lehne und Siegfried Löw. Es war auch diesmal eine Freude, die vielen Alpinisten aus aller Welt kennenzulernen. Aber es waren ja vor allem die Filmfestspiele, für die wir gekommen waren, und für sie hatte Edmund Geer die beiden Filme «Phänomen Klettern» und «Eiger-Nordwand» gemeldet. «Phänomen Klettern» bekam den Preis für den besten alpinen Kurzfilm im 35-Millimeter-Format, den «Goldenen Enzian». Die Preise waren damals anders gestaffelt, und man unterschied noch zwischen 16-Millimeter-Dokumentarfilm und 35-Millimeter-Kinofilm, was an der unterschiedlichen Verwendungsart bei der Vorführung der Filme lag. Der Kinofilm war kostenträchtiger und stand höher in der Bewertung. Das änderte sich erst mit dem Siegeszug des Fernsehens in Europa.

Ich schaute mir alle Filme im Programm der Filmfestspiele an und war begeistert von der Fülle der Themen. Die Festspiele verstanden sich als Forum nicht nur für Berg-, sondern auch für Expeditionsfilme aller Art, so beispielsweise auch für den Expeditionsfilm «Galapagos – Landung in Eden» von Heinz Sielmann, für den dieser 1962 den Großen Preis «Città di Trento» erhielt.

In Trento lernte ich auch viele Journalisten kennen, einer war der Vertreter des Bayerischen Rundfunks, Dr. Otto Guggenbichler. Er unterhielt sich mit mir in den Filmpausen, und ich fasste mir ein Herz und fragte ihn, welchen Weg ich gehen müsse, um Alpinfilmer zu werden. Meine Frage, ob denn eine Möglichkeit bestehe, beim Bayerischen Fernsehen das Filmemachen zu lernen, beschied er mit dem Hinweis, ich solle mich im Frühjahr mal bei ihm sehen lassen.

So ging für mich das Jahr 1959 zu Ende, und ich wünschte mir für das folgende Jahr eine Veränderung meiner Situation. Kontakte zum alpinen Film wäre etwas, doch hatte ich aber immer noch mein Studium der Musik im Kopf und besuchte das Konservatorium. So richtig wusste ich noch nicht, wohin es mich treiben würde. «Das Schicksal mischt die Karten, und wir spielen», sagte Arthur Schopenhauer.

Bei einer Bergtour im Wilden Kaiser im vergangenen Sommer hatte ich sehr deutlich gespürt, wie das Schicksal uns Menschen lenkt. Ich war mit meinem Winfried Ender und dessen Frau Aline sowie Klaus Naumann, einem sächsischen Kletterer, auf der Gaudeamushütte im Wilden Kaiser. Wir hatten uns vorgenommen, die Leuchsturm-Südwand zu klettern, eine der schönsten Genussklettereien im Kaiser im Schwierigkeitsgrad V+. Der Leuchsturm ist der vierte Turm am Kopftörlgrat, der zur höchsten Spitze des Wilden Kaisers, der 2344 Meter hohen Ellmauer Halt, führt. Schon am Morgen war es schwül, und meine Freunde wollten nur mit dem Hemd bekleidet sowie mit den üblichen Kletterutensilien zum Einstieg aufbrechen. Weit und breit war kein Wölkchen zu sehen, und es schien ein schöner Sonnentag zu werden, trotzdem bestand ich darauf, dass jeder einen Pullover mitnahm. Ich selbst packte in meinen kleinen Kletterrucksack zum obligatorischen Verbandsmaterial und Proviant noch meinen Perlonbiwaksack.

Wir machten uns auf den Weg und gingen an der 400 Meter höher gelegenen Gruttenhütte vorbei zum Einstieg der Alten Südwand am Leuchsturm, einer klassischen Kletterroute, die Peter Aschenbrenner 1930 mit einigen Kufsteiner Freunden eröffnet hatte und die uns eigentlich keine großen Schwierigkeiten bereiten sollte. Die Wandhöhe beträgt ganze 300 Höhenmeter. In der sechsten Seillänge befindet sich ein wunderschöner Quergang nach rechts, der zu einem Überhang führt, der eigentlichen Schlüsselstelle der Wand. Normal rechnete man mit einer Kletterzeit von 3 Stunden. Vor uns befand sich eine Seilschaft, die schon zwei Seillängen höher war. Wir bildeten zwei Seilschaften: Ich hatte als erste Seilschaft Winfrieds Frau Aline am Seil, und Winfried kletterte mit Klaus als Seilzweitem. Am Beginn des Quergangs hatten wir die vor uns kletternde Seilschaft erreicht, die schon am Überhang war. Der Seilerste hatte einige Mühe mit dem Gelände, und der Seilzweite war in nicht sehr guter Verfassung. Beide hatten nur Kletterhose und Hemd an, sonst nichts.

Wir bemerkten schon seit einer Stunde ein Flimmern in der Luft und sahen, dass sich von Süden eine dunkle Wolkenwand dem Wilden Kaiser näherte. Schlechtwetter von Süden, das war ungewöhnlich, denn in der Regel kam das schlechte Wetter von Westen oder Norden. Diese Wolkenwand kam immer schneller auf uns zu und erstreckte sich in der Zwischenzeit über den ganzen Alpenhauptkamm. Als ich am Ende des Quergangs angekommen war, bat mich der Seilzweite der vor uns kletternden Seilschaft, ihm doch bitte die Trittleiter, die er hatte hängen lassen, mitzubringen. Den Gefallen wollte ich ihm gern tun. Ich teilte ihm mit, dass ich allerdings nun mit meinen Freunden umkehren würde, und gab Aline Bescheid, dass ich den Quergang zurückkäme und sie sich schon fertig zum Abseilen machen solle. In diesem Moment hatte ich den eisernen Karabiner der Trittleiter in der Hand, um diese aus dem Haken auszuhängen, verspürte einen elektrischen Schlag an der Hand und kippte nach hinten weg. Da Aline im selben Moment die Sicherung gelöst hatte, fiel ich wie ein Stein nach unten, und erst nach 10 Metern hing ich im Seil. Es hatte sich – und das war mein Glück – hinter einer Felsschuppe verklemmt und damit meinen Sturz gestoppt. Ohne diese Schuppe wäre ich 30 Meter nach unten gestürzt.

So hing ich nun in einem Überhang in der Luft. Erst machte ich einen Überschlag und setzte mich mit einem Bein in eine Seilschlaufe, um die Atemwege zu entlasten. Das hatte ich mit Erfolg in den Felsdächern der Großen-Zinne-Nordwand erprobt, als ich dort beim Abklettern einen großen Sturz baute. Dann begann ich so lange zu schwingen, bis ich ein Stück Fels zu fassen bekam. An diesem fixierte ich mich mit einer dünnen Schlinge. Winfried war in der Zwischenzeit bei seiner Frau angelangt, und beide versuchten mir ein Seilende zuzuwerfen. Das hatte ich bald in den Händen, und sie zogen mich hinüber in die kleine Verschneidung, wo sich der Standplatz befand. Hier sahen wir auch das verklemmte Seil in der Felsschuppe, und es war uns klar, dass ich sehr viel Glück gehabt hatte. Die Seilschaft über uns war weitergeklettert, wir hatten keine Rufverbindung mehr zu ihr.

In der Zwischenzeit hatte sich der Leuchsturm in dichte Wolken gehüllt, und ein schlimmes Gewitter mit Blitz und Donner und heftigem Schneetreiben legte los. In der Verschneidung, auf einem winzig kleinen Standplatz, standen wir zu viert und stülpten uns den Biwaksack über. So waren wir vor dem pfeifenden Wind und dem Schnee geschützt. Die Pullover hatten wir angezogen, und etwas zu essen hatte ich auch dabei. Einige Stunden vergingen, dann hellte es auf, und so schnell, wie das Unwetter gekommen war, so schnell zog es auch wieder über den Wilden Kaiser ab. 20 Zentimeter Schnee lagen auf den Felsen, und es ging immer noch ein eisiger Wind. Der Wilde Kaiser war in winterliches Weiß gehüllt, und wir sahen, dass der Schnee bis unter die 1263 Meter hohe Gaudeamushütte gefallen war.

Zwei Seilschaften haben genügend Seil, um abseilen zu können. Leider hatten wir keine Felshaken dabei und mussten Abseilschlingen über Felsköpfel legen, um nach unten zu kommen. Anschließend stapften wir hinunter zur Gruttenhütte. Meine vorsichtige Handlungsweise, einen Biwaksack mitzunehmen und auf die wärmenden Pullover zu bestehen, hatte uns viel erspart. Am nächsten Tag erfuhren wir, dass die Seilschaft, die mich gebeten hatte, die Trittleiter auszuhängen, drei Seillängen über uns im Schneesturm an Unterkühlung gestorben war. An diesem Tag waren im Nordalpenraum mehrere Bergsteiger in dem unverhofften Wettersturz ums Leben gekommen.

In diesem Jahr veränderte sich vieles in meinem Leben und gab mir zu denken. Zu viel Neues und Aufregendes war auf mich eingeprasselt, und ich spürte instinktiv, dass Veränderungen anstanden.

Seit meiner Zeit am Eiger 1958 hatte sich eine Freundschaft zu Kaspar von Almen, dem Chef des Hotels Bellevue auf der Kleinen Scheidegg, am Fuß der Eiger-Nordwand, entwickelt. Kaspar und seine Familie luden mich jedes Jahr zum Skifahren auf die Kleine Scheidegg ein. Mit ihm und seiner Frau Erika Robert Seiler aus Interlaken, der die fünfte Begehung der Eiger-Nordwand gemacht hatte, fuhr ich auf Ski durch uferlosen Tiefschnee bis hinunter nach Grindelwald. Über uns wehten Schneefahnen durch die winterliche Eiger-Nordwand nach unten und demonstrierten bedrohlich die gewaltige Dimension dieser Wand.

An so einem winterlichen Skimorgen kam mir die Idee, eine Winterbegehung der Eiger-Nordwand über die Heckmair-Route zu versuchen. In München sprach ich mit Jörg Lehne und Sigi Löw über diesen Plan. Beide hatten in den letzten zwei Jahren die nötigen alpinen Erfahrungen gesammelt. Jörg Lehne hatte einen guten Draht zum Alpenverein und bekam Ausrüstung der letzten Nanga-Parbat-Expedition, bei der Hermann Buhl den Nanga Parbat erstbestiegen hatte, geliehen. Edmund Geer, der Filmproduzent, sprach mit dem Bayerischen Fernsehen und handelte einen Film aus. Das war die Ausgangssituation für das Unternehmen Eiger-Nordwand im Winter.

Auf der Kleinen Scheidegg bezogen wir neben dem Lauberhornlift eine kleine Hütte, um uns ungestört vorbereiten zu können. Edmund Geer hatte als Kameramann für die Aufnahmen von unten Jakl Lindner mitgebracht, der zwar kein Alpinist, aber sehr gut zu Fuß war. Wir warteten eine beständige Wettersituation ab und stiegen dann vom Wandfuß durch meterhohen Lockerschnee in Richtung Zerschrundener Pfeiler. Das Gewicht der Rucksäcke war beachtlich. Ich hatte nicht nur eine 16-Millimeter-Bolex-Kamera im Rucksack, sondern auch einen sehr schweren Himalaya-Schlafsack, dazu Proviant für mehrere Tage und das notwendige Filmmaterial. Jörg und Sigi ging es mit dem Gewicht ihrer Rucksäcke nicht besser. Die Schuhe, die für das Gehen im hohen Schnee des Nanga Parbat gefertigt wurden, waren klobig und in den Sohlen zu breit. Wie sollte das in den schwierigen Wandpassagen werden? In der letzten Seillänge, die Jörg geführt hatte, bemerkte ich, als ich am Standplatz ankam, dass Jörg einen Standhaken, der uns alle drei sichern und aushalten musste, nur 3 bis 4 Zentimeter in den Felsspalt geschlagen hatte. An Ort und Stelle konnte ich diesen Haken mit der bloßen Hand herausziehen. Ich war perplex über so viel Leichtsinn und sagte das auch Jörg. Der meinte: «Wenn du nicht bereit bist, an schlechten Haken nachzusichern, dann hast du in der Wand nichts verloren.»

In dieser Biwaknacht schlief ich so gut wie gar nicht. Ich überschlug in Gedanken das Risiko, das ich mit Jörg Lehne einging, denn Sicherheit war für mich das oberste Gebot. Der Schlafsack hielt mich warm, wurde aber zunehmend feucht. Er war definitiv für eine Begehung dieser Wand unter so extremen winterlichen Umständen zu schwer. Außerdem wurden die Daunen durch den Schnee feucht. Am nächsten Morgen, an dem wir uns etwas Tee bereiteten, sagte ich Jörg, dass ich mit ihm nicht weitergehen wolle und dass vor allem unsere schwere Ausrüstung den Ausschlag für meine Entscheidung gegeben hätte. Ich machte noch ein paar tolle Einstellungen mit wehenden Schneefahnen, die über die Wand nach unten fegten, dann seilten wir den Weg, den wir gekommen waren, wieder ab. Das war auch gut so. Das Wetter schlug um, und ein Schneesturm brauste über das Berner Oberland und durch die winterliche Eiger-Nordwand. Der Film wurde in München fertiggestellt und war ein interessantes Dokument des ersten Versuchs, die Eiger-Nordwand im Winter zu durchsteigen. Mit Jörg Lehne bin ich nie mehr auf einen Berg gestiegen oder zum Klettern gegangen.

Es war das zweite Mal, dass ich für einen Film die Kamera geführt hatte, aber eben nur in einer großen Felswand. Es war mir klar, dass zum Filmen mehr gehörte, als in einer Kletterwand nur die Kamera geradeaus zu halten oder einen kleinen Schwenk von oben nach unten und dann wieder retour zu machen. Das war zu wenig. Der Beruf musste erst einmal erlernt werden.

Zum ersten Mal beim Bayerischen Fernsehen

Frühlingshaft lag die Luft über Bayern und dem Altmühltal. Erstaunlich, wie die Natur jedes Jahr neu so klischeehaft die Landschaft beschenkt. Die Wiesen leuchteten maigrün, die ersten Blüten zierten die Obstbäume, und der warme Fels lockte zum Klettern. Ein Wetter zum Träumen und zum Pläneschmieden. Ich erinnerte mich an die Worte von Otto Guggenbichler in Trento und beschloss, ihm spontan einen Besuch abzustatten. Die Sekretärin wimmelte mich ab und verwies auf den vollen Terminkalender. Der Zufall meinte es gut mit mir: Die Tür ging auf, und Guggenbichler stand im Raum. «Wollen Sie zu mir?», fragte er mich. Ich nickte stumm, und er reichte mir die Hand. In seinem Arbeitszimmer saß neben dem Schreibtisch ein schlanker Herr: «Mein Kollege Dr. Dill», stellte Guggenbichler ihn mir vor: «Das ist Lothar Brandler – ein ganz verrückter Kletterer, den ich von Trento kenne und der für den Eiger-Winterfilm in der Wand die Kamera gemacht hat.»

Im Laufe der nächsten Stunde stellte das Schicksal die Weichen für mein weiteres Leben. Richard Dill machte ganz spontan den Vorschlag, doch mit Heinz Bäumler, dem Chef der Münchner «Abendschau» im Bayerischen Fernsehen, zu sprechen und ihn zu fragen, ob er an einem kleinen Kletterfilm interessiert sei. Gesagt, getan, Dill griff zum Telefon und sprach eindringlich mit Heinz Bäumler. Als das Telefonat beendet war, sagte Dill: «Hören Sie, Lothar, Sie sollen zur Filmproduktion gehen, hat Bäumler gesagt, dort ist ein Namensvetter von Ihnen, ein Lothar Vogelbacher, der Disponent der Filmproduktion, und der wird Ihnen eine Kamera und Filmmaterial geben.» Ich schaute ungläubig vom einen zum anderen. Guggenbichler meinte: «Das ist typisch für Richard, er macht immer ganz spontan Nägel mit Köpfen.» Heute weiß ich, dass so etwas nur ein- oder zweimal im Leben vorkommt.

Das Erste, was ich am nächsten Tag tat, war, dass ich zum Fernsehstudio nach Freimann fuhr und an der Pforte nach einem Lothar Vogelbacher fragte. Im einzigen festen, aus Stein gebauten Gebäude war die Filmproduktion untergebracht. Damals war das Fernsehen noch jung und alles noch ein bisschen improvisiert: alles in einem Haus, die Schneideräume, der Kamerapool, die Filmvorführung und die Beleuchter, das Tonstudio. Im Nebengebäude war das Institut für Fernsehtechnik untergebracht, in dem unter anderem auch das Farbfernsehen weiterentwickelt wurde. Dann gab es noch ein zweites Bürogebäude für die Mitarbeiter der «Abendschau» und des Fernsehspiels. Der Rest waren Baubaracken, in denen Büros, Schneideräume und die Kantine untergebracht waren. Das Bayerische Fernsehen war 1960 noch sehr familiär.

Erst einmal wurde ich in der Filmproduktion vorstellig. Lothar Vogelbacher, der Produktionsassistent, betreute mich und war sehr interessiert an meinem Vorhaben, einen Kletterfilm zu drehen. Eine Bell & Howell wurde gebracht, eine amerikanische 16-Millimeter-Filmkamera mit Federwerk und drei Objektiven. Dann zeigte man mir das Einlegen eines 16-Millimeter-Films. Das war's! Natürlich wollte ich gleich die Kamera ausprobieren und überlegte, was ich filmen könnte. Mein Blick fiel auf den 50 Meter hohen Sendemast in der Mitte des Geländes von Freimann, eine kühne Stahlkonstruktion. Also schnappte ich mir die Kamera, in der eine Restrolle Film lag, und stieg schnurstracks über die Leitern hinauf zu einer kleinen stählernen Plattform, die den Turm oben umschloss und einen Rundgang gestattete. Das war gerade mal eine 60 Zentimeter breite Plattform rund um das Mittelstück. Ich nahm also die Kamera, legte das Weitwinkelobjektiv ein und ging – die Kamera am Auge – mit kleinen Schritten um die Plattform des Sendemastes herum. Das machte ich erst einmal zur Probe, dann ließ ich die Kamera laufen. Als ich sie absetzte, sah ich von oben, dass viele Leute vom Fernsehen zusammengelaufen waren – sie hatten mich ja schon aufsteigen sehen.

Das war der erste Rundschwenk des Fernsehstudios Freimann des Bayerischen Fernsehens und liegt noch heute im Archiv des Senders – mittlerweile ein Dokument, denn das Fernsehen in Freimann hat sich immens vergrößert. Das war mein Einstand beim Bayerischen Fernsehen 1960. Mit dem Leiter der «Abendschau», Heinz Bäumler, verabredete ich, einen kleinen Kletterfilm über die Südpfalz bei Pirmasens herzustellen. Einen Vertrag machten wir nicht. Damals galt: Ein Mann, ein Wort! Das sollte allerdings dann später mein Nachteil sein. Ich kannte die ganze Kletterszene der Südpfalz und wusste, dass man mir bei der Verwirklichung dieses Films helfen würde. Die Felsen der Südpfalz sind aus Sandstein, und das erinnerte mich ein wenig an meine Heimat in Sachsen. Vielleicht war das im Unterbewusstsein der Grund, weshalb ich mich für die Pfalz und nicht für den Kalk in Konstein oder Franken entschied.

Stativ und Kamera quer über den Rücksitz eines Goggo Rollers, fuhr ich erst einmal nach Hanau, um die Darstellerin, Beatrix Hammes, eine Goldschmiedin, die ich von einem Vortrag in Hanau her kannte, abzuholen. Weiter ging es von Hanau nach Annweiler in der Südpfalz, wo ich mit meinen Pfälzer Freunden zusammentreffen sollte. «Trixi in der Klosterwand» nannten wir den Film, als er fertig war. Trixi war die Abkürzung für Beatrix, der Name der Darstellerin. Die eigentliche Hauptdarstellerin war aber natürlich eine imposante Felsgestalt: die Klosterwand bei Annweiler, 50 Meter hoch und eine der schönsten Felsen in der Südpfalz. Den Seilschaftsersten spielte Hans Laub, der damals beste Kletterer der Pfalz, und als Dritte der Seilschaft war Irmgard Schaller, die schon die Fünfzig überschritten hatte und piekfein klettern konnte, die Ergänzung zur jungen Kletterin Trixi. Ihre Freunde aus der Felsregion halfen mir beim Filmen und waren Statisten des Streifens. Es war eine große Freude, diesen Film zu machen. Meinen ersten Film!

In München wurde das belichtete Filmmaterial sofort zum Entwickeln ins Kopierwerk gegeben. So gespannt wie damals war ich nie wieder bei einem Film. Erst wenn die entwickelten Filmrollen auf dem Tisch liegen, in der Filmvorführung das Material über die Leinwand flimmert und der verantwortliche Redakteur und der Chefcutter das Material für gut befunden haben, ist man auf der sicheren Seite. Das Negativ war in Ordnung, befand der Kopierwerksmeister, und ich atmete auf. Die Arbeitskopie war auch gut gelungen. Nun konnte es losgehen mit der Bearbeitung des Films.

Die Disponentin für den Filmschnitt hatte mir einen Cutter zugeteilt. Der stellte sich als ein Glückstreffer heraus. Erst einmal ließ er das Material auf dem Schneidetisch durchlaufen und schaute in aller Ruhe die vielen Wiederholungen an. Dann legte er sich in seinen Sessel zurück und meinte: «Der erste Film von Ihnen?» Ich nickte heftig mit dem Kopf. Er sagte darauf: «Das habe ich mir gedacht – aber wir werden schon klarkommen.» Gottlieb Madl, dieser routinierte Filmcutter – ich schätzte, er war schon in den Sechzigern und kurz vor seiner Rente –, hatte ein Leben lang Filme geschnitten, früher Spielfilme, jetzt Filmdokumentationen für das Fernsehen. Er zerlegte die großen Rollen erst einmal in kleine Röllchen und nummerierte sie, dann später die Röllchen in ihre einzelnen Einstellungen und sortierte diese auf einem Galgen, einem Gestell mit kleinen Nägeln auf einer Leiste. Die Filmstreifen hingen in einen mit einem weichen Tuch ausgeschlagenen Korb hinein. Er begann routiniert, Einstellung für Einstellung aneinanderzuschneiden, und erklärte mir jeden Fehler, den ich beim Filmen gemacht hatte. Jeden Zwischenschnitt erläuterte er und warum dieser dringend notwendig sei, ebenso den Sinn einer Totale in Verbindung mit der Naheinstellung, die für den Beschauer logisch aneinandergeschnitten werden muss. Heute werden nicht so glatte Übergänge einfach mit einer Überblendung gemacht. Das gab es damals auch schon, doch eine Überblendung konnte nur mit einer Trickmaschine im Kopierwerk hergestellt werden, dauerte sehr lange – etwa eine Woche – und war sehr, sehr teuer. Heute dauert es elektronisch etwa 30 Sekunden.

Wir arbeiteten eine Woche an dem Film von 15 Minuten, und das war die wichtigste Woche meiner gesamten Filmlaufbahn. Denn so genau wurde mir später nie mehr das Bearbeiten von Filmen erklärt.

Als der Text geschrieben war – es war ein Kollege der «Abendschau», der den Auftrag erhalten hatte, ihn zu schreiben –, kam die Sprachaufnahme mit einem Sprecher, meistens einem Schauspieler wie Wolfgang Büttner, Christian Wolf, Maxl Graf oder Fritz Strassner. Danach folgte die Mischung aller Tonbänder mit der dazugehörigen Musik. Ganz zum Schluss wurde das Negativ nach den Randnummern – die jeder fabrikneue Film schon einkopiert hat und die in kleinen Ziffern neben der Perforation stehen – der Arbeitskopie geschnitten und eine sendefähige Kopie hergestellt. Das alles klingt furchtbar kompliziert und war es auch. Als der Film dann endlich gesendet wurde, war ich überglücklich.

Die Ernüchterung kam dann etwas später, als die Gage für diesen Film kam. Man hatte vollkommen übersehen, dass ich den Film auch produziert hatte. Die 650 DM, die ich erhielt, waren die reguläre Gage für die Regie, deckten aber bei Weitem nicht den gesamten Aufwand für den Film wie Kost und Logis, Gagen der Darsteller, Fahrtkosten und so weiter. Meine Freude über den ersten Film war aber so groß, dass ich wegen der geringen Summe keinen Muckser tat, und ich bin mir sicher, dass Heinz Bäumler, der Chef des Regionalprogramms, davon gar nicht wusste, sondern eine Mitarbeiterin in Unkenntnis der Produktion nach den Reportersätzen die Gage so niedrig ausgeschrieben hatte. Normalerweise hätte ich eine zweite Gage für die Filmproduktion bekommen müssen, und ich hätte eine Rechnung für die Reisekosten stellen können. Die Gagen der Darsteller hätten separat bezahlt werden müssen ... Das alles war damals für mich noch zu unbekannt, und gesagt hat es mir auch niemand. Das also war der erste Film in meinem Leben und einer der wichtigsten. Kopie und Negativ des Films sind leider später bei einem Hochwasser im Archiv des Bayerischen Fernsehens vernichtet worden.

Aber das war ja erst der Anfang. In der Filmproduktion wollte ich als Kameraassistent arbeiten und lernen. Lothar Vogelbacher und sein Chef Peter Kaiser nahmen mich so oft es ging als Assistenten für die fest angestellten Kameraleute mit. Das war auch gut so, denn ich wollte von den anderen lernen. Wichtig war für mich dabei vor allem, dass es sich um alle Bereiche des Filmens handelte, also um Themen wie Sport, Theater und Mode bis hin zur Politik.

Peter Kaiser, der Chef der Filmproduktion, hatte eine Idee. Er schlug vor, dass ich bei einem guten Kameramann als fester Assistent arbeiten und dafür vom Bayerischen Rundfunk fest angestellt werden könnte. Vorgesehen war, dass ich beim Kameramann Hans Lutz, dem damals besten Filmkameramann des Bayerischen Fernsehens, lernen sollte. So wurde ich zur Personalabteilung geschickt, wo ich mit deren Chef, Dr. Fisch, zusammentraf. Neben Dr. Fisch saß ein Herr, der sich als Dr. Oeller vorstellte. Weshalb er dabei war, war mir nicht ganz ersichtlich. Man fragte mich nach meiner Vorbildung, und ich antwortete ihnen, was ich in meinem Leben alles gemacht hatte. Auch erwähnte ich, dass Herr Kaiser mich als Assistenten beim Kameramann Hans Lutz vorgesehen hätte. Herr Fisch sprach sehr wenig, vor allem Dr. Oeller führte das Wort und meinte dann, das Äußerste, was er mir anbieten könne, sei eine Anstellung im Studio als Kabelträger an der elektronischen Kamera. Wir verblieben beim Abschied, dass ich es mir ja überlegen könne, aber in der Filmproduktion sei kein Platz für mich zu haben. Dazu sei meine Vorbildung zu gering, meinte Dr. Oeller.

So blieb ich erst einmal freier Assistent in der Filmproduktion. Die Vielzahl von verschiedenen Kameraleuten mit eigener Handschrift waren für mich eine gute Schule. Bei Innenaufnahmen das Licht zu stellen musste ebenso gelernt werden wie die Bedienung der unterschiedlichsten Kameratypen. Unser Arbeitsmaterial war der Film mit unterschiedlichen ASA-Werten. Das ging vom feinkörnigen Material bis zum hochempfindlichen Film, der bei schlechten Lichtverhältnissen eingesetzt wurde. Es war aber letztlich immer Film, das heißt, es musste genügend Licht gestellt werden, damit eine Aufnahme möglich wurde. Ganz prekär war das vor allem, wenn die Generalprobe im Theater gefilmt wurde und man kein zusätzliches Licht stellen durfte, sondern mit der Bühnenbeleuchtung auskommen musste. Um gesendet zu werden, ging der fertige Film in den elektronischen Abtaster, eine Art Projektor, in dem die Bildstreifen durchleuchtet und in sendefähige Impulse umgesetzt wurden. Dann erst konnte der Film über die Sendemasten gesendet werden. Wenn die Produktion zeitversetzt gesendet wurde, wurde ein elektronisches Sendeband vorbereitet. Anders bei einem Film fürs Kino: Hier wird das Tonmischband optisch auf ein Lichttonnegativ überspielt, das nach der Entwicklung synchron mit dem Bildnegativ im Kopiergerät gestartet wurde, um eine Lichtton-Filmkopie herzustellen.

Mein Ziel war es, alle diese einzelnen Arbeitsgänge zu beherrschen. Nur so würde ich in der Lage sein, eigene Filme zu machen. Meine ständigen auswärtigen Arbeiten als Assistent mit Kamerateams führte dazu, dass ich im Konservatorium immer öfter fehlte, vor allem beim wichtigen Einzelunterricht. Meine Lehrerin für Gesang, Frau Harzer, eine Sächsin, hatte Verständnis für meinen Gelderwerb, war aber der Meinung, dass ich mich entscheiden solle, was ich schlussendlich anstrebe. «Wollen Sie Opernsänger oder eben Chorsänger oder Schulmusiker werden oder Kameramann?», fragte sie mich. Ich wusste es auch nicht! Mein Herz gehörte beidem, aber ich wusste, dass ich mich entscheiden musste. Ich erzählte meiner Lehrerin, wie viel ich im Moment verdiente und was ein Kameramann pro Monat Gehalt hatte. Sie, die Expertin für Operngesang, schilderte mir, wie viel ich im günstigsten Fall als Anfänger an einem kleinen Opernhaus bekommen würde. Nicht den Bruchteil des Gehalts, das ich an einer Sendeanstalt als Festangestellter verdienen würde! Sie erklärte mir, dass ich am Anfang die kleinsten Partien singen müsse oder aber in den Opernchor gesteckt würde. Dazu war man als Anfänger an einem Stadttheater auch noch verpflichtet, Statist im Schauspiel oder in der Operette zu sein. Das alles für einen Hungerlohn, der zum Leben zu wenig sei. Zerreißen konnte ich mich nicht, und so gab ich mein Studium der Musik auf. Als Hobby ist mir zumindest noch das Klavierspielen geblieben.

Totenkirchl-Westpfeiler: Eine große Idee

Eine Idee hatte mich seit Langem beschäftigt. Seit meinem ersten Besuch im Wilden Kaiser spukte mir die Totenkirchl-Westwand mit ihrem gewaltigen Westpfeiler durch den Kopf. Was musste das für eine großartige Neutour sein, mindestens genauso spektakulär wie die Westwand von Hans Dülfer! Meine Partnersuche für die Erstdurchsteigung war schnell erledigt. Ein sächsisches Duo aus Vater und Sohn, die exzellenten Kletterer Fritz und Wulf Scheffler, wurden meine Begleiter für diese Erstdurchsteigung.

Meine Gedanken waren aber nicht nur auf die erste Begehung an sich gerichtet – ich wollte darüber auch im Fernsehen berichten. Vorstellig wurde ich bei einem befreundeten Redakteur der «Tagesschau» im Bayerischen Fernsehen. Der telefonierte mit der Zentrale in Hamburg, und die war an einer echten Erstdurchsteigung im Wilden Kaiser interessiert. Die Münchner Redaktion der ARD-«Tagesschau» gab mir nun den Auftrag, von der ersten Durchsteigung einen Filmbericht herzustellen. Und diesmal hatte ich einen kleinen Vertrag gemacht.

Die beiden Schefflers und ich fuhren gemeinsam mit dem Auto von Vater Fritz in den Wilden Kaiser. Von der Griesneralm ging es hinauf zum Stripsenjochhaus. An einem herrlichen Julimorgen stiegen wir hinüber zur Westwand und zum Einstieg in den Pfeiler. Zwischen Totenkirchl und Ellmauer Halt, der mit 2344 Metern höchsten Spitze im Wilden Kaiser, öffnet sich ein weiter Talkessel. Dominierend in diesem Gebirgskessel ist die fast 700 Meter hohe Westwand, die das Rund der umstehenden Gipfel beherrscht. In leichter Kletterei stiegen wir durch die Winklerschlucht, die sich am rechten Rand der Westwand befindet, ein Stück hinauf, bis wir in etwa 50 Meter Schluchthöhe sofort über eine geneigte Platte nach links in die Westwand queren konnten. In mittelschwerer bis schwerer Kletterei stiegen wir mehrere Seillängen hoch, bis wir auf ein großes, zentrales Band kamen, an dem auch die Piaz-Route mündet und von dem diagonal nach rechts die Peters/Eidenschink-Route bis hinüber zur Dülfer-Westwand führt; sie stellt eigentlich nur eine Verbindungsvariante zwischen Piaz-Führe und Dülfer-Führe dar. Das klingt ein wenig kompliziert, erklärt sich aber, wenn man auf die gesamte Westwand schaut. Die Piaz-Route befindet sich im linken Wandteil und quert von hier nach links hinaus in die Nordflanke in halber Wandhöhe. Die Peters/Eidenschink beginnt am Ende der Piaz-Führe, quert nach rechts unter dem Westpfeiler zur Dülfer-Führe und vereint sich mit ihr. Dazwischen befindet sich

der wuchtig aufstrebende und überhängende Westpfeiler, der in gerader Linie von der Winklerschlucht hinauf zum Gipfelband führt – rundweg die idealste Linienführung in der Westwand des Totenkirchls.

Die 700 Meter hohe Totenkirchl-Westwand im Wilden Kaiser mit dem gewaltigen Westpfeiler, über den unsere Erstbegehung von 1960 führt.

Der Einstieg durch den unteren Teil des Westpfeilers aus der Winklerschlucht ist eine wunderbare Kletterei in festem Fels. Vom zentralen Band in der Westwandmitte ging es schwierig über eine glatte Platte 50 Meter bis unter einen großen Überhang. Hier bei dieser Erstdurchsteigung wurden nun zum ersten Mal in den Alpen gebohrte, große Standhaken verwendet. Diese Bohrhaken wurden nach jeder Seillänge extra tief in den Fels gesetzt, 8 Zentimeter! Bisher war das Risiko einer Bergfahrt in schweren Wänden üblicherweise immer der Standplatz mit seinen schlechten, lediglich in den Fels geschlagenen Haken. Bei unserer Neutour wollten wir neue Maßstäbe setzen und die Route maximal absichern. Es war ein Unding, wenn wegen eines schlechten Standplatzes eine Seilschaft durch den Absturz des Führenden gemeinsam in den Tod stürzte, weil der Sichernde mitgerissen wurde. Deshalb sicherten wir die Route mit diesen speziell hergestellten Sicherheitshaken ab. Was 1960 absolut neu war, ist heute bei Erstdurchsteigungen Standard. Uns griff man damals heftig an und bezeichnete uns als unsportlich.

Die Tonkamera, die ich hier in den Händen hielt, während mich mein Wandassistent Gerd Uhner fotografierte, wiegt gute 10 Kilogramm.

Mit dem Meißel von Hand gehämmert, dauerte es gute 30 Minuten, bis so ein Haken in das gebohrte Loch im Fels eingeschlagen werden konnte.

Wulf Scheffler und ich wechselten uns in der Führung ab. Fritz, der Vater, stieg nach und sicherte seinen Sohn, wenn ich die Aktionen der beiden auf den Film bannte. In der Mitte des Pfeilers biwakierten wir unter einem kleinen Überhang und verbrachten eine ruhige Nacht bei sternenklarem Himmel. Am frühen Morgen stiegen wir beim ersten Filmlicht in luftiger Kletterei weiter und legten die weiteren Seillängen in durchwegs festem, aber sehr schwierigem Fels zum Gipfel. Damit hatten wir eine der schönsten Klettereien in den Ostalpen eröffnet. Wir filmten die Ankunft auf dem Gipfel und trugen später im Hüttenbuch auf dem Stripsenjoch genauestens die Erstbegehung mit allen Details ein.

Die «Tagesschau» berichtete zwei Tage später von dem Unternehmen am Totenkirchl, und eine Fernsehzeitung brachte einen großen Bericht mit der Überschrift: «Bravo Tagesschau! Bravo Lothar Brandler und seinen Kameraden Fritz und Wulf Scheffler. Eine Idee und ein Traum wurde Wirklichkeit.»

Die Schweizerroute in der Westlichen Zinne und der Film «Direttissima»

Nach dem Totenkirchl konnte ich an die nächste Unternehmung in den Bergen und an den nächsten Film denken, denn der Bericht über den Totenkirchl-Westpfeiler war zur besten Sendezeit bundesweit zu sehen gewesen und für mich eine gute Empfehlung für einen weiteren und größeren Film. Mit Unterstützung von Dr. Guggenbichler und Dr. Dill machte ich der Abteilung Kultur und ihrem Abteilungsleiter Manfred Schwarz den Vorschlag, eine Durchsteigung der sogenannten Schweizerführe in der Nordwand der Westlichen Zinne zu filmen, die über ein riesiges Felsdach führte und ein Jahr zuvor von den beiden Schweizern Hugo Weber und Albin Schelbert durchstiegen worden war. Sie galt als eine der spektakulärsten Wände der Alpen und war in aller Munde.

Um diese Erstdurchsteigung hatte es 1959 ein wildes Gerangel gegeben. Als Hugo Weber und Albin Schelbert schon an die sechs Seillängen weit oben im riesigen Überhang waren und wegen schlechten Wetters die Wand verlassen mussten, ereignete sich eine der unsportlichsten Taten in der Geschichte des alpinen Kletterns. Die emsigen «Scoiattoli» – die «Eichhörnchen», so nennen sich die Extremkletterer und Bergführer von Cortina – hatten nichts Eiligeres zu tun, als klammheimlich bei Nacht in die vorbereitete Tour einzusteigen, um den beiden Schweizern den Erfolg streitig zu machen und ihnen die Erstdurchsteigung zu klauen. Die beiden Schweizer bemerkten das und stiegen sofort wieder ein, holten die italienische Seilschaft nach dem großen Überhang ein und kletterten links von den Italienern weiter. Jetzt kletterten also zwei Seilschaften, nachdem sie das Dach überklettert hatten, parallel über eigene Routen um die Wette zum Gipfel der Westlichen Zinne. Die Schweizer blieben Sieger, und da sie den unteren Teil

Immer zu Scherzen aufgelegt: Busausflug für die geladenen Bergsteiger mit Evi Soldà.

Rechte Seite: Filmarbeiten für «Direttissima». Gino Soldà sichert Wulf Scheffler nach dem großen Dach der Schweizerroute.

der Wand und auch den größten Teil des Daches als Erste überklettert hatten, heißt die Route heute Schweizerführe.

Mein Film sollte eine Durchsteigung der Wand und dieses großen Daches zeigen. Der Abteilungsleiter für Kultur, Manfred Schwarz, welcher der Chef von Otto Guggenbichler war, erklärte sich einverstanden, genehmigte aber nur eine kleine Summe für die Produktion des Films. Sein Interesse an alpinen Filmen war gering. Zum knapp bemessenen Produktionsgeld kamen hausinterne Beistellungen der Technik, der Kamera und des Filmmaterials sowie die Fertigstellung zur Herstellung des Films. Die Darstellergagen und Reisespesen musste ich als Produzent tragen. Die Darsteller hatte ich mir schon vorher ausgesucht: Gino Soldà, ein berühmter Dolomitenkletterer und Bergführer aus Recoaro in den Piccole Dolomiti, Teilnehmer der siegreichen K2-Expedition der Italiener von 1954 und als Skilangläufer mehrmaliger Teilnehmer an Olympischen Winterspielen. Der Partner von Gino Soldà war der junge Wulf Scheffler aus dem Totenkirchl-Westpfeiler. Für die Versorgung der Kletterer in der Wand sollte Evi Soldà zuständig sein, die Tochter von Gino, die als das schöne und heitere Element des Films für Auflockerung sorgen sollte. Evis Aufgabe war, Proviant und Biwakmaterial an eine lange Reepschnur zu hängen und damit ihren Vater Gino und Wulf von unten zu versorgen.

Wir hatten uns alle an der Drei-Zinnen-Hütte getroffen und für den Film ein Zelt aufgestellt. Beim ersten guten Wetter stiegen wir in die Schweizerführe ein. Der 51 Jahre alte Gino Soldà und der 26 Jahre alte Wulf Scheffler ergänzten sich blendend. Klettern durfte ich in der Wand jede Seillänge zweimal, denn es war

Die Westliche Zinne (rechts, links daneben die Große Zinne) mit dem großen Dachüberhang. Vor den gewaltigen Nordwänden der Drei Zinnen wirkt der Mensch winzig.

filmisch erforderlich, einmal von unten nach oben, dann wieder von oben mit Tiefblick nach unten zu filmen und die Kletterer aufzunehmen. Also schnittgerecht. Das heißt: Totale und Naheinstellung im ständigen Wechsel. Am Abend begannen wir dann unser Nachtquartier herzurichten. Das Biwak in der Hängematte. Dann das Essenaufziehen mit Evis Rufen von unten, mit Blickkontakt zu ihrem Vater nach oben. All das musste gefilmt werden, um einen guten und kompletten Film zu gestalten.

In dem großen, dachartigen Überhang, den die beiden Schweizer Albin Schelbert und Hugo Weber nach links aussteigend überklettert hatten, im Stil der damaligen Zeit, also mit vielen geschlagenen Haken und auch Bohrhaken, war das Filmen natürlich spektakulär. Immer dachte ich beim Filmen, was das doch für eine Story wäre mit dem Wettlauf der beiden konkurrierenden Seilschaften in der Wand, was das für einen Film geben könnte!

Mit Herzklopfen holte ich Tage später mein Filmmaterial aus dem Kopierwerk und behandelte es in meinen Händen wie einen Schatz. Im Schneideraum saß ich dann mit Juliane Schmitt, der Cutterin, und ihrer Assistentin Änne Dern am Schneidetisch. Diese beiden werde ich bis an mein Lebensende nicht vergessen, denn sie mussten mich erst einmal wieder aufrichten. Der Grund war folgender: Wir hatten das Filmmaterial auf dem Schneidetisch durchlaufen lassen, und mein Gesicht wurde immer länger. Der Schreck fuhr mir in alle Glieder, und ich saß blass neben den beiden Cutterinnen. Es waren bei jeder Szene immer nur eineinhalb Meter Film richtig belichtet. Dann begann der Film kontinuierlich heller und heller zu werden. Man nennt das: Die Kamera zieht. Darunter versteht man, dass sich die Aufnahmegeschwindigkeit während des Filmens verändert und nicht mehr die exakte Zahl von 24 Bildern pro Sekunde belichtet wird, wodurch sich die Bildqualität von Normalqualität abgestuft bis auf ganz hell verändert. Damit waren von jeder Szene gerade mal 6 bis 8 Sekunden verwendbar. Da ich auch lange Einstellungen und Schwenks in der Wand gemacht hatte, war die Hälfte des belichteten Materials unbrauchbar. Man hatte mir eine defekte Kamera ausgehändigt. Absicht oder nicht Absicht? Ein peinliches Versehen? Oder geplant? Ich wusste es nicht, und ich konnte es nicht mehr ändern. Die beiden netten Kolleginnen am Schneidetisch versuchten nun in langwieriger Arbeit, aus den Fragmenten eine sendefähige Dokumentation herzustellen. Das Ergebnis war eine Meisterleistung der Schnittkunst! Als der Film – er wurde 20 Minuten lang – fertig war, war ich um eine neuerliche Lektion in Sachen Filmschnitt reicher.

Im Auftrag der Abteilung Kultur schrieb der Schriftsteller Walter Pause einen zu Herzen gehenden Text zum Film. Dann wurde der Text vom Schauspieler Werner Büttner eindrucksvoll gesprochen und der Film fertiggestellt. Er sollte, so wollte es Dr. Guggenbichler, bei den Filmfestspielen in Trento gezeigt werden. Damals war es üblich, dass zum Film ein separates perforiertes Tonband hergestellt wurde. Zusätzlich schickten wir die italienische Übersetzung des Textes nach

Trento, wo dann der Text von einem eigenen Sprecher auf Italienisch gesprochen wurde. Der Originalton sollte über den Projektor laufen. Aber in Trento gab es im Kinosaal keinen Zweibandprojektor, und damit blieb der Film stumm. Ohne Musik und Geräusche und nur mit dem geschriebenen und gesprochenen Kommentar auf Italienisch lief der Film vor der Jury und im Kino. Als es zur Aufführung vor dem Publikum kam, saß ich in der Oper von Trento neben dem Projektor und bediente einen Plattenspieler, der für die Pausenmusik im Saal genutzt wurde, um die fehlende Originalmusik zu ersetzen. Aufgelegt hatte ich eine Schallplatte mit Modest Mussorgskis «Nacht auf dem kahlen Berge». Immer wenn es mir passend erschien, Musik zuzuspielen, legte ich den Tonarm auf die Platte, egal welche Stelle ich zufällig traf, und nach geraumer Zeit, wenn es mir genug Musik war, hob ich den Tonarm wieder ab. Die Einsätze waren vogelwild! An dem Abend der Preisverleihung musste ich diese Technik mit dem Tonarm ein zweites Mal auf diese unprofessionelle Weise anwenden, denn die preisgekrönten Filme wurden noch einmal gezeigt. Ich bekam für meinen Film «Direttissima» den Mario-Belli-Preis für den besten alpinen Film und einen Scheck über 1 Million Lire. In Ziffern: 1 000 000 Lire! Das war damals der Wert eines kleinen Mercedes. So viel Geld hatte ich bis dahin noch nie besessen. Natürlich beteiligte ich alle, die an dem Film mitgewirkt hatten, an dem Geldsegen. Peter Kaiser, der Chef der Filmproduktion im Bayerischen Fernsehen, schickte ein Telegramm und gratulierte. Guggenbichler, der mit mir in Trento war, gratulierte mir herzlich, auch im Namen von Richard Dill.

In jenem Jahr machte ich noch zwei 15 Minuten lange Filme in den Bergen, den Mönchsnollen im Berner Oberland, eine wunderschöne Eistour in der Nordflanke des 4107 Meter hohen Mönchs, und im Herbst mit zwei jungen Bergsteigerinnen, die gut klettern konnten, die klassische Dibonakante an den Vajolettürmen in den Dolomiten. Beide Filme liefen in der Münchner «Abendschau» des Bayerischen Fernsehens. Damit begann ich eine Serie von alpinen Berichten im Fernsehen, wie es sie in dieser Art weltweit noch nie gegeben hatte.

Der Ätna und des Meeres wilde Wellen

Meine Sehnsucht nach Sizilien, wohin ich als elfjähriger Bub wollte, um Orangen und Weintrauben zu sehen und zu essen, war immer noch ungestillt. Durch einen Zufall ergab es sich, dass die Redaktion der «Tagesschau» in München sich für das Thema Frühjahrsskifahren interessierte. Beim Mittagessen mit Kollegen kamen wir auf den Ätna zu sprechen und dass dort schon einmal ein FIS-Skirennen durchgeführt worden war. Wir sprachen darüber, dass man im März dort schon im Meer baden und am Vormittag am Ätna Ski fahren könne. Da machte ich spontan den Vorschlag, eine kleine Story für die Spätausgabe der «Tagesschau» zu machen, die ab und zu auch exotische Themen sendete. Wenn ich zum Ätna nach Sizilien fuhr, konnte ich eine kleine Geschichte drehen; die «Tagesschau» in Hamburg konnte an

Marco Franceschini, der Direktor der Filmfestspiele Trento, überreichte mir in der Oper für den Film «Direttissima» den Mario-Belli-Preis.

einem Tag, an dem sie etwas Zeit füllen musste, diesen Beitrag einschieben. Ich bot ihnen an, diesen kurzen Film für eine Pauschale herzustellen. Damit hatten sie keinen großen Geldaufwand, und ich kam zu einem Sizilienurlaub. Die Dreharbeiten wollte ich mit Touristen vor Ort durchführen. Dabei dachte ich an ein damaliges Reiseangebot von Sport Scheck in München, der eine Pauschalreise nach Catania anbot, mit Bustransfer zum Ätna und Skifahren auf diesem Vulkan. So richtig konnte ich mir Schnee an diesem Feuer speienden Berg gar nicht vorstellen.

Ich kannte die Familie Scheck und erzählte ihnen von meinem Vorhaben, bezahlte meine Pauschalreise zum Ätna und besorgte die Kamera und das Filmmaterial. Mehr brauchte ich nicht, außer meine Ski und Badesachen. Die Reise sollte zu einen Bungalowdorf bei Catania gehen, per Eisenbahn. Einen Tag vor der Abreise bekam ich einen Anruf von Herrn Scheck senior, bei dem er mich um eine Gefälligkeit bat. Die Reiseleiterin zum Ätna war erkrankt, und er suchte dringend einen Reiseleiter für die Bahnfahrt nach Catania, zur Betreuung der teilnehmenden Pauschalreisenden. Meine Antwort war ein spontanes Ja, ohne dass ich wusste, auf was ich mich da einließ. Am Münchner Hauptbahnhof am frühen Morgen des 12. März 1962 sah ich die Bescherung: Der Zug stand bereits am Bahnsteig, und ich wurde von einer großen Gruppe sonnenhungriger und abenteuerlustigen Menschen mit Ski erwartet. Damit begann das Unternehmen Ätna, via

Rom, Neapel und Messina. Der Zug war vollkommen überfüllt. Wie sollte ich meine etwa dreißig Skitouristen unterbringen, wenn von Sport Scheck lediglich zwei Abteile reserviert waren? In einem der Abteile saßen auch schon einige italienische Gastarbeiter, die unsere Reservierung einfach ignorierten. Ein Schaffner verhalf uns nach langem Palaver mit den Italienern zu unseren Sitzplätzen. Allerdings hatten wir immer noch zu wenig Platz.

Es war eine Reise über 25 Stunden mit langen Aufenthalten in Rom und Neapel, mit vielen Flaschen Chianti, aus den damaligen mit Stroh umflochtenen Flaschen getrunken. In Catania wurden wir vom Besitzer des Campingplatzes abgeholt und mit einem alten Bus zum Quartier gefahren, unmittelbar am Meer gelegen und mit Pinien und Sandstrand eine hübsche Anlage. Wir waren glücklich, endlich in Sizilien angekommen zu sein, und bezogen unsere Bungalows. Das Meer lockte, und wir gingen zum Strand, um gleich einmal zu baden. Allerdings hatte uns keiner gewarnt, welche Tücken das Meer bieten konnte. Wir stürzten uns ins Wasser, und ich hatte wohl von der Reise noch etwas zu viel Wein im Blut. Ich schwamm etwas zu weit vom Strand weg und merkte plötzlich, dass ich nicht mehr zurückkonnte. Zuerst versuchte ich es, doch ich wurde immer weiter abgetrieben. Die gefürchteten Meeresströmungen vor Catania hatten mich zu fassen gekriegt. Die Fischer, die mich sahen und an Bord hievten, gestikulierten mit mir und deuteten auf das weite Meer hinaus. Ich verstand kein Wort, doch ich ahnte, was ihr vieles Palavern bedeuten sollte.

Einige meiner Reisegruppe hatte ich für meine Filmaufnahmen gewinnen können. Der Gedanke, in der «Tageschau» über die Bildschirme zu flimmern, war für ihr Ego Grund genug, sich mir zur Verfügung zu stellen. Zwei Tage später waren wir mit unseren Ski am Ätna und stocherten im schweren Schnee herum. Nur mit Mühe konnte ich etwas Skilauf am Ätna filmen. So eine «Tagesschau»-Geschichte war damals maximal 3 Minuten lang. Die Badenden im Meer, dieselben dann auf Ski am Ätna und dazu die wunderschöne Landschaft von Taormina: Das war schon etwas Besonderes für die deutsche «Tagesschau».

Watzmann-Ostwand – die höchste Wand der Ostalpen und mein schnellster Film

Die höchste Wand der Ostalpen ist mit fast 2000 Metern die Watzmann-Ostwand. Erstmals durchstiegen wurde sie 1881 von Johann Grill, genannt der Kederbacher, wegen seines Bauernhofes, der diesen Namen trägt. Mit seinem Touristen Otto Schück hatte er, wie es damals üblich war, immer einen interessierten, begüterten Gast für solche Erstdurchsteigungen. Auch waren das in der Regel ernst zu nehmende Bergsteiger mit hohem alpinistischem Können. Der Kederbacher und Otto Schück schafften damals eine epochale Leistung. Der Bergführer Johann Grill war es auch, der als Erster an die Möglichkeit einer Eiger Nordwand Besteigung glaubte. Wenn das kein Thema für einen Film war!

Eigentlich wollte ich eine Winterbegehung filmen, musste aber gleich beim ersten Versuch, in der Wand zu filmen, wegen eines Wettersturzes aufgeben. Aber ich hatte mit der Kulturabteilung des Bayerischen Fernsehens einen Vertrag geschlossen, und so entschloss ich mich zu einer normalen sommerlichen Begehung der Watzmann-Ostwand über den Kederbacherweg. Meine Darsteller waren wieder Wulf Scheffler und mein Freund Günter Johne, mein alter Seilgefährte aus dem Elbsandsteingebirge. Den dritten Bergsteiger, einen Alleingänger, sollte Lothar Vogelbacher, unser Assistent in der Filmproduktion, spielen, der ausgebildeter Schauspieler war. Es war nur eine kleine Story: Zwei Bergsteiger steigen in die Ostwand ein und treffen in der Mitte der Wand auf einen demoralisierten Alleingänger, der von den beiden in ihre Seilschaft eingebunden wird, und alle drei erreichen gemeinsam und glücklich den Gipfel des Watzmanns.

Helfer hatte ich diesmal nicht dabei. Das Filmmaterial verteilte ich auf die drei Rucksäcke meiner Darsteller. Ich selbst hatte eine 16-Millimeter-Kamera und ein kleines Stativ zu tragen, dazu immer eine Reservekassette zum schnellen Wechseln. So war ich quasi auch ein Alleingänger, wenn auch ein filmender. Wir biwakierten am Abend am Wandfuß vor dem Schöllhorneis, einem kleinen Gletscher am Wandfuß der Watzmann-Ostwand. Wir begannen mit der Durchsteigung gleich mit dem ersten Morgenlicht, das hell genug war, um zu filmen. Da ich ohne Seilsicherung ging, konnte ich mich frei bewegen und befand mich einmal oben, dann links und schließlich wieder unter den kletternden Darstellern. Bei einem Kletterfilm ist das immer derselbe Rhythmus. Allein und nur auf mich gestellt war ich natürlich auch schneller als die anderen und konnte flott arbeiten. So ging das den ganzen Tag. Ab und zu rasteten wir und tranken und aßen etwas. Dann machten wir schnell weiter, denn ich wollte möglichst am gleichen Tag noch die Ankunft der Bergsteiger auf dem Gipfel filmen.

Frühmorgens gegen 5 Uhr waren wir eingestiegen, und am späten Nachmittag standen wir auf dem Gipfel des 2713 Meter hohen Watzmanns. Hinter uns lagen 1800 Meter Felswand, und gleichzeitig war der ganze Film abgedreht. Ich glaube, dass noch nie so schnell ein Film in einer so großen Felswand gedreht worden war. Besser wäre es gewesen, wir hätten in der Biwakschachtel, die etwa 200 Meter unter dem Gipfel in der Ostwand steht, biwakiert. Doch ich wollte unbedingt mit den Dreharbeiten fertig werden, denn am Horizont sah ich eine Wolkenwand auf den Watzmann zurollen. Als wir den Gipfel erreichten und die Schlussszenen drehten, war ich so erschöpft, dass mich die Freunde ans Seil nehmen mussten, denn ich bekam Schwierigkeiten mit den Augen und war im Abstieg nicht mehr so trittsicher. Der Weg ins Tal war lang, und zu unserem Auto mussten wir auch noch kommen. Wir fuhren noch am gleichen Abend zurück nach München, und bei mir zu Hause fiel ich, so wie ich war, mit meinen verdreckten Bergklamotten ins Bett und schlief auf der Stelle ein.

Spaniens Sonne und seine Berge

Herbst war es, und ich wollte noch ein paar Filme drehen. Die Gelegenheit bot sich durch einen Auftrag der «Abendschau». Der Redakteur Peter Zimmermann wollte in Spanien über das dortige Fernsehen berichten, unter dem Motto: die Münchner «Abendschau» zu Gast beim spanischen Fernsehen in Madrid und Barcelona. Für diese Sendung sollte ich die Kamera machen. Doch ich wollte auch gleichzeitig über das spanische Bergsteigen berichten und schloss mit dem Bayerischen Fernsehen einen Vertrag über zwei Bergfilme à 15 Minuten für die «Abendschau». Mein Assistent sollte mein alter Bergfreund und Seilpartner Günter Johne sein, den ich für das Bayerische Fernsehen als Kameraassistenten aufbauen wollte.

Anfang Oktober 1962 fuhren wir zu dritt von München über Genf, Lyon und die Pyrenäen nach Barcelona. Von München aus hatte ich schon Kontakt zu einem Bergfreund in Barcelona aufgenommen – José Manuel Anglada, einer der besten Kletterer in Spanien und auch der erste Spanier auf dem Mount Everest –, um mit ihm und einigen Bergsteigern aus Barcelona im Montserrat zu filmen. Peter Zimmermann hatte auch vor, an der Atlantikküste in der Höhle von Altamira einen Bericht zu realisieren.

In Barcelona besuchten wir als Erstes das dortige Fernsehstudio, das sich auf dem Tibidabo, einem Berg oberhalb der Stadt, befindet. Dort drehten wir auch eine Ansage des spanischen Fernsehens auf Spanisch und auf Deutsch, um den Charakter unserer Story zu demonstrieren, und Ausschnitte einer spanischen Zarzuela, die gerade gesendet wurde, also einer Operette, um etwas Landestypisches zu zeigen. Im Studio ging es zu wie auf einer Provinzbühne. Während ein Akt der Zarzuela live gesendet wurde, hämmerte man im Nebenstudio ungeniert die Dekoration für den zweiten Akt zusammen. Die Werbung, die auch in Spanien unverzichtbar war, fand immer zwischen den Akten statt und lief so ab: Neben der Nachrichtensprecherin, die auch durch die Zarzuela führte, stand an einem Nebentisch ein seriös gekleideter Herr mit eine Kanne heißem Wasser und einer Tasse. Neben ihm stand eine Dose mit Trockenkaffee. Die Sprecherin verabschiedete sich vom Publikum und wünschte viel Vergnügen beim nächsten Akt der Operette. Die Kamera schwenkte zu diesem seriösen Herrn, er rührte sich eine Tasse Kaffee an, pries dann mit verzücktem Gesicht das heiße Getränk, das es zu bewerben galt, und sofort begann der nächste Akt der Zarzuela. Direkter ging es nicht mehr.

Wir filmten auch in Barcelona, unter anderem den quirligen Verkehr an der Plaça de Catalunya, dem Verkehrsknotenpunkt, wo die weltberühmte Flaniermeile La Rambla beginnt. Kaum hatten wir mit der Kamera den verkehrsregelnden Polizisten ins Visier genommen, da war auch schon die Polizei bei uns, nahm unsere Kamera in Beschlag und verhaftete uns. Wir zeigten auf der Wache unsere Genehmigung für Filmaufnahmen vom Ministerium in Madrid, in der uns die Drehgenehmigung für Katalonien zugesichert wurde. Gilt hier nicht, beschied man uns sehr heftig, nach dem Motto: Die können uns mal in Madrid! Wir benötigten eine neue Genehmigung vom Magistrat Barcelonas, erst dann konnten wir ungehindert unsere Filmaufnahmen in Barcelona drehen. Es war die Zeit der Franco-Diktatur, und in Madrid gingen die Uhren anders als in Barcelona.

Nach diesem Intermezzo mit der Polizei wollten wir in die Berge und dort filmen. José Anglada hatte für uns zwei Bergsteiger organisiert, mit denen wir in den Picos de Europa an der Atlantikküste filmen sollten. Er selbst, seine Verlobte Elisabeth und noch zwei Kletterer würden in dem Film über Montserrat mitmachen. Montserrat mit seinem weltberühmten Kloster und der dort befindlichen Schwarzen Madonna ist auch das bedeutendste Klettergebiet der Bergsteiger von Katalonien, ein Gebirge aus Konglomeratgestein, ähnlich wie das nordgriechische Gebirge von Meteora mit seinen Klöstern. Ein Konglomerat ist ein Mischgestein aus Kiesel, Granit und Sandstein, das durch Kalkgestein gebunden wird und sich aus der Schwemmmasse der Gletschermoränen bildete. Nach dem Abschmelzen der Eiszeitgletscher entstanden auf diese Weise durch Auswitterung kleine Mittelgebirge, die mit ihren bizarren Türmen und Wänden ideale Klettergebiete bilden. Wir fuhren also gemeinsam von Barcelona über die Stadt Lérida in das Konglomeratgebirge Montserrat. Die Filmarbeiten gingen gut vonstatten, und es waren wunderbare Tage in diesen Wänden.

Peter Zimmermann wollte nun seinen Bericht über die Altamirahöhle verwirklichen. Wir fuhren quer durch Spanien an die Atlantikküste. Mit Akkulampen standen wir vor der Altamirahöhle und meinten, wir seien die Ersten, die dort filmen wollten. Wir mussten feststellen, dass man uns ein wenig mitleidig anschaute, denn wir waren die Einzigen, die ohne eine größere Menge an Lampen zum Filmen ankamen. Man war auf große europäische Fernsehsender eingerichtet und nicht auf die Münchner «Abendschau». Es gab an allen wichtigen Tiermotiven, die diese Höhle mit ihren über 30 000 Jahre alten Zeichnungen weltberühmt gemacht haben, Steckdosen. Wir kauften in der näheren Umgebung Lampen und filmten die Altamirahöhle. Schön war es, so ein Kulturdenkmal gesehen zu haben, trotz des Spottes der Spanier.

Weiter ging es zu unserem nächsten bergsteigerischen Ziel, den Picos de Europa. Den Namen tragen diese bis zu 2800 Meter hohen Berge deshalb, weil die Seefahrer in alten Zeiten diese Gipfel als Erstes am Horizont ausmachten und dann wussten, dass sie sich Europa näherten. In den Picos de Europa, einem den Dolomiten ähnlichen Gebirge, war bereits Schnee gefallen. Wir konnten wenig filmen, denn hier oben hatte schon der Winter Einzug gehalten. Wir brachen das Unternehmen ab und fuhren nach München zurück.

Dreharbeiten für den Kinofilm «Zwei Wege – ein Gipfel» an der Rotwand: Gipfelszene mit (von links nach rechts) Günter Johne, Helga Franzelin, Luis Trenker und Winfried Ender (oben); unten mit der 35-Millimeter-Arri-Kinokamera am Gipfelgrat.

Eine Legende des Bergfilms: Luis Trenker

Dolomiten, Rosengartengebiet. An der Paolinahütte im Frühjahr 1962. Ich war zum Skifahren unterhalb der Roda di Vaèl und stieg eben aus dem Lift. Gerade wollte ich die Ski anschnallen, um abzufahren, da kam der Hüttenwirt Sepp Pichler und bat mich auf die Terrasse, um mich einem älteren Mann vorzustellen, den ich natürlich sofort erkannte: Es war Luis Trenker. Dieses Gesicht konnte man beim besten Willen nicht übersehen. Damals war er für mich ein großes Vorbild, und ich freute mich wirklich, diesen berühmten Mann kennenzulernen. Er reichte mir die Hand und gratulierte mir zu meiner Erstdurchsteigung in der Südwestwand der Rotwand, die sich unmittelbar über uns beiden in den Himmel reckte. Er fragte mich nach den Schwierigkeiten der Kletterei und war erstaunt darüber, dass wir in Hängematten biwakiert hatten. Wir sprachen dann noch von diesem und jenem und natürlich über die Berge, aber besonders viel sprach Trenker über sich und seine jahrzehntelangen Erlebnisse am Berg und beim Filmen. Dafür war er ja bekannt. Ich erzählte ihm dann auch, dass ich als Kameraassistent beim Bayerischen Fernsehen arbeitete und schon einige Filme in den Bergen gemacht hätte. Natürlich erwähnte ich auch meinen Filmpreis in Trento, auf den ich mächtig stolz war. So verging eine Stunde wie im Flug, und insgeheim bewunderte ich auch seine Begleitung, die in einem Liegestuhl neben ihm lag und sich sonnte. Es war die berühmte Schauspielerin Marianne Hold. Was war das für eine hübsche Frau! Gesprochen hat sie mit mir allerdings bis auf wenige Worte nichts.

Ein paar Monate später rief mich überraschend Luis Trenker an, und wir trafen uns in München in seiner Stadtwohnung. Bei diesem Wiedersehen sprachen wir über einen gemeinsam herzustellenden Film in einer großen Felswand, ein Film auf 35-Millimeter-Filmmaterial, der für das Kino und für das Fernsehen geeignet sein sollte. Meine Idee war, einen Film an der Roda di Vaèl, wo wir uns kennengelernt hatten, im Hermann-Buhl-Gedächtnisweg in der Südwestwand, also in meiner eigenen Führe, zu realisieren und ihn «Zwei Wege – ein Gipfel» zu nennen. Luis Trenker sollte als Produzent des Films in Erscheinung treten und in dem Film eine kleine Rolle spielen. Er würde mit einem Mädchen über den leichten Normalweg gehen und am Gipfel mit der kletternden Seilschaft zusammentreffen. Ein von ihm produzierter Film ohne Luis Trenker, das war ja auch gar nicht vorstellbar. Da die Idee von mir war, sollte ich auch die Regie und Kamera machen. Er wollte als Produzent die Kosten des Films tragen. Einen eventuellen Gewinn aus dieser Zusammenarbeit wollten wir beide halbe-halbe teilen. «Einen Vertrag braucht es nicht unter Bergsteigern», meinte er.

Die gesamte Dreharbeit, Regie und Organisation sollte ich allein durchführen und auch die Darsteller besorgen. So fragte ich Winfried Ender und Günter Johne, die mich schon auf manche meiner Filme begleitet hatten, ob sie, natürlich gegen Bezahlung, zu einem Film bereit seien, der als Beifilm für das

Kino auf 35-Millimeter-Film hergestellt werden sollte und natürlich auch für das Fernsehen. Ich war ganz happy – mein erster Film fürs Kino!

In Bozen trafen wir einige Tage später den unverwüstlichen Luis Trenker, und er übergab uns die Kameraausrüstung und das 35-Millimeter-Filmmaterial. Es war Schwarz-Weiß-Negativmaterial und nicht – wie ich gehofft hatte – Farbmaterial. Aber das ist immer eine Kostenfrage, und Farbfernsehen gab es noch nicht. Zusätzlich gab er uns Geld für die Kosten auf der Paolinahütte. Die Arbeit an dem Film konnte beginnen. Luis Trenker versprach uns, ab und zu mal zur Rotwand zu kommen und zu schauen, wie weit wir mit der Arbeit an unserem Film seien.

Günter und Winfried kletterten tagelang auf meiner Route in der Wand, und ich filmte fleißig drauflos. Stieg mit Kamera und Stativ 100 Meter in der Dibona-Route, rechts von der glatten, überhängenden Wand, nach oben, um von der Seite zu filmen. Helfer hatte ich keinen. Ungesichert im vierten Schwierigkeitsgrad zu klettern und dabei eine 35-Millimeter-Kamera und ein Stativ zu tragen, das war nicht ungefährlich. Doch nur so konnte ich die wertvollen Wandtotalen filmen. Günter und Winfried machten extra für den Film eine komplette Durchsteigung der Wand und hatten eine 300 Meter lange Reepschnur dabei, sodass ich ihnen den Proviant und das Biwakmaterial an die Reepschnur hängte, so wie wir es 1958 bei der Erstdurchsteigung gemacht hatten, nur dass damals ich in der Wand geklettert war.

Als die Kletterei in der Rotwand abgedreht war, kam Luis Trenker mit einem netten Mädchen aus Bozen zur Paolinahütte. Es sollten nun die Szenen gefilmt werden, wie er, Luis Trenker, mit diesem Mädchen über den Normalweg, eine sehr leichte Kletterei, zum Gipfel der Roda di Vaèl steigt und oben mit den Durchsteigern der schweren Wand zusammentrifft: «Zwei Wege – ein Gipfel».

Der Film war abgedreht, und ich übergab Luis Trenker das belichtete Filmmaterial, damit es in München entwickelt werden konnte. Ich hörte zwei Monate lang kein Wort mehr von ihm, und wenn ich anrief, hörte ich von seiner Sekretärin immer nur, dass er auf Reisen sei, aber sich bestimmt einmal bei mir melden würde. Erst über eine Cutterin des Bayerischen Fernsehens, Isa Peterseil, erfuhr ich, dass in der Zwischenzeit der Film geschnitten und fertiggestellt worden war. Luis Trenker hatte sich einen Kameramann besorgt – Albert Ammer –, der noch zwei Szenen in den Bergen drehte und den Titel des Films herstellte. Wochen später lief der Film im Bayerischen Fernsehen, und als ich den Titel las, staunte ich nicht schlecht:

Luis Trenker Filmproduktion zeigt:
Einen Film von Luis Trenker.
Nach einer Idee von Luis Trenker.
Darsteller: Luis Trenker, Helga Franzelin, Winfried Ender und Günter Johne.
Drehbuch: Luis Trenker.
Kamera: Albert Ammer und Wolfgang Brandl.

Das Hängematten-biwak war etwas Neues im Bergsteigen: Günter Johne und Winfried Ender machten es sich bequem.

So was nennt man klassisch ausgetrickst – oder aber auch Hochstapelei! Tage später, als ich ihn darauf ansprach, meinte er: «Das hat meine Sekretärin gemacht, da kann ich gar nichts dafür.» Er versprach aber, den Titel zu ändern. Geändert wurde aber nur mein Name: Jetzt war ich wenigstens wieder der Lothar Brandler. Der Film lief dann noch als Beifilm im Kino. Trenker hatte, großzügig, wie er war, meinen Namen berichtigt – auf das Geld für meine Arbeit warte ich heute noch. Wie war das noch mal mit Verträgen unter Bergsteigern? Braucht man nicht? «Braucht man doch!», sagte mir Monate später Dr. Arnold Fanck, der Vater des Bergfilms, anlässlich eines Besuches bei ihm in Freiburg. «Der Trenker, der ist mit allen Wassern gewaschen», meinte Fanck. Jahre später, bei einem Besuch in Berlin, sagte mir der Kameramann Richard Angst: «Der Trenker war immer nur zur Stelle, wenn eine Szene mit ihm zu filmen war – ansonsten hatten wir einen Regisseur dabei, der aber im Nachspann nie genannt wurde, der wurde ausbezahlt.» Ich war um viel Geld ärmer und um eine große Erfahrung reicher geworden – das ist doch auch etwas! In späteren Jahren merkte ich, dass diese Sorte von Abmachungen zur Trickkiste der Produzenten und Verleiher von Filmen gehört.

Die Münchner «Abendschau» des Bayerischen Fernsehens war eine der beliebtesten Sendungen in Bayern geworden. Wer fernsehen wollte, hatte damals nur eine Möglichkeit. Es gab nur das Erste Programm, das Programm der ARD, kein ZDF und keine Privatsender. Das war ein Idealzustand für alle Filmemacher. Keine Konkurrenz! Meine Filme wurden von fast allen Fernsehteilnehmern gesehen, und man wurde am nächsten Tag auf der Straße angesprochen, gelobt oder auch kritisiert. Es war einfach wunderbar. Das Gefühl, nicht für die Dunkelkammer, sondern wirklich fürs Publikum gefilmt und gearbeitet zu haben, machte glücklich. Ich produzierte mehrere Serien von Bergfilmen, die in der Rubrik «Die Viertelstunde» zu sehen waren. Alle vierzehn Tage lief ein Beitrag von mir im Bayerischen Fernsehen. Fast jeder dritte Filmbeitrag wurde am Sonntagmittag im «Wochenmagazin» in ganz Deutschland gesendet, und damit konnte man auch im Gebiet der DDR diese Filme aus den fernen Bergen sehen. Wir hatten eine rege Resonanz an Zuschauerbriefen, die aus Ostdeutschland kamen. Für mich war die Vorgabe des Bayerischen Rundfunks nicht immer leicht zu erfüllen. Es mussten immer 14 Minuten Film sendefertig geliefert werden. So entstanden die Serien «Die Ostalpen» und «Die Westalpen», jeweils mit einer kompletten Besteigung eines Berges.

Für die Serie «Die Westalpen» waren wir in Chamonix. Wir filmten für eine der Folgen die Durchsteigung der Rébuffat-Route an der Aiguille du Midi, einer der schönsten Klettereien in den Alpen mit eisenfestem Fels. Am Abend nach der Durchsteigung, wir waren an unserem Zelt im Tal von Chamonix, kam ein Bote mit einem Zettel, auf dem mir Pierre Mazeaud eine Nachricht schickte. Er bat mich zu einem Treffen ins Hotel de Paris zum Abendessen. Freudig sagte ich zu, denn Pierre Mazeaud war einer der Überlebenden der Tragödie am Frêneypfeiler, die sich erst einige Tage zuvor zugetragen hatte. In den örtlichen Zeitungen hatten wir einige Berichte gelesen und so wie alle anderen Bergsteiger in Chamonix um die Bergsteiger, die sich im Frêneypfeiler befanden, gebangt. Mit meinen Mitarbeitern Günter Johne, Winfried Ender und Richard Langenberger, der fast perfekt Französisch sprach, ging ich zum Hotel de Paris und fragte in der Bar nach Pierre Mazeaud.

Ich erschrak, als er auf Krücken angehumpelt kam. Pierre hatte sich die Füße im Frêneypfeiler erfroren, und alle Zehen waren dick verbunden. Neben ihm erschien Walter Bonatti, der ebenfalls im Hotel wohnte. Dieser Abend war für mich wunderbar, auch wenn ich nicht Französisch sprach. Aber Pierre hatte sein Abitur im Elsass gemacht und sprach recht gut Deutsch, mit Walter konnte ich mich ein wenig auf Italienisch unterhalten. Pierre erzählte von seiner Erstdurchsteigung der Franzosenführe in der Nordwand der Westlichen Zinne und wie er mit Staunen unter der Direttissima der Großen-Zinne-Nordwand stand. Deshalb wollte er mich heute unbedingt kennenlernen. Wir verabredeten nach dem guten Abendessen ein erneutes Treffen.

Auf diese Weise entstanden in zwei Jahren mehr als vierzig Filme für die «Abendschau» des Bayerischen Fernsehens. Die Texte für diese Filme waren einmal gut, einmal schlecht und oft auch einfach nur so hingeschludert. Jeder Hilfsredakteur durfte sich einmal daran versuchen. Laut Vertrag durfte ich zu meinen Filmen keine eigenen Texte schreiben. Warum, ist mir bis heute ein Rätsel geblieben. Ich erinnere mich an einen Text, als es um die Mädchenseilschaft in der Delagokante an den Vajolettürmen ging. Den Text schrieb wieder einmal Dr. X, der diensthabende Redakteur. Veronika Fitz, damals angehende Schauspielerin, sollte den Text sprechen und hatte Schwierigkeiten, diese üblen Schachtelsätze zu sprechen. Ich saß neben ihr in der Sprecherkabine, und nach dem x-ten Abbruch begann ich im Text zu streichen und sagte laut: «So einen Mist habe ich schon lange nicht mehr gelesen.» Der Zufall wollte, dass sich in dem Moment Dr. X in der Studioregie befand und diese Sätze über das Mikrofon hörte. Stumm verließ er das Studio, und seit diesem Tag grüßte er mich demonstrativ nicht mehr.

Was wir leider immer zu wenig hatten, war Geld für unsere Produktionen. Das hing mit der Ignoranz der verantwortlichen Abteilungsleiter zusammen. Bergsteigen war damals so eine Art «Nebenprodukt» des Fernsehens. Bergsteigen wurde, im Gegensatz zu Sportarten wie Fußball oder Tennis, nicht sehr ernst genommen. «Rucksackproduzent» nannte mich ein verantwortlicher Redakteur beim ZDF einmal, und genauso war die Bezahlung für die aufwendige Filmarbeit am Berg und in schwierigsten Felswänden. Dass ich produzieren durfte – oder sagen wir besser: musste –, hatte seinen einzigen Grund in der Haftung für eventuelle Bergunfälle. Der Sender war, wenn den Bergsteigern etwas passieren sollte, rein rechtlich aus dem Schneider und brauchte nicht zu haften. Diese Einstellung gegenüber dem Bergsteigen und Bergfilmen haben fast alle deutschen Fernsehanstalten; lediglich das Bayerische Fernsehen hat ein wenig ein Auge auf das alpine Filmschaffen. Unter dieser Einstellung zum alpinen Film hatte ich auch zu leiden.

Beim privaten Skifahren in St. Johann brach ich mir den Fuß. Es war keine große Sache, aber ich konnte einige Zeit nicht arbeiten. Mich erreichte die Nachricht, dass sich Toni Hiebeler mit seinen Freunden Walter Almberger, Toni Kinshofer und Anderl Mannhardt in der winterlichen Eiger-Nordwand befand. Das interessierte mich natürlich sehr, und ich fuhr zur Kleinen Scheidegg ins Berner Oberland, zu meinem Freund Kaspar von Almen. Dort quartierte ich mich im Hotel Bellevue ein, um direkt am Geschehen zu sein. Hier erreichte mich ein Anruf der «Tagesschau»-Redaktion aus Hamburg, die sich erkundigte, wie es mit dieser Seilschaft stehe und ob man berichten solle. Da auch das Schweizer Fernsehen zur Stelle war, vereinbarte man, dass deren Sendungen auch für die «Tagesschau» genutzt würden und ich als Kontaktmann fungieren sollte. Das große Fernrohr, das auf der Terrasse vor der Privatwohnung der Familie von Almen stand, wurde von uns als Riesenobjektiv für eine der elektronischen Großkameras umfunktioniert, und so konnten wir, sofern es die Sicht zuließ, über das Unternehmen Eiger-Nordwand im Winter berichten.

Der winterliche Kreuzbergpass mit seinem malerisch gelegenen Hotel war der Ausgangspunkt der Dolomiten-Skidurchquerung.

Das war nun auch eine sensationelle Sache für das touristische Skifahrerpublikum. Die Kleine Scheidegg war von Schaulustigen überfüllt. Alle wollten an der sensationellen Winterdurchsteigung der deutsch-österreichischen Doppelseilschaft teilhaben. Jeden Tag sendeten wir mehrmals in den aktuellen Tagesnachrichten. Als die vier Bergsteiger nach vier Tagen endlich den Gipfel erreicht hatten und wohlbehalten wieder auf der Kleinen Scheidegg angekommen waren, war natürlich die internationale Presse zur Stelle, und Toni Hiebeler, der Wortgewandteste der Gruppe, hielt eine Pressekonferenz ab. Mit keinem einzigen Wort erwähnte er, dass die Bergsteiger vom Stollenloch im unteren Viertel der Eiger-Nordwand in die tief verschneite winterliche Wand eingestiegen waren, um sich das lästige Schneestapfen zum Einstieg und im unteren, leichten Teil der Wand zu sparen. Tage vorher hatten sie diesen Teil von unten bewältigt, nicht aber beim zweiten, erfolgreichen Versuch. Einer der Journalisten, der Leiter der Bergsteigerredaktion des Bayerischen Rundfunks Bruno Erath, stellte eine diesbezügliche Frage, und Toni Hiebeler verneinte das Hineinqueren in die Wand durch das Stollenloch. Er behauptete, dass er und seine Kameraden von unten eingestiegen seien. Die Angelegenheit flog auf, und anstatt dass Toni Hiebeler den Sachverhalt richtigstellte, hielt er an seiner Version fest. Damit tat er sich und seinen drei Gefährten keinen Gefallen, denn die Leistung dieser Winterdurchsteigung war ja unbestritten. Das nahm man ihm lange übel.

Später ergab sich die Gelegenheit, eine größere Produktion für das Bayerische Fernsehen zu machen. Eine Skidurchquerung der Dolomiten war geplant, zu senden in vier Teilen von je 14 Minuten und dann noch einmal in einer Zusammenfassung von 43 Minuten. Mein Fuß war wieder ganz gut verheilt, und

Eines der Hauptziele bei der Skidurchquerung der Dolomiten war die Marmolada, der höchste Gipfel der Dolomiten.

mein Arzt meinte, dass der Knochen ein normales Skifahren erlauben würde. Für diesen Film hatte ich mir aus meinem Freundeskreis wieder ein paar vertraute Mitarbeiter gesucht. Dabei war, als exzellente Skifahrerin, Evi Soldà, ebenso Winfried Ender und der immer rührige Richard Langenberger, der schon in einigen «Abendschau»-Filmen mitgewirkt hatte. Als Assistent hatte ich den jungen Lothar Stutte, einen Sachsen, dabei, der später ein guter Bergfotograf werden sollte. Mit diesen vier Mitarbeitern ging es erst einmal zum Passo Monte Croce in den Sextener Dolomiten.

Hier, an der Provinzgrenze zwischen Belluno und Südtirol, war im Ersten Weltkrieg eine heiß umkämpfte Front zwischen den Österreichern und den Italienern. Heute noch findet man alte Unterstände, Stacheldraht und Bombensplitter in den Felsen an der Rotwand und am Zwölferkofel. Auf den Bergen und Gipfeln standen sich Freunde gegenüber, die in Friedenszeiten als Bergführer ihre Touristen auf den Berg geführt hatten und die an den Abenden auf den Hütten zusammensaßen. Diese Kollegen standen sich nun als sogenannte Feinde im Schützengraben gegenüber und verstanden die Welt nicht mehr. Das war auch das Schicksal des legendären Sepp Innerkofler, der bei der Erstürmung des 2744 Meter hohen Paternkofels, der den Drei Zinnen gegenübersteht, von einer

Geklettert wurde natürlich auch während der Skidurchquerung: Hier ging es über das Cortineser Dach auf den Torre Grande in den Cinque Torri.

Kugel tödlich getroffen wurde. Wie hoch die Achtung vor dem gefallenen Gegner war, bezeugte die Übergabe des Leichnams durch die italienischen Alpini an die österreichischen Soldaten an der Front am Sextener Stein. Wer einmal durch die Stollen am Paternkofel gegangen ist und sich den Frontverlauf angesehen hat, der kann erahnen, welche furchtbaren Jahre die Soldaten hier im Sommer wie im Winter durchstehen mussten.

Wir waren alle mit Ski- und Kameraausrüstung in den Dolomiten angekommen. Im Hotel am Kreuzbergpass, so heißt der Pass auf Deutsch, bei meinem Freund Much Happacher, war der Ausgangspunkt und Beginn unserer Dolomiten-Skidurchquerung. Nun hatte der verantwortliche Redakteur vom Bayerischen Fernsehen für diese Filme, die in einzelnen Teilen von je 14 Minuten gezeigt werden sollten, eine einmalige Idee. Er wollte ganz aktuell sein und meinte, dass zur selben Zeit, in der wir mit unseren Ski durch die Dolomiten wanderten, das auch die Fernsehzuschauer miterleben sollten. Also eine Art Livesendung. Der Herr Redakteur meinte aber, dass es doch ganz nett wäre, einfach mal schnell nach München zu fahren und dort das Filmmaterial entwickeln zu lassen, den Film zu schneiden, zu texten und zu vertonen und dann ganz aktuell zu senden. Damit die Leute sahen, wo sich die Skibergsteiger gerade befanden, wurde eine Karte eingeblendet. Ich war so naiv und setzte diese Idee eines Redakteur-Dilettanten tatsächlich in die Tat um. Dadurch konnte ich pro Woche nur gerade drei bis vier Tage filmen. Dann fuhr ich schnell nach München und machte den Film sendefertig. Danach schnell wieder retour in die Dolomiten, wo meine Mitarbeiter in der Zwischenzeit zum Skifahren gingen, und das nächste Teilstück der Durchquerung abgedreht. Immer wieder ein Stück weiter durch die Dolomiten, insgesamt also viermal das ganze Prozedere.

So entstanden die vier Filme «Eine Dolomiten-Skidurchquerung» für das Bayerische Fernsehen. Auch die Serien «Die Ostalpen» und «Die Westalpen», insgesamt vierzehn Filme, sind unter diesen entwürdigenden Arbeitsbedingungen entstanden. Hätte ich abgelehnt, hätte es diese Filme nicht gegeben.

Die Superdirettissima in der Großen-Zinne-Nordwand oder die Sachsenroute, wie sie später genannt wurde, hatte eine interessante Vorgeschichte. Drei sächsische Bergsteiger hatten ein Jahr vorher mit mehreren Alpinisten aus Österreich und der Schweiz die Nordwand des Matterhorns zum ersten Mal im Winter durchstiegen. Nun suchten sie sich eine neuerliche Aufgabe. Sie hatten, wie man sagt, Blut geleckt. Sie wollten mehr! Dafür hatten sie sich die Nordwand der Großen Zinne ausgesucht. Rainer Kauschke, Peter Siegert und Gerd Uhner, so hießen die drei Bergsteiger, wollten in der Linie des fallenden Tropfens eine «Superdirettissima» klettern, diesmal aber nicht im Sommer, sondern im Winter. Als sie mich in München in die Idee einweihten, war mir klar, dass ich an dieser Unternehmung auf keinen Fall als Kletterer oder Filmer teilnehmen würde, auch wenn es mich gereizt hätte, dabei in der Wand einen Film zu machen. Ich ver-

sprach ihnen aber, dass ich über meine Kontakte mit der «Tagesschau» in Hamburg versuchen würde, darüber zu berichten.

Die Redaktion in München verständigte die Zentrale in Hamburg, und die wiederum hatte noch in Erinnerung, dass ich ihnen mit der Totenkirchl-Westpfeiler-Erstdurchsteigung 1960 eine gute Geschichte geliefert hatte. Meine Drei-Zinnen-Helden wollten dafür aber etwas Geld sehen, denn so eine Erstdurchsteigung kostet viel Geld. Und damit hatten sie im Grunde recht. Man versprach den Kletterern für die Berichterstattung pro «Tagesschau»-Folge einen Betrag von 400 DM. Das war nicht sehr viel, doch immerhin etwas für die Ausrüstung und die vielen Haken, die benötigt wurden. Peter Siegert, der Wortführer und «Chef» der ganzen Zinnen-Winter-Unternehmung, billigte dieses Angebot. So konnte ich exklusiv für die «Tagesschau» der ARD berichten.

Bald waren die Vorbereitungen auf der Auronzohütte am Südfuß der Großen Zinne abgeschlossen. Deren Hüttenwirt Piero Mazzorana, italienischer Bergführer und auch Pächter des Grandhotels in Misurina, hatte die Betreuung übernommen. Als Helfer war Peter Siegerts Bruder Horst der Bodenmann dieses Unternehmens. Am 10. Januar 1963 stiegen Rainer Kauschke, Peter Siegert und Gerd Uhner in die Nordwand der Großen Zinne ein. Rechts von der Direttissima, in einer Rissverschneidung, ging es in vereistem Fels im vierten Schwierigkeitsgrad 30 Meter nach oben. Hier gewannen sie am ersten Tag eine Höhe von etwa 60 Metern und richteten das erste Biwak ein. Die Tage waren kurz, und sie hatten lediglich 8 Stunden Tageslicht. Wie bei solchen Unternehmen üblich, hatten sie eine 400 Meter lange Reepschnur mit einer Stärke von 7 Millimetern dabei. Am Wandfuß war Horst Siegert als Helfer und Kontaktmann für die Verbindung zur Auronzohütte zuständig. Von dort ging der Kontakt weiter nach unten zum Misurinasee zu Piero Mazzorana. Piero war der wichtige Mann, der den Nachschub organisierte und, was in den folgen-

Gerd Uhner machte es sich in der Hängematte bequem – wenn man das bei minus 30 Grad überhaupt bequem nennen kann …

Auch im Winter beherrschen die Drei Zinnen die sie umgebende Landschaft.

den siebzehn Tagen noch wichtiger werden sollte, die interessierten Journalisten mit allen Neuigkeiten versorgte, welche die drei Kletterer auf Papierfetzen an der Reepschnur nach unten schickten.

Die ersten Tage arbeiteten sich die Kletterer mühsam nach oben. Es war bitterkalt; an manchen Tagen fiel das Thermometer auf minus 25 Grad und weniger, und einmal maßen wir sogar 35 Grad minus. Jeden Morgen und jeden Abend ging Horst Siegert mit Ski von der Auronzohütte zum Wandfuß, brachte das gewünschte Essen und die Ausrüstung. Meine Aufgabe war es, alle drei Tage eine spannende «Tagesschau»-Story zu liefern. Dafür begleitete ich Horst auf Ski zum Wandfuß und filmte von dort und vom Paternsattel mit dem Teleobjektiv die Kletterer. Mein Assistent war wieder Lothar Stutte. Wir schrieben das Jahr 1963 – alles war kompliziert, wenn man in Italien filmen wollte. Vor allem die Zollbestimmungen waren in Italien schwierig und sehr bürokratisch. Normalerweise musste in Italien belichtetes Fernsehmaterial in Rom entwickelt und dort auch zensiert werden. Erst dann durfte das Filmmaterial nach Deutschland ausgeführt werden. Das bedeutete aber, dass die aktuellen Berichte erst nach Wochen gesendet werden konnten. Ich musste also das Filmmaterial im Auto nach München schmuggeln. Dort wurde es schnell entwickelt, kopiert und geschnitten und per Flugzeug nach Hamburg geschickt, wo es dann von der «Tagesschau» bundesweit gesendet werden konnte.

Die Versorgung der Kletterer in der Sachsenroute war ein zentrales Problem bei der siebzehn Tage dauernden Durchsteigung. Viele warme Getränke waren nötig.

Rechte Seite: Peter Siegert war die treibende und lenkende Kraft bei der Winterdurchsteigung der Superdirettissima.

Nach einigen Tagen, welche die Kletterer schon in der Wand waren, wachte die örtliche Presse auf und begann über die drei Sachsen zu berichten. Nach etwa acht Tagen standen Reporter der italienischen Fernsehstationen in Misurina und belagerten Piero Mazzorana im Hotel. Piero, der den Kontakt zu den Nordwandhelden aufrechterhielt, berichtete vom Kampf mit der extremen Kälte. Einmal, es war am dreizehnten Tag, zogen die Kletterer eine Bolex-Handkamera an der Reepschnur zu sich in die Wand hinauf und filmten sich selbst in der Wand. Das gab natürlich tolle Bilder von der Durchsteigung. Doch sie hatten Pech mit der Kamera: Sie funktionierte zwar perfekt, doch sie hatten versäumt, sie mit einer Schnur zu sichern. Die Kamera entglitt den kalten Händen eines der Kletterer und verschwand nach unten in Richtung Wandfuß. Dort aber lag 4 Meter hoher Lockerschnee. Unser spontaner Gedanke nach dem ersten Schreck war: Die Kamera konnte den Sturz aus 300 Meter Höhe überlebt haben. Lothar Stutte begann alle Einschlaglöcher im uferlosen Schnee zu sichten und auszugraben. Nach mehreren Fehlversuchen entdeckte er tatsächlich in 2 Meter Tiefe unter dem Schnee die Kamera. Sie war noch unversehrt, denn der lockere Schnee hatte den Fall sanft abgebremst. Der Film war von den Kletterern fast ganz belichtet worden, und als die Rolle später entwickelt aus dem Kopierwerk kam, freuten wir uns über die gelungenen Aufnahmen der Bergsteiger in der Wand. Diese Aufnahmen waren Gold wert, stellten sie doch einzigartige Dokumente dieser Besteigung dar.

Der Trubel um die Bergsteiger in der Wand wurde immer größer. Flugzeuge umkreisten die Drei Zinnen, und selbst die «Bild»-Zeitung hatte ein Reporter-

Auf dem Gipfel der Großen Zinne fotografierte und filmte ich die glücklichen Erstdurchsteiger unmittelbar nach ihrer Ankunft: Rainer Kauschke, Peter Siegert und Gerd Uhner (von links nach rechts). Saukalt war mir!

team nach Misurina geschickt. Am sechzehnten Tag vermuteten wir, dass die Kletterer bald den Gipfel erreichen würden; wir wussten, dass sie zwei Tage vorher die Reepschnur abgeworfen hatten. Wir überlegten, wie wir die Bergsteiger auf dem Gipfel empfangen konnten, denn diese wichtigen Aufnahmen neben dem Gipfelkreuz waren von sensationeller Bedeutung. Am 26. Januar stiegen wir zum Gipfel der Großen Zinne auf. Ich konnte vom Gipfel etwas absteigen, um die letzten zwei Seillängen der drei Bergsteiger zu filmen. Als Rainer Kauschke, Peter Siegert und Gerd Uhner die letzten Meter zum Gipfel kletterten, stand ich etwas seitlich und filmte den historischen Moment des Gipfelsieges.

In zerlumpten Hosen, gezeichnet von den Anstrengungen der vergangenen siebzehn Tage, standen sie auf dem Gipfel der Großen Zinnne. Uns allen war klar, dass hier eine unglaubliche Leistung voller Willenskraft vollbracht worden war. Horst Siegert, der selbstlose Helfer, der ebenfalls über den Normalweg auf den Gipfel gestiegen war, stand etwas abseits der drei Helden, und in seinen Augen schimmerte es feucht. Er freute sich über den Erfolg seines Bruders. Nach einer halben Stunde auf dem Gipfel verließen wir alle das Gipfelkreuz der Großen Zinne und stiegen auf dem tief verschneiten Normalweg durch die Südwand über vereiste Felsen 600 Höhenmeter hinunter zur Auronzohütte. Auf der Hütte wurde ein Fest im kleinen Kreis gefeiert. Es waren nur Bergsteiger und Bergführer aus der Region anwesend. Noch im kleinen Kreis! Am nächsten Tag, es war warm und sonnig, näherten sie sich dem Misurinasee. Piero Mazzorana eilte ihnen entgegen, und Hunderte von Menschen, die aus Cortina und Toblach und Bruneck und Bozen gekommen waren, nahmen sie in Empfang, klatschten Beifall und umringten die drei Bergsteiger. Man hatte das Gefühl, dass nicht Bergsteiger von einer großen Tour kamen, sondern die Sieger eines Giro d'Italia oder der Olympiade gefeiert wurden.

Als Kameramann beim Fernsehen

1963 fragte mich der Produktionschef des Bayerischen Fernsehens und Leiter des Fernsehstudios von Freimann Helmuth Haselmayer, ob ich Lust hätte, fest angestellter Kameramann bei der Filmproduktion zu werden. Natürlich wollte ich das! War das doch für mich die Gelegenheit, nicht nur bei Bergfilmen, sondern auch in allen anderen Bereichen des Fernsehens die Kamera zu führen. Wir sprachen kurz über das Gehalt, und ich sagte ihm, dass ich an eine Summe von 1200 DM dachte. Das war damals recht viel, aber er war einverstanden. Ich solle das Weitere mit der Personalabteilung abklären. In der Personalabteilung sprach ich später mit dem Personalchef Dr. Fisch. Bei der Gretchenfrage nach dem Geld dachte ich, versuchen kann ich es ja mal, und verlangte freiweg 1400 DM. Zu meinem Erstaunen war er einverstanden. Wir waren uns also einig, und ich wurde fest angestellter Kameramann beim Bayerischen Fernsehen. Als Dr. Oeller, der da schon Fernsehdirektor war, erfuhr, dass sein Kabelträger von damals in seinem Sender fest angestellter Kameramann geworden war, und das in kürzester Zeit – damals waren Assistenten fünf bis acht Jahre bei einem Kameramann, und manche schafften den Sprung zum Filmkameramann überhaupt nicht –, war er gar nicht erfreut, konnte es aber nicht mehr ändern. Lothar Brandler war Kameramann! Mit dem Leiter der Filmproduktion Peter Kaiser kam ich überein, dass ich vornehmlich für nichtalpine Themen zum Einsatz kommen sollte, um alle Sparten kennenzulernen. Meine Idee war, so viel Erfahrung wie möglich auf allen Gebieten des Films sammeln zu können. Einfach war das nicht, denn nun musste ich selbstständig Filmlicht stellen und schwierige Situationen meistern.

Ein typisches Beispiel war das Lichtproblem in einem großen Opernhaus. Die Generalprobe von «Eugen Onegin» im Prinzregententheater mit Hermann Prey und Fritz Wunderlich: Die Duellszene spielte im Morgengrauen, auf der Bühne herrschte eine düstere Stimmung. Um nun wenigstens mit offener Blende filmen zu können, musste das Vorderlicht erhöht werden. Das bedeutete, es musste ein großer Scheinwerfer mit 10 Kilowatt, groß wie ein Fass Oktoberfestbier, von der Straße, wo unser Teamwagen parkte, durch das Foyer in den hinteren Teil des Parketts getragen und ein Anschluss installiert werden, denn die normale Hausleitung mit einer normalen Steckdose war natürlich nicht zu benutzen.

Dieselben Probleme auch in kleineren Theatern wie in der Kleinen Komödie, bei dem Schauspiel «Die Katze auf dem heißen Blechdach» mit Fritz Strassner, oder im Gärtnerplatztheater bei der Oper «Undine» von Albert Lortzing. Dafür gab es andere interessante Geschichten für mich. Die letzte Wahlreise von Konrad Adenauer in Bayern war so eine Arbeit: Acht Tage fuhren wir im Wahlkampftross mit diesem bedeutenden Staatsmann in die großen Städte Bayerns. Ganz besonders spannend war der Wahlkampftag in Würzburg. Adenauer sprach vor der Residenz und wurde auf dem Weg zum Mikrofon stürmisch gefeiert. Ich musste nun Adenauer von vorn und von der Seite filmen und ihn ständig über-

Die erste Besteigung des Regensburger Doms im alpinen Stil war eine Sensation in der historischen Reichsstadt an der Donau – vor allem für die Polizei!

holen. Es ging eng zu, und bei einem meiner Überholvorgänge rempelte ich ihn versehentlich mit der Kamera an. Er schaute verdutzt, aber erkannte mich und ging seelenruhig weiter zum Mikrofon, um zu den Zehntausenden von Menschen zu sprechen.

Lustig war auch eine Sendung über Bademoden für die «Tagesschau» in Hamburg. Wir filmten mit Models im Botanischen Garten in München, und ich bemühte mich, die schönen Bikinis so gut wie möglich in das richtige Bild zu rücken. Dabei muss ich wohl zu sehr die Anatomie meiner Models betont haben, denn die «Tagesschau» sendete diesen Beitrag nicht. So hart und moralisch waren damals die Bräuche beim Fernsehen in Deutschland. Aber nur bei den Beiträgen auf dem Bildschirm – im Sender ging es ganz schön zur Sache.

Ein ganz anderes Kameraerlebnis hatte ich mit der Kunsthistorikerin Frau Dr. Carvin im Haus der Kunst. Ein großer Filmbericht über die französische Malerin Suzanne Valadon und ihren berühmten Sohn Maurice Utrillo war herzustellen. Mehrere Tage erklärte mir Frau Carvin jedes Detail der Bilder, und ich bekam Einblick in die Malerei der beiden berühmten Maler. Es waren große und kleine Filmberichte, und einige Zeit war ich für eine Sendung verantwortlich, die jeden Tag zwei, drei Aktualitäten hatte. Ich war quasi auf Abruf in Bereitschaft und fuhr ganz allein zum jeweiligen Drehort, um diese Aktualität zu filmen. Das konnte ein Autounfall sein oder ein vom Blitz getroffener Viehstall in der Oberpfalz. Oder Herbert von Karajan kam von einer Konzertreise am Flughafen an, und gleich danach stellte die Post eine neue Briefmarke vor. Es ging zur Oktoberfestwiese und am nächsten Tag zu einer Schnauferl-Rallye alter Autos. Immer war was los.

Eine Filmgeschichte habe ich in Erinnerung, die von ganz besonderem Kaliber war. Der Redakteur Werner Widmann, ein Urviech, wie man in Bayern sagt, wollte einen großen Film über die Dombauhütte Regensburg machen. Eine solche Bauhütte gibt es an allen Domen in Europa. Immer ist etwas zu reparieren, und die Abgase der Autos zerfressen die Steine am Dom. So auch am Regensburger Dom, der im oberen Teil eingerüstet war. Wir konnten in luftiger Höhe die Arbeiten beim Auswechseln zerfressener Steine filmen. Gerade der Sandstein ist anfällig für Abgase. Wir filmten natürlich auch im Innern des Doms. Dafür bekamen wir einen Lichtwagen aus München geschickt, mit vielen kleinen und großen Scheinwerfern. Der Beleuchter fragte mich, wo die Scheinwerfer aufgestellt werden sollten. Das war ein Problem für mich: So einen großen Raum wie das Innere des Regensburger Doms hatte ich noch nie ausgeleuchtet. Ich ließ mir nichts anmerken, doch geschwitzt habe ich unter den Augen des Beleuchterprofis ganz gewaltig.

Etwas Besonderes sollte den Film krönen. Helikopteraufnahmen waren damals noch nicht üblich. Also dachte ich mir, der Regensburger Dom schaut sicherlich toll aus, wenn man ihn von ganz oben, also von der Spitze eines Tur-

mes, filmt. Die spitzen Türme, die erst im vorigen Jahrhundert aufgesetzt worden waren, hatten im Innern keine Treppen. Sie waren innen hohl: Wer auf die Spitze wollte, musste lange Leitern in angebrachte Haken hängen und wie ein Dachdecker hinaufsteigen. Das wäre alles zu aufwendig geworden, und so beschloss ich ganz spontan, einen der Domtürme von außen zu besteigen. Ich steckte die Kamera und den Akku in meinen Kletterrucksack, hängte mir mein Bergseil hinten an und kletterte von Krabbe zu Krabbe, das sind die Ornamente an den Seiten der Türme, die wie Krapfen aussehen. Von unten sehen sie ganz klein aus, doch aus der Nähe sind es ganz schöne Brocken, sie stehen etwa 2 Meter auseinander. Kletternd stieg ich nun von Krabbe zu Krabbe hinauf bis zur Spitze des einen Turmes, filmte den gegenüberstehenden Turm und schwenkte dann ganz langsam nach unten. Als ich die Kamera absetzte, sah ich unten eine riesige Menschenmenge, die gestikulierend nach oben schaute. Die Straßenbahn steckte in der Menge fest, und die Autos kamen auch nicht mehr vorwärts. Der Verkehr war zusammengebrochen.

Nicht immer hatten wir Zeit und Muße, um einen größeren Film in aller Ruhe zu realisieren. Meistens ging es sehr hastig zu, und der Sendetermin der Aktualitäten war festgelegt. Nach dem Filmen am Ort ging es nach München. Schnell das Material ins Kopierwerk und gleich auf den Schneidetisch. Ein paar Zeilen Text, dann die Sprachaufnahme und Mischung der Tonbänder, und dann schnell in den elektronischen Abtaster. Das war ein Apparat, in den der Bildstreifen und das perforierte Tonband eingelegt wurden, und wie bei einem Filmprojektor wurden beide in elektrische Schwingungen umgesetzt und dann über die Sender des Landes ausgestrahlt. Natürlich gab es noch einige technische Details, bis der Film über die Bildschirme zu Hause flimmerte. Es waren aufregende Monate und viele anstrengende Tage ohne Eigenleben. Es musste etwas geschehen, und ich sprach mit Heinz Böhmler vom Regionalprogramm, um mich vom aktuellen Dienst ablösen zu lassen. Drei Monate reichten mir.

Man hatte Verständnis für meine Sorgen, und ich wurde wieder in den normalen Kameraalltag eingebunden. Die Dombauhütte in Regensburg oder Bademoden, alles war angesagt, jetzt wieder im Schlepptau eines Reporters. Nach einem Jahr hatte ich genug Erfahrung gesammelt und vor allem keine Lust mehr, auf Reportage zu gehen. Ich hatte alles gesehen, wollte wieder mein eigener Herr und nicht bis an mein Lebensende Kameramann beim Bayerischen Fernsehen sein.

Richard Dill war, nach einem Ausflug zur UNESCO in Paris, für die er in Afrika Fernsehsender aufbaute, wieder in München und sollte mit Professor Hubensteiner als Direktor das Dritte Programm vorbereiten und aufbauen. Es war ein kleines Team. Er fragte mich, ob ich den Eröffnungsfilm für eine Serie von Bergfilmen produzieren könnte. Das war für mich die Gelegenheit, aus dem Vertrag mit der Filmproduktion auszusteigen und wieder selbstständig zu werden. Als

Auftaktfilm vorgesehen war ein Film mit einer Länge von 43 Minuten; an ihn sollten sich zwei Serien von je dreizehn Folgen mit alpinem Inhalt anschließen. «Wandern und Bergsteigen» und «Der Skilauf» sollten sie heißen. Das Einzige, was mich dabei störte: Das Dritte Programm wurde von ganz wenigen Fernsehteilnehmern gesehen, und man hatte fast keine Resonanz vom Publikum. Später wurde dann aus dem Dritten Programm das Bayerische Fernsehen. Das Erste Programm der ARD und das Zweite Deutsche Fernsehen ZDF waren marktbeherrschend und konnten von allen Fernsehteilnehmern im ganzen Bundesgebiet gesehen werden. Für das Dritte Programm wurden gerade erst die Sendeanlagen hergestellt. Planwirtschaft!

Im Sommer 1963 fuhren wir nach Chamonix, um im Montblanc-Gebiet den ersten, längeren Film mit dem Titel «Das Klettern in Fels und Eis» zu realisieren. Ich erinnerte mich an meinen Film «Phänomen Klettern», in dem ich einen Alleingänger gespielt hatte, und beschloss, in dem neuen Film selbst einen Kletterer zu spielen. Irgendwie wurde ich durch die Filme Luis Trenkers inspiriert; es war einfach verführerisch, Regie und Darstellung zu vereinen. Wieder dabei war als Darsteller Winfried Ender, außerdem eine junge Frau aus Nürnberg: Gisela Winter, eine Handballerin, die von mir das Klettern im Fels, das Gehen auf Gletschern und natürlich auch das Klettern im Eis lernen sollte. Alfred Distler, ein versierter Kameramann mit alpiner Erfahrung, wurde von Werner Bittner assistiert, einem der Durchsteiger der Matterhorn-Nordwand im Winter, der die erste Begehung der Eiger-Nordwand mit einer Frau, der Münchnerin Daisy Voog, gemacht hatte.

In der grandiosen Kulisse des Brévent, einer Gebirgskette, die bis auf 2500 Meter Höhe reicht und dem Montblanc-Massiv unmittelbar gegenüberliegt, drehten wir die ersten Szenen mit Gisela im Fels der wunderbaren Granittürme. Mit ihr hatte ich eine gute Wahl getroffen. Wir fuhren für den Film Sommerski auf dem Hochplateau vor der Turiner Hütte, die sich auf der italienischen Seite des Montblanc befindet, und kletterten im Bossonsgletscher an bizarren Eistürmen. Der Höhepunkt des Films sollte eine Besteigung der Rébuffat-Route an der Granitmauer der Aiguille du Midi durch Winfried Ender und mich sein. Gleichzeitig sollte Gisela mit dem berühmten Bergführer Lionel Terray über den wunderbar luftigen Westgrat vom Col du Midi zum Gipfel der Aiguille du Midi steigen. Am Gipfel sollten sich dann beide Seilschaften – so war die Filmidee – treffen.

Für den Film hatten wir uns etwas ganz Besonderes einfallen lassen. Da der Tonmann nicht immer neben dem Kletterer stehen konnte und unser Tonmann Mühlhofer sowieso kein Kletterer war, es sich aber um eine Originalverfilmung mit Originalton handelte, hatten wir das zweite Seil präpariert und seiner Seele beraubt. In jedem Seil befindet sich im umschließenden Mantel ein Kern aus Kunstfaserschnüren. Anstatt des Kerns hatten wir ein Tonkabel durchgezogen; so konnte der Originalton mit bester Qualität aufgenommen werden. Wenn wir nun in schwindelnder Höhe kletterten und Alfred Distler mit einem großen Teleobjektiv eine Großaufnahme von uns filmte, hatte Sigi den Originalton der Kletterer. Immer wieder unterbrach er unsere Filmerei, denn er hörte jedes Flugzeug, das den Montblanc überflog – das Original ist nicht immer das Bessere ... Wir filmten zuerst die Rébuffat-Route und gesondert dann die leichte Kletterei am Westgrat mit Gisela und Lionel. Am Gipfel der Aiguille du Midi, einer spitzen, bizarren Nadel, trafen dann beide Seilschaften zusammen.

Einige Monate nach unserer gemeinsamen Filmarbeit stürzte Lionel in einem Klettergarten bei Grenoble mit einem Touristen tödlich ab. Es war sein letzter Film. Als der Streifen in München fertiggestellt war, meinte Richard Dill, dass man ihn doch 1964 in Trento bei den Filmfestspielen einreichen sollte. So geschah es auch. Da ich aber 1964 in Trento für «Eine europäische Seilschaft» schon den Großen Preis als Sieger der Filmfestspiele erhielt und es nicht üblich war, dass der Preisträger des Großen Preises noch einen zweiten Preis erhielt, wurde von der Jury eine ehrende Erwähnung für den Film «Das Klettern in Fels und Eis» ausgesprochen.

Neben dem Ersten Programm der ARD, der Arbeitsgemeinschaft der Rundfunkanstalten Deutschlands, das die spezifischen Belange und Eigenarten eines jeden Bundeslandes mit eigenen Beiträgen abdeckte, und dem allgemeinen Programm des Zweiten Deutschen Fernsehens ZDF war das Dritte Programm ein reines Länderfernsehen. Aus diesem Grund hatte Bayern eine Bergsteigersendung. Die Vorbereitung der Serien für das Dritte Programm machte viel Arbeit.

Jede der Serien musste moderiert werden. Das wurde dann im Studio elektronisch aufgezeichnet. Die vorbereiteten Filme wurden zugespielt. Für die Serie «Wandern und Bergsteigen» sollte über einen Zeitraum von dreizehn Folgen, vom Wandern zu Beginn bis zum extremen Klettern in der letzten Folge, der Zuschauer in die Technik des Bergsteigens eingeführt werden. In jeder Folge war zusätzlich die Besteigung eines Berges eingebaut, um das etwas trockene Thema aufzulockern und auch das Schöne am Bergsteigen zu zeigen. Moderieren – das war etwas Neues für mich. Ich wagte den Sprung ins kalte Wasser und moderierte alle Folgen selbst. Als mein verantwortlicher Redakteur Richard Dill die ersten Folgen gesehen hatte, gab er mir grünes Licht für die weitere Moderation der Serie und für die Fertigstellung der anderen Folgen. Nun hatte ich aber einen Produktionsvertrag und bekam nur eine kleine Produktionssumme für alle Folgen. Da musste sehr gespart werden. Je kleiner das Team, umso unkomplizierter die Arbeit, dachte ich, und so hatte auch der Geldmangel etwas Gutes. Wochen der Arbeit im Studio und am Schneidetisch folgten. Dann waren alle einzelnen Teile der Serie abgenommen und für gut befunden.

Die Sendung der ersten Serie war ein Erfolg. Wenn auch nur eine Minderheit in Bayern in der Lage war, das Dritte Programm zu empfangen, so hatten wir doch

Einmal wieder Hauptdarsteller sein: in der Rébuffat-Route an der Südwand der Aiguille du Midi für den Film «Das Klettern in Fels und Eis». Mit diesem Film startete 1964 die Bergsteigersendung im Dritten Programm des Bayerischen Fernsehens.

Heidi Mittermaier demonstrierte in der Fernsehserie «Der Skilauf» die Funktion von Steigfellen und einem Minilift. Was es nicht schon alles gab!

Rechte Seite:
Die Berg- und Skiserien mussten moderiert werden – eine neue Tätigkeit, die mir viel Freude machte (oben). Sie ermöglichte mir auch, im Studio Klettertechniken wie das Kaminklettern oder das Abseilen zu demonstrieren (unten links und rechts).

die Gewissheit, dass wir in Zukunft, wenn die Sendemöglichkeiten besser wurden, ein treues Publikum bekommen würden. Das war die Geburtsstunde der ersten Bergsteigersendung der Welt. Auch die zweite Serie über den Skilauf machte in der Herstellung keine Komplikationen. In den Ammergauer Bergen filmten wir die Grundbegriffe des Skilaufs und in der Skiarena Bernina die Folgen Parallelschwung bis zum Rennskilauf. In jeder Folge war eine Skitour auf einen Berg zu sehen, die Moderation der Folgen machte der Skijournalist Friedl List. Zwei der besten Skilehrer Bayerns, Fred Lehmann und Karl Bildstein, waren die Skilehrer, welche die Übungen des Skilehrplans demonstrierten; für die Demonstration des Rennskilaufs waren Hannelore Heckmair, eine Nichte des legendären Anderl Heckmair, und Richard Maier zuständig. Bei einigen Details demonstrierte Heidi Mittermaier, die Schwester von Rosi Mittermaier. Am meisten profitierte ich vom ständigen Skifahren mit den Profis, denn ich lernte endlich richtig gut Ski fahren und dabei auch die Technik des Rennskilaufs. Diesmal zeichneten wir die Moderation auf 16-Millimeter-Film auf und konnten damit auf die aufwendige Technik des Studios verzichten. Friedl List brauchte allerdings für das Reden vor der Kamera etwas Ölung.

Mein erster eigener Film fürs Kino

Der Film «Zwei Wege – ein Gipfel» sollte, so hatte man mir zugetragen, in Trento bei den Filmfestspielen als ein Film von Luis Trenker laufen. Von dem hatte ich nichts mehr gehört. Meine Idee war, meinem eigenen Film, denn das war der Film «Zwei Wege – ein Gipfel» ganz sicher, Konkurrenz zu machen und in Trento einen selbst produzierten Film zu präsentieren. Ich hatte auch schon eine Idee. Ein Journalist aus Genf – Guido Tonella – hatte in den Fünfzigerjahren einen großen Gedanken populär gemacht: die europäische Seilschaft. In den Wirren der Nachkriegszeit wollte Guido Tonella zur Freundschaft zwischen den Bergsteigern aller Nationen aufrufen. Immer wieder brachte er diesen Gedanken unter den Bergsteigern Europas zur Sprache, besonders in Trento. Dort erzählte er mir von seiner Vision. Dieser Gedanke Guido Tonellas war das Leitmotiv des geplanten Films. Spielen sollte der Streifen in der Direttissima der Großen-Zinne-Nordwand. Die Story ging so: Ein französischer Bergsteiger wartet auf der Drei-Zinnen-Hütte auf seinen Partner aus Paris, der aber durch sein Studium verhindert ist und nicht kommen kann. Der Hüttenwirt des Rifugio Locatelli, Bepi Reider, bringt den Franzosen mit einem deutschen Kletterer, der auch allein auf der Hütte ist, zusammen, und diese beiden beschließen, die Direttissima zu durchsteigen. Gleichzeitig hat sich ein Italiener für einen Alleingang in der Zinnenwand ein Nachtlager am Paternsattel gemacht und wartet auf den kommenden Morgen. Am Wandfuß treffen der Franzose und der Deutsche auf diesen italienischen Kletterer aus Belluno. Der Franzose Pierre macht den Vorschlag, doch gemeinsam diese Route zu klettern. Sie durchsteigen mit zwei Biwaks die Wand und erreichen als eine europäische Seilschaft den Gipfel der Großen Zinne. Das ist mit kurzen Worten die Geschichte.

Die Schwierigkeit an dem Film war, dass bisher noch nie in einer solchen Wand ein Film im Kinoformat gedreht worden war. Immerhin galt die Direttissima in der Nordwand der Großen Zinne als die schwerste Kletterei in den Alpen. Meine Darsteller hatte ich mir aus meinem alpinen Bekanntenkreis gesucht. Es war mir klar, dass nur die Besten der Besten in Frage kamen. Den Franzosen spielte Pierre Mazeaud, Erstdurchsteiger der Franzosenführe an der Westlichen Zinne von 1959 und bekannter Politiker in Paris. Der Italiener, Roberto Sorgato aus Belluno, war Diplomkaufmann und einer der besten Kletterer in den Dolomiten, und mein Freund Winfried Ender aus Dresden war Zimmermann und war mit mir schon 1963 die Direttissima in der Nordwand geklettert. Meine Filmmannschaft bestand aus meinem ständigen Assistenten Lothar Koßmehl, ein sächsischer Kletterer, der schon die Serien «Wandern und Bergsteigen» und «Der Skilauf» mit mir gedreht hatte, außerdem auch das Bühnenbild im Studio und die Titelgrafik. Der zweite Assistent war Werner Bittner, der dritte Gerd Uhner. Werner und Gerd sollten mich in der Wand begleiten, Lothar war für das Geschehen am Wandfuß zuständig. Ihm zur Seite stand Wulf Scheffler. Der Film sollte im Kinoformat, also

1

2

3

4

6

7

8

9

Legenden zu den Farbtafeln

1 Der Falkenstein ist der Hauptgipfel im Elbsandsteingebirge. Mehr als neunzig Kletterrouten befinden sich an diesem monumentalen Felsen mit seinen 90 Meter Höhe; vom Schwierigkeitsgrad III bis XI sollte für jeden Kletterer eine geeignete Route zu finden sein.

2 Im Winter hat das Elbsandsteingebirge einen eigenen Reiz. Am Hohen Torstein sind die Bäume bizarr eingeeist, die Felsen wirken wie antike Burgen.

3 Die Felsenspitze der Brosinnadel in den Affensteinen ist einer der am häufigsten bestiegenen Gipfel der Sächsischen Schweiz.

4 Das große Dach an der 2283 Meter hohen Hinteren Karlspitze im Wilden Kaiser, das für den Spielfilm «Entscheidung im Wilden Kaiser» erstbegangen wurde, hat etwas Gewaltiges und war für die Filmmannschaft am Berg eine Herausforderung.

5 Die Drei Zinnen sind seit mehr als hundert Jahren Schauplatz alpiner Geschichte. An ihnen wurde der sechste Schwierigkeitsgrad geboren, an ihnen wurde im Ersten Weltkrieg aber auch erbittert gekämpft.

6 Roberto Sorgato nahm für den Kinofilm «Eine europäische Seilschaft» am ersten Biwakplatz der Direttissima das große Kamerastativ in Empfang.

7 In der Großen Zinne, der damals schwersten Kletterwand der Welt, wurde zum ersten Mal in der Geschichte des alpinen Films auf 35-Millimeter-Kinofilm gedreht, mit nur einer Kamera und ohne installierte Fixseile. Eine ehrliche alpinistische Arbeit unter extremen Bedingungen, bei der das Kamerateam dieselbe Leistung bringen musste wie die gefilmten Extremkletterer.

8 Entspannung machte sich breit, als wir uns dem Gipfel des Walkerpfeilers näherten. Unter mir das zerrissene Spaltenlabyrinth des Leschauxgletschers.

9 Skifahren auf dem oberen Mer de Glace für den abendfüllenden Kinofilm «Sensation Alpen». Im Hintergrund sind die Grandes Jorasses und der Dent du Géant zu erkennen.

← von links Wino, Aline, L.K.

Mit zwei Mulis der Zinnenhütte transportierten wir das Filmmaterial zur Hütte. Werner Bittner war nicht nur ein guter Kameraassistent, sondern auch ein fürsorglicher Mulitreiber.

auf 35-Millimeter-Farbmaterial und in Breitwand, hergestellt und im Kino gezeigt werden, vor allem aber natürlich bei den Filmfestspielen in Trento zu sehen sein.

Unsere große Menge an Ausrüstung holten wir mit zwei Maultieren, die normalerweise den Proviant der Hütte trugen, von der Auronzohütte über den 2454 Meter hohen Paternsattel bis zur Zinnenhütte. Wieder war eine 300 Meter lange Reepschnur zum Transport von Kamera, Stativ und Biwakmaterial dabei. Zusätzlich sollte noch mit einer kleinen 16-Millimeter-Handkamera ein Film über die Herstellung des großen Farbfilms gedreht werden. Diesen Film sollte Lothar Koßmehl machen, und ich wollte extra für diesen Werksfilm die kleine 16-Millimeter-Kamera an der Reepschnur nach oben ziehen und zusätzlich die Arbeit in der Wand filmen. Auch Werner Bittner filmte mich mit dieser Kamera.

Es handelte sich nun bei meinem Film aber nicht um einen Dokumentarfilm, sondern um einen Spielfilm. Dabei war es nicht so wichtig, wie lang er war. Es ist eine vorgefasste Meinung, dass nur ein abendfüllender Film von etwa 100 Minuten Länge ein Spielfilm ist. Wichtig ist immer der Ausgangspunkt einer Geschichte. Filme ich einfach nur das, was sich ergibt, so ist es ein Dokumentarfilm. Verfolge ich aber eine Geschichte mit einem vorgegebenen Thema, so ist es ein Spielfilm. Da in der Wand keine zentnerschwere Tonkamera bewegt werden konnte, also eine Kamera, die lautlos lief, mussten, um die wichtigen Dialoge der Bergsteiger, die ja jetzt Schauspieler waren, im Originalton zu erhalten, alle Szenen noch einmal an Ort und Stelle nachgespielt werden – und zwar an derselben Stelle, wo gerade gefilmt wurde, nur dass diesmal statt mit der Kamera mit dem Tongerät aufgenommen wurde. Dies geschah dann bis zu zehnmal, um das nötige Tonmaterial zum Anlegen der Dialoge an den Bildstreifen zu bekommen. Es war wichtig, dass so viel Tonmaterial zusammenkam, damit dann die Dialoge lippensynchron an den Filmstreifen angelegt werden konnten. Das klingt kompliziert, aber es ist nur eine Frage der Erfahrung, bis es funktioniert. Das ist aber auch der Grund, weshalb noch nie eine amerikanische Spielfilmproduktion einen echten alpinen Film in einer großen Wand wie der Eiger-Nordwand gefilmt hat. Erfahrung und nochmals Erfahrung ist das Geheimnis.

Alles war vorbereitet, und wir konnten mit dem Filmen beginnen. Erst filmten wir alle Szenen, die im Bereich der Hütte lagen, um uns an die kommende Arbeit in der Wand zu gewöhnen und uns vor allem besser kennenzulernen. Diese Szenen waren eigentlich unkompliziert und bald abgedreht. Wir warteten auf beständiges Wetter und stiegen dann an einem frühen Morgen in die Wand ein. Wir wussten, dass die Dreharbeiten viele Tage in Anspruch nehmen würden, wollten aber am ersten Tag bis zum ersten Biwakplatz auf dem Band unter den Dächern kommen. Doch meine Bodenmannschaft hatte die lange Reepschnur nicht ausgelegt, sondern die Rolle, auf der die 300 Meter aufgerollt waren, einfach aufrecht hingestellt. Wer nun schon einmal mit einer Rolle Garn zu tun gehabt hat, weiß, dass ein Überschlagen der Schnur damit unvermeidbar ist und sich dann ein

Filmaufnahmen zum Kinofilm «Eine europäische Seilschaft» (oben und unten).

Krangel an den anderen reiht. Ich merkte es erst, als wir schon in der fünften Seillänge waren und das Fiasko nicht mehr aufzuhalten war. Wir mussten vor dem großen Quergang biwakieren, und unsere Darsteller und die Filmmannschaft waren auf drei Seillängen verteilt. Die Reepschnur war bei mir am Kamerastandpunkt, und ich begann am Abend, sie zu entwirren. Mit einem Messer zerteilte ich sie in 20 bis 30 Meter lange Stücke und ließ diese nach unten hängen, um die Krangel zu entfernen. Dann knotete ich die Stücke wieder aneinander und ließ erneut die Reepschnur nach unten bis zur Bodenmannschaft. Das dauerte! Dann begann ich – es war in der Zwischenzeit schon dunkel – die Rucksäcke mit dem Biwakmaterial und dem Essen aufzuziehen und mittels der Reepschnur und Seilverbindung an meine Mannschaft und die Darsteller zu verteilen. Diese warteten geduldig auf ihr Essen, und als ich alle mit Proviant versorgt hatte, trank ich eine Flasche Tee und rutschte wortlos in meiner Hängematte zusammen. Ich war wie tot. Das war ein schlimmer Auftakt der Dreharbeiten. Den Amerikanern wäre das allerdings nicht passiert, die hätten die Große-Zinne-Nordwand in einem Studio nachgebaut. Stückweise!

Morgenstund hat Gold im Mund, sagt man, aber für mich bedeutete die Morgensonne nochmals das Aufziehen für das Frühstück mittels der Reepschnur. Am folgenden Tag filmten wir nicht, sondern kletterten erst einmal bis zum ersten Biwakband. Das Morgenlicht vertrug sich sowieso nicht mit dem Licht der bereits gedrehten Szenen. Als wir alle auf dem Biwakband versammelt waren, zogen wir das große Stativ und frisch eingelegte Kassetten nach oben. An dem Tag filmten wir die Szenen für das erste Biwak in der Wand.

Die großen Dächer über uns stellten die nächste große Aufgabe dar. Hier musste ich schauen, dass ich von möglichst vielen Positionen filmen konnte. Die gewaltigen Dächer waren das A und O des Films. Werner Bittner und Gerd Uhner waren hier meine beste Stütze, da sie die Wand vom eigenen Erleben her kannten und mir somit harte Arbeit abnehmen konnten. Sie durften, so wie ich auch, nicht an das schwierige Klettern denken, sondern nur an den Film. Wenn ich erst zu denken begann, wie schwer ich es doch mit der Bewältigung der Wand hatte, dann brauchte ich gar nicht erst anfangen zu filmen. Pierre Mazeaud schrieb darüber später in seinem Buch «Schritte himmelwärts»: «Vierter Tag. Wir verlassen unsere angenehme Terrasse und begeben uns wieder in die Überhänge. Wir bestaunen Lothars Begabung für eindrucksvolles Filmen. Er lässt sich von den Überhängen herunterhängen und filmt aus dem Leeren das Vorwärtskommen der Kletterer, einige Meter hinter ihnen. Gerds und Werners Geschicklichkeit braucht nicht mehr unter Beweis gestellt zu werden. Sie erlauben ihrem Chef auch die unwahrscheinlichsten Manöver. Ich denke an die eindrucksvolle Stelle im Film, wo Roberto in seinen Steigleitern schaukelt. Man weiß nicht recht, ob er im Leeren hängt, was doch tatsächlich der Fall ist, oder im Wasser. Die Kamera erfasst die Szenen auf phänomenale Art und Weise, Brandlers Werk.»

Werner Bittner hatte neben der Arbeit an der großen Kinokamera auch den Part als Kameramann für einen Werksfilm für das Bayerische Fernsehen übernommen und filmte mich mit einer 16-Millimeter-Bolex-Handkamera.

Rechte Seite:
Für die Wandtotale filmten wir vom Comiciblock der Alten Nordwand die Seilschaft Ender, Mazeaud und Sorgato.

Noch hingen wir in den Dächern und Überhängen und filmten. Wo es ging, filmten Werner Bittner und ich noch mit der 16-Millimeter-Kamera meine und seine Arbeit, und der Ton musste auch noch aufgenommen werden. Am dritten Tag in der Wand, ich hing an einem gebohrten Haken rechts von einem Dach, etwa 6 Meter von meinen Darstellern entfernt, und filmte einen Schwenk von Pierre Mazeaud am Standplatz nach unten, wo sich Roberto im Aufstieg befand, da machte es einen kleinen Schepperer, und das Kompendium mit dem wichtigen Kodak-Wrattenfilter 85B löste sich von der Kamera. Es verschwand auf Nimmerwiedersehen in die Tiefe Richtung Wandfuß und zerschmetterte im Kar. Erst einmal schaute ich dem Ding sprachlos nach, dann schimpfte ich laut und anhaltend über die Tücke des Kompendiums, verfluchte die Technik der Kamera und vor allem meine Dummheit, nicht jedes bewegliche Teil an der Kamera mit einer Schnur abgesichert zu haben. Nun war guter Rat teuer. Ohne Filter keine Aufnahme! Also musste ein neues Kompendium und ein neuer Filter her. Mein Assistent Lothar Koßmehl musste schnellstens nach München fahren, um diese Teile bei Arri im Kamerapool zu holen. In Cortina war so etwas auf keinen Fall zu bekommen. Es war Freitagnachmittag, als es passierte, und die Firma Arri hatte erst am Montag wieder offen. Wir konnten also nicht vor Montagnachmittag mit Filter und Kompendium rechnen. So saßen wir auf dem Biwakband fest. Dank der Reepschnur und damit unserer Verbindung nach unten waren es lustige Tage auf dem Band, mit gutem Essen, Bier und Wein.

Am Montagabend hörten wir abends Lothar Koßmehl am Wandfuß rufen. Wir hatten unsere Kamera wieder komplett und zogen die wichtigen Teile nach

L.K.!

L. Koßmehl

Mein Ziel war erreicht. Für den Film «Eine europäische Seilschaft» bekam ich zum ersten Mal den Großen Preis «Città di Trento» als Sieger der gesamten Filmfestspiele.

oben. Es konnte wieder losgehen. Am nächsten Vormittag filmten wir in den Dächern und in der überhängenden Seillänge weiter. Eine letzte Kassette mit belichtetem Film schickten wir nach unten, und da wir schon weit oben in der Wand waren und erst nach deren Durchsteigung die restlichen Gipfelaufnahmen machen wollten, verabschiedeten wir uns von unseren Darstellern und machten in einer Gewaltkletterei, in der Gerd Uhner führte und Werner Bittner und ich zur gleichen Zeit nachkletterten, die Wandstrecke bis zum großen Ringband in wenigen Stunden. Mit dem letzten Büchsenlicht erreichten wir die Hütte und sahen von dort – ein Glas Bier in der Hand –, wie unsere Darsteller auf dem zweiten Biwakband, wo sich das Wandbuch befindet, ihr Biwak aufschlugen. Spät am Nachmittag des nächsten Tages kamen auch unsere Darsteller Pierre, Roberto und Winfried zur Drei-Zinnen-Hütte, und wir waren alle wieder vereint. Für die Gipfelaufnahmen stiegen wir noch einmal zum Zinnengipfel auf und drehten den Gipfelsieg der «europäischen Seilschaft». Um auch Wandtotalen von unten zu bekommen, stiegen Pierre, Roberto und Winfried noch einmal mehrere Seillängen in die Wand und ich mit Gerd und Werner in die klassische Comici-Route.

Der fertige Film wurde dann von mir mit einem italienischen Kommentar versehen und zu den Filmfestspielen nach Trento geschickt. Ende September fand ich mich in Trento bei der Festwoche ein, und auch Pierre Mazeaud und Roberto Sorgato waren gekommen. Als am Samstag, am Ende der Festspiele, der Schweizer Guido Tonella, der als Vertreter der UIAA – des internationalen Verbands der Alpenvereine – in der Jury saß, mir sagte, dass ich sehr zufrieden sein konnte mit dem Ergebnis der Jury, wusste ich, dass ich einen Preis gewonnen hatte.

Am Abend dann, in der Oper von Trento, wurde der Sieger der Filmfestspiele 1964 verkündet: Der Große Preis «Città di Trento» als Gesamtsieger der Filmfestspiele ging an meinen Film «Eine europäische Seilschaft». Pierre Mazeaud rief ganz aufgeregt aus seiner Loge «Bravo Lothar!», und ich war in dem Moment der glücklichste Mensch im ganzen Opernhaus. Pierre Mazeaud schrieb darüber in seinem Buch: «Später, bei der Übergabe des ersten Preises bei den Filmfestspielen von Trento, sagt mein Freund Luc Moullet, Redakteur bei den bekannten ‹Cahiers du Cinéma›, zu mir: ‹Orson [Welles] könnte wahrlich neidisch sein. Noch nie konnten derartige Großaufnahmen gefilmt werden.› Und das nicht ohne Grund, denn Lothar hängt im Leeren unter den Überhängen, während er

Meine Filmstars aus «Eine europäische Seilschaft»: Pierre Mazeaud, Roberto Sorgato und Winfried Ender.

filmt. So bannt er die Kletterer, die Wand und teilweise den mehrere Hundert Meter tiefer liegenden Einstieg gleichzeitig auf den Film. Die Kletterer scheinen zu fliegen.»

Pierre Mazeaud machte mir mit diesen Zeilen in seinem Buch ein riesiges Kompliment. Im folgenden Jahr bekam der Film noch den Deutschen Bundesfilmpreis und den Französischen Staatspreis. Zu sehen war er dann Monate später als Beifilm zum Karl-May-Film «Unter Geiern», und ich musste froh sein, dass die Constantin Film in München ihn kaufte – aber erst, als er das Prädikat «besonders wertvoll» der Filmbewertungsstelle der Länder in Wiesbaden erhalten hatte. Als der Film dann in München im Mathäser Filmpalast lief und die Premiere von «Unter Geiern» war – die Constantin Film hatte eigens ein kleines Plakat für meinen Beifilm anfertigen lassen –, hatte ich, als mein Film «Eine europäische Seilschaft» gelaufen war, rauschenden Beifall. Wie üblich bei Premieren, wurde anschließend in einem großen Hotel, dem Bayerischen Hof, gefeiert. Mich hatte man nicht eingeladen. War ja nur ein Beifilm, ein Film für die Steuerermäßigung.

Monate später, als ich den Bundesfilmpreis in Empfang nahm und mich gerade verabschieden wollte, sprach mich einer der anwesenden Gäste an und gab mir seine Visitenkarte, mit der Bitte, dass ich ihn einmal in Inning am Ammersee besuchen solle. Sein Vater sei Filmproduzent und ein bekannter Tierfilmer und habe ein Spielfilmstudio in Inning. So lernte ich einige Tage später Hubert Schonger kennen – ein Pionier des Tier- und Kulturfilms und der erste Produzent, der nach dem Krieg wieder Spielfilme drehen durfte. Vom Reichspropagandaminister Goebbels hatte er während der Nazizeit Arbeitsverbot erhalten. Mir waren seine Kinder- und Märchenfilme ein Begriff, und manche Stunde hatte ich in München Spielfilme gesehen, bei denen im Vorspann eine Filmschleife in der Form eines Violinschlüssels zu sehen war und der Text «Schongerfilm zeigt:». Diesem Hubert Schonger saß ich nun gegenüber, und er erzählte mir seinen Werdegang als Filmemacher mit all seinen Erfolgen und Fehlschlägen. Ich war fasziniert von dem älteren Herrn – immerhin war er schon 75 Jahre alt –, und wir stellten im Gespräch fest, dass wir beide am 19. Oktober geboren waren. Wenn das kein gutes Omen war! Eine lange Zusammenarbeit sollte sich später daraus ergeben.

Das Fazit, das ich aus meinem Ausflug in das Filmgewerbe zog, war: nie mehr einen Beifilm für das Kino! Für die Verleiher bist du nur derjenige, der für die Steuerermäßigung des Hauptfilms zu sorgen hat, mit einem Beifilm, der das Prädikat «besonders wertvoll» von der Filmbewertungsstelle der Länder erhalten hat. Ansonsten wirst du noch von obskuren Filmhändlern über den Tisch gezogen und bekommst nicht einmal einen Bruchteil dessen an Bezahlung, was dir der Film gekostet hat. Diese Filmhändler sind im Schatten der großen Verleiher als Tochtergesellschaften getarnt und haben keinen anderen Sinn, als Prädikatfilme aufzukaufen, um sie dann den schlechten Spielfilmen beizugeben.

Sensation Alpen: Die große Leinwand lockt

Ein neuerlicher Besuch bei Hubert Schonger in Inning. Er zeigte mir sein Studio und die Ateliers, wo Spielfilme geschnitten und synchronisiert wurden. Dabei sprachen wir über ein gemeinsames Projekt, das wir verwirklichen wollten. Mir schwebte schon lange ein abendfüllender Dokumentarfilm über die Alpen vor, aber als Hauptprogramm und nicht als Beifilm. Der Inhalt: Fast alle sportlichen Möglichkeiten, die in den Bergen betrieben werden können, sollten in einem Farb- und Breitwandfilm gezeigt werden. Der Grundgedanke für den Film «Sensation Alpen» war geboren. Die kaufmännische Seite sollte von der Schongerfilm übernommen werden. Für die Arbeit am Film und die Gestaltung war ich zuständig. Auch die Auswahl der Mitarbeiter überließ mir Hubert Schonger. Als ständigen Assistenten für diesen Film gewann ich Werner Bittner.

Zuerst wurden Material und Kamera getestet, denn gerade die Wahl des Materials war überaus wichtig. Nicht das billige deutsche Material, das wir angeboten bekamen, konnte eine gute Qualität gewährleisten, sondern nur das beste Material, das auf dem Weltmarkt zu haben war, garantierte die nötige Bildqualität für so einen dokumentarischen Kinofilm. Für einen Dokumentarfilm im Kino hat immer die Bildqualität erste Priorität. Bei einem normalen Spielfilm, in dem die dramaturgische Spannung ausschlaggebend ist, kann man Abstriche in der Farbqualität hinnehmen und auch verkraften. So wurde in den Fünfziger- und Sechzigerjahren sehr viel auf deutschem und italienischem Negativmaterial gearbeitet; wenn diese Filme jetzt von Zeit zu Zeit im Fernsehen zu sehen sind, sieht man die Härte der Farben und die fehlende Ausgeglichenheit in den Kopien. Damals war es eine Kostenfrage! Mein Film sollte also auf dem besten Negativmaterial, das zu haben war, hergestellt werden. Hubert Schonger war einverstanden, obwohl er es auch gern gesehen hätte, wenn ich deutsches Negativmaterial benutzt hätte. Er war ein sparsamer Mann. Ein Vergleichstest der Materialien im Gebirge und bei Schnee überzeugte ihn schließlich. So konnte also begonnen werden.

Drehbeginn war im Winter mit den Themen Skilauf und Skispringen. Mein Assistent Werner Bittner und ich waren ein Miniteam. Wir konnten die großen, berühmten Skirennen besuchen und zu zweit ungehindert filmen. Lauberhornrennen in der Schweiz, Hahnenkammrennen in Österreich, Abfahrtsrennen in Gröden waren die Stationen im Rennskilauf, Skifliegen in Planica, im damaligen Jugoslawien, für den Sprunglauf.

Für den Tourenskilauf wählten wir die «Haute Route» von Chamonix im Montblanc-Gebiet bis nach Zermatt im schweizerischen Wallis, eine Skihochtour über 200 Kilometer, vorbei an den höchsten Bergen der französischen und Schweizer Alpen. Meine Darsteller waren Sabine Reuter, die gerade bei der «Süddeutschen Zeitung» volontierte und schon in mehreren Skifilmen mitgewirkt hatte, und der Skilehrer Thomas Messmer, aus Lenggries dann noch Richard Langenberger, ein Sportartikelverkäufer und mein Darsteller in der Fernsehserie «Die Westalpen». Neben Werner Bittner hatte ich noch den Bergsteiger Karl Hönig dabei, der für das Stativ zuständig war und einfach nur «buckeln» sollte. In Chamonix warteten wir erst einmal eine Woche auf gutes Wetter. Das ist ja auch eine Eigenheit des alpinen Films: Immer muss man auf das passende Wetter warten. Aber dann ging es richtig los: von Argentière, einem kleinen Wintersportort neben Chamonix, hinauf zur Aiguille Verte, vorbei an der Cabane du Trient und mit Ski hinunter bis nach Champex im Wallis. Das hört sich sehr kurz an, ist aber eine gewaltige Strecke. Weiter von Bourg-St-Pierre zur Vignetteshütte und über den Col de Valpelline und dann vorbei am Matterhorn nach Zermatt. Klingt wieder ganz kurz, hat aber seine Tücken. Das Plateau du Couloir ist im Winter sehr schwer zu erreichen, es führt nur eine steile Eiswand hinauf. Also braucht man eine gehörige Portion alpine Erfahrung. Dann muss man auf die verschneiten Spalten auf den Gletschern achten, und am Otemmagletscher, der sich über 11 Kilometer zur Vignetteshütte hinaufzieht, ist man froh, wenn man bei Nebel einen Kompass hat. Wir hatten ihn nicht und gingen einmal im Kreis. Das klingt ganz flott, es sind aber doch fast 120 Kilometer Strecke mit Ski, Proviant im Rucksack, Steigeisen und Pickel und dazu das Kameragepäck. Filmisch brauchten wir vierzehn Tage bis nach Zermatt. Da ich schon Jahre davor für das Bayerische Fernsehen die «Haute Route» einmal verfilmt hatte, und zwar komplett, kannte ich diese Strecke gut.

L.B. führt Regie v.l. Ich, Aline, Wino
Lothar (ich) kannst Du noch ein Stück nach links treten. Erst bei

Die großen Spalten auf dem Mer de Glace ließen uns bei dem Gedanken an unbeschwertes Skifahren ein wenig frösteln.

ohne alpine Ausrüstung, sind wir im Spätsommer das Mer de Glace abgefahren. Wahnsinn!!!

Abschluss des Filmteils über die «Haute Route» war die Besteigung des Monte Rosa. Bei schönstem Wetter flogen wir diesmal von Sion mit einer viersitzigen Maschine zum oberen Grenzgletscher, unterhalb der Capanna Margherita, der kleinen Hütte, die auf dem Gipfel der Signalkuppe auf 4554 Metern steht. Es ist die höchstgelegene Hütte der Alpen. Der Pilot der Maschine, Ernest Banjou, wählte beim Anflug auf den Gletscher das Landemanöver etwas zu tief und bemerkte den Fehler erst, als die Maschine zu tief auf dem unteren Teil des Gletschers stand. Mit heulenden Motoren und Propellern und kräftigem Schieben von hinten versuchten wir den Vogel nach oben zu schieben, bis uns der Atem wegblieb – der Schneestaub, den der Propeller aufwirbelte, ging in die Lunge, und wir standen hustend auf dem Gletscher. So manövrierte Pilot Banjou die Maschine höher und höher, bis er endlich genug Startstrecke zur Verfügung hatte, um mit seinem Vogel gen Sion abheben zu können. Wir, noch ganz außer Atem, steckten die Ski in den Schnee und stiegen die restlichen steilen Höhenmeter zum 4634 Meter hohen Gipfel des Monte Rosa empor. Das filmenderweise und in Abschnitten, einmal von der Seite und einmal von vorn, dann wieder von hinten. Vom Gipfel hatten wir einen gewaltigen Rundblick. Wir filmten die schönste

…twickeln sah ich diese Riesenspalte. Da holt Dich niemand mehr raus. um Ø 200 m Kluft

Um beim Filmen ruhige Bildstabilität zu haben, war ein Stativ unverzichtbar. Beim Transportieren war es allerdings oft lästig.

Landschaft mit Dom, Matterhorn und Castor und Pollux und stiegen dann schnell wieder ab, denn es blies ein eiskalter Wind von unten über die steile Ostwand bis hinauf zum Gipfel der Dufourspitze. Wieder auf dem Gletscher, filmten wir die rasante Abfahrt über den Gornergletscher bis hinunter nach Zermatt. Endlos lang, aber schön. Im späteren Film war die gesamte «Haute Route» nur ein Teil von gerade mal 14 Minuten, war aber sicher einer der Höhepunkte des Films «Sensation Alpen».

Die Bergwacht durfte in diesem Film über die Alpen natürlich nicht fehlen. Ich wollte aber nicht einfach so eine Bergung eines Touristen mit gebrochenem Bein filmen, sondern etwas Modernes und Spektakuläres. Zwischen Wettersteingebirge und Karwendel liegt Mittenwald, und dort am Luttensee befand sich die Heereskampfschule der Bundeswehr. Mit einer Hubschrauberstaffel machten sie gewagte Bergungsaktionen, wenn Not am Mann war, und holten verunglückte Kletterer aus steilen Felswänden. Für die «Tagesschau» hatte ich schon einmal eine solche Bergwachtübung mit einem Helikopter gefilmt, und es hatte mich sehr beeindruckt, wie nahe sich die Piloten an die Wand manövrierten. Damals ließ ich mich selbst, am Stahlseil hängend, aus einer Felswand bergen und filmte

Abenteuerlich waren Filmaufnahmen am Stahlseil der Bergwacht. Alles drehte und bewegte sich, der Helikopter, der Bergwachtmann, die Kamera und die Berge begannen zu tanzen ...

dabei. Diesmal wollte ich das Gleiche mit der Kinokamera aufnehmen und brauchte dafür nicht einen, sondern zwei Helikopter. Mit dem General, dem die Heereskampfschule unterstand, wurde ich schnell einig. Die Bundeswehr stellte mir für diesen Teil meines Films zwei Hubschrauber zur Verfügung. Drehort sollte im Oberreintal sein, wo auch die Heeresbergführerausbildung stattfand. Auf diese Weise konnte der Filmeinsatz gleich als Übung gewertet werden.

Warum zwei Helikopter? Ich wollte zum einen selbst am Stahlseil hängen, also die subjektive Kamera sein, zum anderen aber von einem anderen Helikopter aus den Einsatz des Bergungshelikopters filmen. Im ersten Helikopter, ganz hinten auf der Bank, saß ich nun mit meiner Kamera. Von mir weg ging das Stahlseil zur Winde, die sich über der Einstiegsluke befand. Diese war offen. Auf das Kommando des Soldaten an der Tür schaltete ich die Kamera ein, wurde kräftig von der Seilwinde angezogen und mit Schwung aus dem Helikopter geschleudert. Als ich hinauspendelte, ließ der Soldat an der Seilwinde dieses Stahlseil mittels des Bremshebels locker, und ich fiel im freien Fall etwa 5 Meter nach unten. Die Kamera war eingeschaltet, und daher begann ich mich in der Luft zu drehen. Die Berge kreisten um mich, über mir der Helikopter ebenfalls. Da ich die Hände an der Kamera hatte, konnte ich auch nicht mit einer Hand das Drehen bremsen. Alles war so, wie ein Retter es empfindet, wenn er in einer Felswand abgesetzt wird. Wir befanden uns mit dem Helikopter über dem Oberreintalturm, und ich hatte etwa 300 Meter Luft unter mir. Später, im April 1988, sagte Otto Guggenbichler in einem Interview mit dem alpinen Magazin «Der Bergsteiger»: «Brandler hat eine sensationelle Kameraführung, da fangen die Berge zu tanzen an. Das hat ihm bis heute keiner nachgemacht.» Das, so meine ich, ist doch ein nettes Kompliment. Dieser Teil der Helikopterbergung war einer der Höhepunkte des Films.

«Sensation Alpen» sollte ja Kontraste schaffen und zeigen. So machten wir einen Abstecher in die Calanques bei Marseille. Der Klettergarten von Gaston Rébuffat ist eines der exotischsten Kletterparadiese Europas. «Calanque» heißt im Französischen so viel wie Fjord im Norwegischen, und genauso sehen die tief in die hohen Meeresklippen eingeschnittenen und mit Meerwasser gefüllten Schluchten auch aus. Die Gipfel, an denen geklettert wird, sind bis zu fast 500 Meter hoch, und die Wände stehen unmittelbar über dem Meer. Die Arête de Marseille, ein steiler Grat, ist die beliebteste Kletterroute und schwingt sich über 200 Höhenmeter bis zum Gipfel. Um sie zu klettern, kommen die Kletterer aus ganz Europa angereist. Für diesen Teil hatte ich Roberto Sorgato engagiert. Robertos Kletterpartnerin war eine junge Amerikanerin, Cindy, eine Studentin, die schon lange in Marseille lebte.

Auch für den Filmteil in den Dolomiten hatte ich einen jungen Kletterer aus Amerika dabei. Sein Partner in der Schweizerroute der Westlichen-Zinne-Nordwand war Sepp Gschwendtner, der Dritte Günter Hammer, ein Kletterer aus München. Wieder hatten wir eine 300 Meter lange Reepschnur und das Übliche

Mit der großen Arri-35-Millimeter-Kinokamera im Schweizerdach in der Nordwand der Westlichen Zinne, für den Kinofilm «Sensation Alpen».

an Ausrüstung für schwierige Dolomitenwände. 1966 hatte die Schweizerführe noch immer einen sehr guten Ruf als Extremkletterei. Das große, direkte Baurdach gab es noch nicht. Mit der 35-Millimeter-Kinokamera hatte ich Erfahrung gesammelt und konnte mich mit dieser gut in der Wand bewegen. Werner Bittner war wie immer der zuverlässige Partner für die Arbeit im Fels. Nur unsere Darsteller hatten einige Schwierigkeiten mit der überhängenden Wand. Jahre später wurde dann aus Sepp Gschwendtner einer der führenden jungen Kletterer der Rotpunktschule.

Für meinen Film wollte ich auch Flugaufnahmen von den Sextener Dolomiten und vor allem von den Drei Zinnen haben. In Cortina besorgte mir der Verkehrsdirektor Dr. Rossaro eine Genehmigung aus Rom, um mit einer kleinen, zweisitzigen Piper Flugaufnahmen über den Zinnen zu machen. Eine Bedingung war daran geknüpft: Ich sollte die belichtete Rolle Filmmaterial am Flugplatz der Aufsicht führenden Person übergeben, und der Film sollte in Rom entwickelt und geprüft werden. Danach werde mir der Film zugestellt, so versprach man es mir. Das Wetter war schön, und es ging fast kein Wind, die besten Voraussetzungen für gute Flugaufnahmen. In meinen Rucksack hatte ich einen Dunkelsack und eine Ersatzkassette gesteckt, die Kamera hatte ich in der Hand. Eine Wunderwelt eröffnete sich mir, denn ich hatte bis dahin noch nie in einem Flugzeug die Dolomiten überflogen. Mehrere Runden flogen wir um die Drei Zinnen, ich filmte an der Nordwand, und wir flogen nach einer Stunde zurück zum Flugplatz von Cortina. Schnell wechselte ich im Flugzeug die Rolle Film in der Kamera, denn dafür hatte ich den Dunkelsack eingesteckt. Im Flughafengebäude nahm ich nun ganz offiziell den Film aus der Kassette und übergab die Rolle, natürlich in einer Dose verpackt – es war ja immerhin Film –, beschriftete die Dose und händigte sie dem Direktor des Flugplatzes aus. Den belichteten Film ließ ich im Rucksack, und mein Glück war, dass dieser Rucksack nicht kontrolliert wurde. Mein Material war bei mir in besseren Händen, und von Rom habe ich nie mehr etwas gehört.

Das nächste Thema im Film «Sensation Alpen» war die Eiger-Nordwand, an der ein Film über die Alpen nicht vorbeikam. Mein Darsteller für diesen Teil des Films war Winfried Ender und sein Partner ein junger Engländer, Danny John, ein Gärtner aus London. Die Wand war mir nicht fremd nach meinen vielen Erlebnissen mit dieser Riesenmauer, wenn auch nicht immer die besten Erinnerungen damit verbunden waren. So wäre die Arbeit an diesem Filmteil nicht schwierig gewesen, wenn – der Steinschlag nicht wäre! Wir drehten bis zum Zweiten Eisfeld, und da sich gerade in jenem Jahr der Eiger mit Steinen besonders regte, war ich der Meinung, dass einige Teile der Wand für einen Alpenfilm vollkommen reichten.

Der Abschluss des Films «Sensation Alpen» sollte ein Höhepunkt sein, etwas noch nie Dagewesenes! Mit dem österreichischen Fallschirmspringer Wolfgang

Zum ersten Mal sprang ein Mensch mit einem Fallschirm über eine Felswand: der Österreicher Wolfgang Weitzenböck im Film «Sensation Alpen» an der Rotwand in den Dolomiten.

Weitzenböck aus Wels in Oberösterreich hatten wir die Absicht, zum ersten Mal einen Sprung über eine Felswand zu filmen. Ausgesucht hatten wir die Rotwand im Rosengarten. Wenn man vom Gipfel der Rotwand über die Wand nach unten schaut und unmittelbar unter sich den Einstieg der Südwestwand sieht, weiß man, dass diese Wand nicht senkrecht, sondern überhängend ist. Würde man ein Seil diese Wand hinunterlassen, so würde es am Wandfuß etwa 20 Meter weg von der Wand hängen. Hier, in der Gipfelfalllinie, wollte Wolfgang Weitzenböck den Sprung in die Tiefe wagen. Alles war vorbereitet. Die Kamera unten am Wandfuß hatte Hubert Schonger übernommen. Oben, seitlich am Grat, hatten Werner und ich die Kamera aufgestellt. Mit Wolfgang Weitzenböck war vereinbart worden, dass er uns, wenn er bereit war abzuspringen, durch einen Zuruf Bescheid geben und dann nach etwa 10 Sekunden abspringen sollte. Das würde für das Zeichen mit einem roten Tuch nach unten zu Hubert Schonger reichen. Der konnte dann beizeiten seine Kamera einschalten. Werner sollte aus 10 Meter Entfernung das Abspingen von Wolfgang Weitzenböck fotografieren. Werner hatte sein Augenmerk nur noch auf Weitzenböck gerichtet, und dieser wiederum schaute gebannt und stumm in die Tiefe.

Alle waren still – man konnte spüren, in welcher Anspannung Weitzenböck war. Immerhin war es das erste Mal, dass ein Mensch von einer Felswand sprang. Plötzlich ein Ruf von Werner zu mir: «Der springt!» Im gleichen Augenblick schon warf sich Wolfgang Weitzenböck nach vorn und sprang in die Tiefe. Mit dem Zuruf von Werner hatte ich sofort die Kamera eingeschaltet und zog damit, den Springer im Sucher, nach unten mit. Glück gehabt! Werner hatte zum richtigen Zeitpunkt das Foto geschossen, und Hubert Schonger hatte, als er sah, dass Weitzenböck in der Luft war und an der Wand entlang nach unten raste, ebenso die Kamera eingeschaltet. Er hatte aber keine Zeit mehr, die Arretierung am Stativkopf zu lösen, und riss einfach mit Gewalt die Kamera dem Flug des Springers nach. Das war eine erstaunliche Reaktionsschnelligkeit von Hubert Schonger mit seinen 75 Jahren. Chapeau! Später beim Schneiden des Films konnte ich beide Filmstreifen ineinander montieren und damit alles ausgleichen.

Am Abend in der Paolinahütte fragte ich Weitzenböck, warum er keinen Ton von sich gegeben habe, und er sagte mir: «Es war mir egal, ob ich gefilmt werde oder nicht. Ich wollte nur hinunter.» Der Schluss des großen Films aber war eine Ballonfahrt über das Berner Oberland mit wunderschönen Bildern. Der Titel des Films war «Sensation Alpen», und gemeint war damit, dass die Alpen eine Sensation der Schönheit sind und nicht eine Spielwiese für Sensationen am Berg.

Der Film erhielt bei den Internationalen Filmfestspielen in Trento den Großen Preis «Città di Trento» als Gesamtsieger der Filmfestspiele. Stellvertretend für die vielen Rezensionen der Zeitungen nach dem Start im Kino zitiere ich das «Salzburger Volksblatt»: «Lothar Brandlers Film ist wohl der beste und vielseitigste Bergfilm, der bisher gedreht wurde. Und nur ein fantasiebegabter Meis-

ter der Berge – Brandler gehört zu den zehn besten Kletterern der Welt – konnte so einen Film drehen. [...] Die Schönheit des Hochgebirges wurde kaum vorher so eindrucksvoll gezeigt. [...] Den Bergfilm hat er keineswegs erfunden. Er hat ihn aber auf eine Spitze geführt. Auf eine einsame Spitze, die bisher von keinem Kameramann erreicht wurde.»

Aber es gab auch andere Stimmen. Der Schweizer Alpen-Club SAC verweigerte die Empfehlung des Films an seine Mitglieder – man hatte ihn wohlgemerkt nicht angeschaut – mit der Begründung, der Film sei zu sensationsgierig. Im Gegensatz dazu schrieb eine Berliner Zeitung in ihrer Kritik: «Man langweilte sich von Berg zu Berg, und die erhoffte Sensation blieb aus.» Was die Berliner anbelangt, da musste ich an den berühmten Witz denken: Berge haben wir keene – aber hätten wir welche, sie wären höher! Und dem SAC hätte ich empfohlen, sich den Film erst einmal anzuschauen. Nur gut, dass das Publikum mit dem Film zufrieden war. Ich besuchte die Starttermine in den Kinos in Bayern, Österreich und in der Schweiz. Dort hatte das Schweizer Volkskino in Bern die Verleihrechte und hätte sich sicherlich gefreut, wenn der SAC den Film seinen Mitgliedern empfohlen hätte.

Journalisten-Skiweltmeisterschaft in der ČSSR

Rudolf Rother, der Sohn des Begründers des gleichnamigen Bergverlags, der eine alpine Zeitschrift, den «Bergkamerad», herausgab, fragte mich eines Tages, ob ich nicht Mitglied im Journalisten-Skiclub werden wollte. Dieser sei international organisiert und mache jedes Jahr ein Treffen in einem anderen Land. Im Gastgeberland würde dann eine Journalisten-Skiweltmeisterschaft ausgetragen. Das interessierte mich, doch erschien mir das Wort «Weltmeisterschaft» sehr hochgestochen.

Also wurde ich Mitglied im Deutschen Journalisten-Skiclub. Stammsitz war im französischen Courchevel, wo auch der Präsident, Gilles de la Roques, eine kleine Lokalzeitung redigierte. Etwas über sechzig Länder waren in diesem Club vereint, und diese schickten ihre Delegationen zum internationalen Treffen in das jeweilige Land, das ein Treffen ausrichtete. Der deutsche Club, der dem Deutschen Journalisten-Verband angeschlossen war, hatte seinen Sitz in Bonn. Hier stellte ich meinen Aufnahmeantrag und wurde so Mitglied im Journalisten-Skiclub. Unser Präsident hieß Helmuth Prinz und war der Leiter des «Mittagsmagazins» des Westdeutschen Rundfunks. Wir Deutschen waren mit Abstand die schwächsten Skifahrer. Die Skinationen wie Österreich, Italien, Schweiz und Frankreich trumpften jeweils mit einer Gruppe bester Skifahrer auf.

Die damalige Tschechoslowakei hatte in die Hohe Tatra eingeladen. Im Kurort Tatranská Lomnica waren die Ski fahrenden Journalisten im Grandhotel Praha und einigen anderen Hotels untergebracht. Die Tatra, das kleinste Hochgebirge Europas mit bis zu 2650 Meter hohen Bergen, war auch ein Zentrum für das nordische Skifahren und das Skispringen. Und es gab schöne Skipisten für den alpinen Skilauf.

Seit Jahrzehnten schon gab es eine Journalisten-Skiweltmeisterschaft. 1966 wurde sie im slowakischen Kurort Tatranská Lomnica durchgeführt. Im Riesenslalom war ich der Sieger, doch im Slalom reichte es nur zum fünften Platz. Schön war's trotzdem!

Als Rudolf Rother mit seiner Frau, mein Assistent Lothar Koßmehl und ich in Tatranská Lomnica ankamen, wurden wir von der deutschen Delegation mit Hallo begrüßt. Gleich zum Anfang sagte man uns, dass die Österreicher, die Franzosen und die Italiener wieder mit super Skifahrern angekommen seien. Vor allem hätten die Franzosen den Abfahrts-Olympiasieger von Squaw Valley 1960, Jean Vuarnet, dabei, der in Grenoble bei der Zeitung «Le Dauphiné» als Skijournalist arbeitete. Auch die Österreicher hatten ihre Geheimwaffen dabei, und man war sich unter den anwesenden Journalisten nicht so ganz sicher, wen sie nun eigentlich zum Journalisten getauft hatten. Die Italiener waren wie immer mit bester, gesponserter Ausrüstung vertreten.

Ich hatte also einen guten Rennski mit 205 Zentimeter Länge. Dafür hatte ich allerdings Startnummer 68. Das war keine gute Startnummer, aber immer noch die beste deutsche Nummer, und nach mir kamen ja auch noch mal über hundert. Alles, was ich bei der Arbeit an meinem Fernsehskikurs von meinen Skilehrern und Rennläufern gelernt hatte, zahlte sich jetzt aus. Auch das wochenlange Skifahren mit der Schweizer Rennläuferin Margit Gertsch aus Wengen und der norwegischen Rennläuferin Marit Haraldsen, die ich von meinen Skiurlauben auf der Kleinen Scheidegg her kannte, kam mir zugute. Ich war schnelles Tempo gewohnt. Als ich im Ziel abgeschwungen hatte, stürzte unser Teamkapitän Leo Löw, der Chefredakteur des Westdeutschen Fernsehens, auf mich zu und gratulierte mir zu meinem Sieg. Ich hatte den hoch gehandelten und favorisierten Jean Vuarnet um zwei Zehntelsekunden geschlagen. Nach Startnummer 45 hatte man im Ziel begonnen zu feiern, man rechnete nicht mehr mit einem anderen Konkurrenten. Das war natürlich eine feine Sache für unser deutsches Team. Im Slalom wurde ich zwei Tage später Fünfter und damit in der Kombination Dritter.

Jahrelang bin ich dann immer wieder mit zu diesen Journalistentreffen gefahren und wurde in Italien sogar noch einmal Dritter im Slalom. Eine kleine Randbemerkung dazu möchte ich noch machen: 1958 hatte ich mit sächsischen Freunden auf der Paolinahütte im Rosengarten das Sachsensausen begründet, ein spontanes Skirennen, das 2008 sein 50-Jahr-Jubiläum hat und sich in der Zwischenzeit als eine feste Einrichtung der sächsischen Bergsteiger etabliert hat. Es findet in den Stubaier Alpen, auf dem Gletscher bei der Dresdner Hütte, statt und ist ein besonderes Fest geworden, hat es doch in der langen Zeit der Trennung zwischen Ost- und Westdeutschland über Jahrzehnte die Verbindung zwischen den sächsischen Bergsteigern gepflegt.

Der alpine Spielfilm

«Sensation Alpen» war ein finanzieller Kinoerfolg. Allerdings nur in Bayern, Österreich und Südtirol sowie in der Deutschschweiz. Das übrige Deutschland negierte den Film; die Kinobesitzer wollten keinen alpinen Film in ihren Kinos, da sie um ihren Profit fürchteten. Western und Krimis gingen besser, und die Konkurrenz der Verleiher war sehr groß. Im Gespräch mit Kinobesitzern brachte ich immer wieder das Thema auf Bergspielfilme. Ich wollte wissen, wie diese Experten, die den direkten Kontakt zum Publikum hatten, auf diese Sorte Bergfilm ansprachen. In Bayern und Österreich war das Echo positiv, doch weiter im Norden waren die Meinungen zwiespältig. Da muss man sich schon fragen, ob es sich lohnt, einen alpinen Spielfilm zu machen. Wir wagten es trotzdem!

Hubert Schonger erzählte mir von zwei Büchern, die seine Frau so gerne lese. Dann gab er mir die Bücher von Karl Springenschmid, einem Salzburger Schriftsteller. «Da lacht Tirol» hieß das erste heitere Büchlein, das zweite hieß «Am Seil vom Stabeler Much» und war eine Bergführergeschichte aus Südtirol. Beide Bücher sollten zusammengefasst den Inhalt eines heiteren Bergspielfilms ergeben. Frau Schonger war von ihrer Idee begeistert, und da sie im Hause Schonger das Sagen hatte, musste dieser Streifen nach ihrem Geschmack gedreht werden. Karl Springenschmid schrieb das Drehbuch, aber das war nur bedingt brauchbar. Er war Schriftsteller und Deutschlehrer gewesen, und die Dramaturgie eines Drehbuchs war ihm vollkommen fremd. Ich bekam eine sehr gute Gage und dachte mir: Du wirst das Kind schon schaukeln!

Gedreht werden sollte im Wilden Kaiser, und der Arbeitstitel war «Da lacht Tirol». Der Titel sagte schon alles! Später, als der Film fertig war, konnte ich wenigstens den Titel «Entscheidung im Wilden Kaiser» durchsetzen. Im Frühsommer 1967 machte ich mich an die Arbeit und besorgte mir erst einmal die Darsteller. Das war gar nicht so einfach. Geld für Stars hatten wir keines, und Stars sollten es auch nicht sein. Meine Überlegung war: Aus Stars beziehungsweise Schauspielern konnte ich keine guten Bergsteiger machen, die in höchsten

Im Spielfilm «Entscheidung im Wilden Kaiser» spielten Beppo Brem (links) und Sepp Rist zwei alte Bergführer, die junge Extremkletterer mit Rat und Tat unterstützen.

Schwierigkeitsgraden klettern konnten, Bergsteiger aber konnte ich zum Schauspielern bringen, wenn sie sich als das, was sie waren, nämlich Bergsteiger, selbst spielen konnten. Das war in der Sache richtig, einfacher und auch billiger. Ich machte mich auf die Suche nach den geeigneten Leuten. Als Erstes wurde ich in meiner Alpenvereinssektion St. Johann in Tirol fündig. Immerhin gab es dort die Hochgebirgsgruppe Wilder Kaiser. Ich fand zwei junge Kletterer, Hans Jörg Hochfilzer, einen Bergführer aus Going am Fuß des Wilden Kaisers, und Franz Jäger, Extremkletterer und Friseur aus St. Johann, beide sportlich, gut aussehend und, was ganz wichtig war, sympathisch. Die zweite Seilschaft im Film bestand aus Rudi Lindner, einem Bergführer und Extremkletterer aus Bruck an der Mur, und seiner Lebensgefährtin Helga Brunzak, einer der besten Kletterinnen in Europa. Zusätzlich brauchte ich eine Touristin, die mit einem der Bergführer in die Westalpen, zum Montblanc, fährt. Hannelore Siebert, eine junge Schulsekretärin aus Prien am Chiemsee, spielte diesen Part sehr sympathisch und mit großem alpinistischem Einsatz im Eis des Montblanc. Dazu kamen zwei alte Bergführer, die von den Schauspielern Beppo Brehm, einem der berühmtesten Volksschauspieler Bayerns, und Sepp Rist, der mir von Arnold Fanck empfohlen wurde und bei Fanck schon Hauptrollen gespielt hatte, dargestellt wurden. Außerdem noch drei junge Buben, Statisten und die Musikkapelle aus St. Johann.

Die Geschichte des Films: Im Wilden Kaiser gab es noch eine große undurchstiegene Wand mit einem riesigen Überhang. Eine Seilschaft von einheimischen Bergsteigern versucht die Erstdurchsteigung, muss aber wegen schlechten Wetters umdrehen. Eine zweite Seilschaft, bestehend aus einem Extremkletterer und seiner ebenfalls extrem kletternden Partnerin, taucht im Wilden Kaiser auf und steigt in diese unbezwungene Wand ein. Es kommt zu einem folgenschweren Sturz des Seilersten, und die beiden geraten in Bergnot. Der Unfall wird von jungen Burschen beobachtet, welche die Bergwacht benachrichtigen. Die einheimische Seilschaft, die schon einmal in der Wand war, eilt zu Hilfe, rettet den Kletterer aus dem Überhang, und beide Seilschaften beenden gemeinsam die Erstdurchsteigung. Natürlich waren dazwischen noch einige lustige Episoden eingeflochten, um den Charakter eines heiteren Films zu wahren, zum Beispiel zwei junge Burschen von zehn Jahren, die auf der großen Glocke der Dorfkirche reiten und sie zum Schwingen bringen. Dann eine Wette, wegen der einer der jungen Bergführer einen Einheimischen auf der Kraxe bis zur Gaudeamushütte tragen muss, begleitet von Musikern der Musikkapelle von St. Johann. Bis zur damaligen Zeit waren ernsthafte Bergfilme, die keine Schnulze sein sollten, sehr selten und meistens mit Tod und Verderben am Berg verbunden. Einen heiteren alpinen Film, in dem es aber um die richtige Beziehung der Bergsteiger zum Klettern und zum Berg ging und in dem es nicht einen Toten gab, das hatte es bis dahin noch nicht gegeben.

Die Filmmannschaft für diesen Film hatte sich schnell gebildet. Werner Bittner war wieder mein erster Assistent, und als zweiten Assistenten hatte ich Gerhard Baur. Wie ich zu ihm kam, möchte ich kurz erzählen, denn aus Gerhard ist später einer der besten Bergfilmer in Europa geworden. Eines Tages bekam ich einen Brief aus Friedrichshafen. Der Absender: Gerhard Baur. Er hatte im Kino meinen Film «Eine europäische Seilschaft» gesehen und war so begeistert davon, dass er sich den Film, so schrieb er mir, gleich zweimal angesehen hatte. Seine Frage an mich war, ob ich ihn nicht für Filmarbeiten gebrauchen könnte. Ich schrieb ihm zurück, dass ich einen Träger für den Spielfilm im Wilden Kaiser brauche und er mich doch zum besseren Kennenlernen in München besuchen solle. So wurde Gerhard Baur neben Werner Bittner mein zweiter Assistent. Weitere Helfer als Träger wollte ich von Fall zu Fall im Bereich des Wilden Kaisers besorgen.

Das Drehbuch, das Karl Springenschmid geschrieben hatte, war das eines üblichen Heimatfilms mit ein klein wenig Bergsteigen als Rahmenhandlung. Tourist geht mit Dackel und Frau auf die Alm und besucht einen Heimatabend. Touristin versucht Bergführer zu verführen, der wiederum eine junge Sennerin liebt. Pfarrer segnet die todesmutigen Bergsteiger und spricht der Touristin ins Gewissen. Diese verzichtet auf das Abenteuer mit dem Bergführer, um dessen Liebe mit der Sennerin nicht zu gefährden. Dann klettern die todesmutigen Kletterer auf einen Berg. Ende gut, alles gut! Frau Schonger gefiel die Geschichte, mir nicht. Ich hielt mich an meine Vorgabe eines Bergfilms mit dramatischen Momenten. So ganz durfte ich auf den Inhalt des Drehbuchs von Karl Springenschmid natürlich nicht verzichten, denn ich wurde ja dafür bezahlt, einen Film nach Vorgabe dieses Drehbuches herzustellen. Aber etwas Freiraum hatte man allemal!

Hannelore Siebert spielte mit viel Begabung eine Hauptrolle als Touristin und musste sich im schweren Fels und im Eis bewähren.

Wir schrieben das Jahr 1968, und da gab es noch das Bergsteigen der alten Art. Von Freiklettern war unter den Kletterern nur bedingt die Rede. Alle Welt kletterte mit schweren Schuhen, schlug massenhaft Haken in die Felswände, und der Gedanke, dass man wie die Pioniere des Alpinismus frei klettern könnte, auf die Idee kam weltweit kein Bergsteiger. Doch das stimmte so nicht ganz: Dass es die Freikletterei gab, wussten alle Bergsteiger, und alle hatten mal vom Elbsandsteingebirge gehört. Dort war ja das freie Klettern zu Hause. Leider durften die Kletterer aus der DDR nicht in den Westen, und Westkletterer kamen ganz selten in den Genuss eines Visums, um ihre Kletterfreunde in der DDR zu besuchen. Unter solchen Umständen konnte das Freiklettern in den Alpen nicht so leicht Fuß fassen. Ohne Vorbild keine Weiterentwicklung des Kletterns. Es war Jahrzehnte zu früh für die neue Entwicklung des Freikletterns in den Alpen. Mit meinem geplanten Bergspielfilm war es auch nicht meine Aufgabe, dem neuen Trend, den es damals noch gar nicht gab, zum Durchbruch zu verhelfen. Genau diesen Vorwurf machte man mir aber Jahrzehnte später!

Wir versuchten nun im Rahmen unserer Möglichkeiten die nette Geschichte so zu verfilmen, dass man ruhigen Gewissens von einem alpinen Spielfilm sprechen konnte, mit Flugaufnahmen über den Hohen Tauern und den Dolomiten, Eisklettern im Montblanc-Massiv und einer echten Erstdurchsteigung an der Hinteren Karlspitze im Wilden Kaiser, dem sogenannten «Flimmerkistendach». Mit dieser Bezeichnung steht der Überhang heute im «Alpenvereinsführer Kaisergebirge». Als Erstdurchsteiger sind die Darsteller des Films «Da lacht Tirol» aufgeführt. Abgesehen vom falschen Titel, der Film hieß «Entscheidung im Wilden Kaiser», war es nun doch ein wenig anders: Um für die Sicherheit in dem 17 Meter ausladenden Dach zu sorgen, kletterte ich immer ein Stück in das Dach und machte mir einen Kamerastandpunkt. Dann kletterte einer der Darsteller auf die Kamera zu, und ich filmte. Für die nächste Szene kletterte der Bergsteiger ein Stück weiter. Nun kletterte ich wieder an ihm vorbei. Dann wieder der Darsteller. Das ging einige Tage so in diesem Rhythmus, mit allen Beteiligten des Films. Im Grunde war ich also das Dach mehrmals geklettert und hatte mindestens die Hälfte der Tour geführt. Warum stehe ich nicht mit den anderen als Erstdurchsteiger im Kletterführer? Das wird wohl ewig ein Rätsel bleiben.

Die Dreharbeiten mit unseren alten Schauspielern waren mit das Interessanteste an dem Film. Beppo Brem war es gewohnt, mit einer Riesenmenge an Mitarbeitern am Set zu arbeiten – Garderobiere, Maskenbildner, Skriptgirl, Regieassistent, Tonmeister und Toningenieur, Beleuchter und Träger –, eben mit dem ganzen Tross einer sogenannten Spielfilmproduktion. Wir waren ein kleines Team. Gedreht wurde ohne Toningenieur, denn der Film wurde später im Studio nachsynchronisiert. Wir waren ohne Tonaufnahme schnell und wendig. Schließlich drehten wir in einer richtigen Felswand und in einem richtigen großen Dach. Das echte Klettern im Fels hatte Vorrang vor der perfekten Tontechnik. Abgesehen davon war mit den damaligen 35-Millimeter-Kameras, die transportierbar waren, ein solcher Geräuschpegel zu erwarten, dass es sowieso unmöglich war, Dialoge zu sprechen. Am Fels waren Beppo Brem und Sepp Rist sowieso nicht gefragt.

Unsere Arbeitsweise wurde auch auf die Arbeit unten im Tal ausgedehnt. Für die Aufnahmen in Chamonix, bei der Szenen gefilmt wurden, welche die nette Touristin mit ihrem Bergführer zeigten, stiegen wir auf den Bossonsgletscher, um Eisklettern zu filmen. Besonderen Wert legte ich auf die Hochgebirgsszenen am Montblanc, wo wir Szenen mit der Touristin und ihrem Bergführer im eisigen Sturmwind, der ihnen die Schneekristalle in die Gesichter treibt, an Ort und Stelle am Gipfel des Montblanc drehten.

Jeder konnte sich in unserem kleinen Team auf den anderen verlassen, das machte die Arbeit schneller und damit auch im schwierigen Gelände sicherer. Unsere Geldmittel waren begrenzt, und so wurde aus der Not eine Tugend gemacht. Vor allem aber war es wichtig, das Geschehen während der Dreharbeiten in der

Hand zu haben und auf diese Weise den Ablauf kontrollieren zu können. Die Arbeitsweise bei Berg- und Kletterfilmen war etwa so wie die von Joseph Vilsmaier. Er hat ein Jahrzehnt später diese mit Kamera und Regie in einer Hand vorangetrieben, gepflegt und zu großen Erfolgen geführt. Und seine Filme sind mit das Beste, was der deutsche Film zurzeit hervorbringt. Sein Vorgehen war in den Anfängen des Films gang und gäbe. Charlie Chaplins Filme entstanden auf der gleichen Basis.

Zwei Gegenbeispiele: Dieter Wedel, der einen Eiger-Nordwand-Spielfilm drehte und genau daran scheiterte, dass er mit dem Aufwand einer großen Produktion arbeitete. Man muss unmittelbar in der Wand drehen und nicht an ein paar kleinen Felsen am Wandfuß. Damit kann man nur einen schlechten Bergfilm herstellen. Und das nicht nur deshalb, weil zu viele Menschen am Drehort herumstehen, sondern weil es an der alpinen Erfahrung fehlt. Dieter Wedel unterschätzte und bagatellisierte die Arbeit am Berg, wie auch alle amerikanischen Filmproduzenten. Der Berg ist keine Spielwiese und erst recht kein Studio.

Ein ganz besonderes Fiasko betreffend Organisation war der James-Bond-Film «Im Dienste Ihrer Majestät», der im Berner Oberland und vor allem am Schilthorn oberhalb von Mürren gedreht wurde. Es sollten Szenen am Petersgrat auf das Lauterbrunner Breithorn, in 4000 Meter Höhe, gefilmt werden. Dazu musste das gesamte große Aufnahmeteam von Mürren, dem Produktionsstandort, wo alle wohnten, mittels Hubschrauber auf den Petersgrat geflogen werden. Maskenbildner, Aufnahmeleiter, Produktionsleiter, Tonmenschen und Skriptgirl, Regieassistent und Regisseur, Kameramann und zwei Assistenten, Garderobiere und Proviant. Und für jeden noch einen Bergführer zum Sichern extra! Es dauerte und dauerte, bis alle am Set waren. Als die erste Einstellung gefilmt werden konnte, war es Nachmittag, und man musste schauen, dass man vor Einbruch der Dunkelheit wieder in Mürren war. Einmal war das zeitraubend, zum anderen verschlang es eine Unmenge Geld. Da es sich bei dem James-Bond-Film um einfache Szenen handelte, hätte man sie für weniger Geld und in kürzerer Zeit filmen können. Für das Filmen am Berg war ich mit meiner Arbeitsweise und meinem kleinen Team unschlagbar.

Der Film «Entscheidung im Wilden Kaiser» war abgedreht und geschnitten und sollte nun mit der ersten Kopie ins Kino kommen. Was wir leider nicht hatten, war die Riesenmaschine der Werbung für den Start des Films. Für unseren Film hatte Hubert Schonger einen kleinen Verleih hinzugezogen.

Die Premiere des Films fand im Münchner Kino Royal statt. Der Erfolg war zwiespältig. Für den Moment hatte ich erst einmal genug vom Bergfilm und dachte mir, dass es an der Zeit sei, einmal einen Spielfilm zu machen, der nicht in den Bergen und an Felswänden spielt.

Obwohl die Arbeit an der Filmkamera Vorrang hatte, durften die Standfotos nicht vergessen werden, die ebenfalls wichtig waren.

ZURÜCK ZUM BERGFILM

Ich meinte nun, genügend Erfahrung mit Filmverleihern und Kinobesitzern gesammelt zu haben, und wollte nach den anfänglichen Erfolgen mit den Bergfilmen einen Ausflug in den normalen, gängigen Spielfilm wagen. Welches Thema, war mir im Prinzip egal. Fast alle Sparten des Films, ob der heitere oder der kriminalistische Film, interessierten mich, und ich hatte keinen richtigen Favoriten. Das Einzige, was ich auf keinen Fall machen wollte, waren Horrorfilme. Heitere Filme waren gerade en vogue im deutschen Kino. Also, dachte ich ganz naiv, warum keinen heiteren Film? Was ich nicht ahnte, war die Tatsache, dass heitere Filme mit zum Schwersten gehören, was man anpacken kann. In den Kinos liefen damals Filme wie «Zur Sache, Schätzchen» oder «Engelchen oder die Jungfrau von Bamberg». Sie waren ein große Publikumserfolg. Die Idee, die mir vorschwebte, war ein lustiger Film, eine Komödie, ohne Sex und Erotik, nur aufgebaut auf Situationskomik, auf einer Art Slapstick à la Chaplin. Hier steckte ich mir die Hürden noch höher, als es überhaupt notwendig war. Ich hatte mich auf das Schwerste, was es im Theater und im Film gibt, eingelassen.

Schwer ist es, einen heiteren Film zu machen

Ein Bekannter, Klaus Raacke, ein Diplomgeologe, hatte eine Idee an mich weitergegeben. Es war nur eine kleine Episode, die er mir erzählte, doch diese Grundidee hielt mich gefangen, und ich begann diese kleine Geschichte auszubauen. Die Story ging so: Ein Mann, der vor einem Kühlschrank sitzt, gerade aus der Badewanne entstiegen und mit spontanem Hunger im Bauch, verspeist eine Wurst. In dem Moment schiebt sich ein Kuvert durch den Briefschlitz an der Wohnungstür. Ein ziemlich großes Kuvert, denn es verklemmt sich im Briefschlitz, als er es nach innen ziehen will. Was liegt näher, als die Tür zu öffnen und es von draußen zu probieren? Draußen zieht er am Kuvert, und dabei fällt die Tür ins Schloss. Jetzt ist guter Rat teuer: Er steht im Adamskostüm im Flur, als er Schritte auf der Treppe hört. Er springt in den Fahrstuhl, um die Begegnung mit einem unbekannten Menschen zu vermeiden. Da fährt der Fahrstuhl los, nach unten ins Erdgeschoss. Dort wartet eine ältere Dame und sieht den nackten Mann aus dem Fahrstuhl springen. Ihr Hund kläfft, und die alte Dame schimpft wie ein Rohrspatz. Der junge Mann rennt die Treppen hinauf zu seiner Wohnung, und als er oben ankommt, steht seine Verlobte vor der Tür und macht sich über ihn lustig. Seine Flucht in den Fahrstuhl war vollkommen überflüssig.

Mit diesem Plot und was sich daraus noch alles entwickeln ließe im Hinterkopf, wollte ich erst einmal ein Drehbuch schreiben. Mit gespartem Geld kaufte ich mir ein kleines Segelboot mit Kajüte und zog mich für einige Wochen auf den Chiemsee zurück, um an diesem Drehbuch zu schreiben. Mit einer Schreibmaschine saß ich in meinem Miniboot, kämpfte mit den Mücken und mit der Tücke der Tasten. In den seltensten Fällen fallen einem dann die richtigen Worte ein, die Menschen im richtigen Leben sprechen. Nichts ist schlimmer als das papierne

Ein Hauptdarsteller der Filmkomödie «Taubenjagd» war mein hochseefestes Segelschiff «Condor». Der Einhandsegler Rollo Gebhard umsegelte mit demselben Schiffstyp die Welt – uns genügte das Mittelmeer.

Wort, das ein Mensch im normalen Umgang mit anderen Menschen ganz bestimmt nicht spricht. «Es schreibt sich leichter», sagte ich einmal zu einem Chefredakteur der «Süddeutschen Zeitung», als er bei einer Rede anlässlich des Skirennens «Zeitung gegen Fernsehen» in Garmisch in seinem Sprachbrei herumrührte.

Mit Humor zu schreiben ist sehr schwierig. Der Franzose oder der Engländer findet Dinge oder Situationen lustig, über die ein Deutscher nie auch nur eine Miene verziehen würde – und umgekehrt der Franzose oder Engländer beim deutschen Humor. Was ist lustig? Schadenfreude? Pech? Peinlichkeit? Die berühmte Torte im Gesicht kann einen Franzosen nicht zum Lachen bringen. Und wenn ein Engländer seine Hose verliert und alle in England sich halb totlachen, findet das der Franzose einfach nur peinlich. Es ist schon so viel über den Humor der Völker geschrieben worden, dass ich am besten schweige und einfach meinem Gefühl folge.

Auf meinem kleinen Schiff entstand ein Drehbuch von zweifelhaftem Wert, aber letztlich kam es ja darauf an, dass die Leute nicht gleich fluchtartig das Kino verließen. Mit diesem Gedanken schrieb ich mein Drehbuch zu Ende und begann, meine Darsteller für den Film zu suchen, und das war ebenso schwierig, wie das Drehbuch zu schreiben und den richtigen Witz für den Film zu finden.

Einen Verleih hatte ich und damit eine kleine Hürde genommen. Das Drehbuch hatte ich auch, nur nützt das gar nicht so viel, wie man denkt, denn während der Dreharbeiten kommen viele Änderungen. Es bleibt noch die Besetzung der einzelnen Rollen, die das Drehbuch vorschreibt. Stars scheiden aus, es sei denn, man kann sie bezahlen. Kommen also nur Jungstars oder eben unbekannte Schauspieler in Frage, die niemanden – es sei denn die diverse Verwandtschaft oder Freunde – ins Kino locken. Hier muss also die Geschichte, die der Film erzählt, zum Tragen kommen. Ist das Publikum zufrieden, und das hat nicht immer etwas mit der Qualität des Films zu tun, bekommt der Film Mundpropaganda und kommt zum Laufen. Einen wesentlichen Einfluss hat nicht zuletzt die Presse.

Meine Filmkomödie hatte alle Voraussetzungen für eine Pleite, denn ich beging den Fehler, auf die Komponente Sex zu verzichten. In meinem Film gab es weder einen Kuss noch eine Sexszene. Der Film war nur auf heitere Szenen aufgebaut, und ich meinte, das würde reichen. Der Verleih machte ein Plakat, das absolut nichts mit dem Inhalt des Films zu tun hatte.

Der Film war eine Pleite, denn das falsche Publikum wurde mit falschem Plakat und falschen Fotos ins Kino gelockt. Nur einmal kündigte ein Kinobesitzer in Hanau bei Frankfurt den Film als Familienfilm an, nachdem er ihn sich angesehen hatte. Er ließ das Plakat und die Aushangfotos vom Verleih weg und besorgte sich von mir Originalfotos aus dem Film. Und siehe da, der Film war eine Woche lang im Kino ein Erfolg. So flog ich in hohem Bogen aus dem Kinogeschäft und war pleite.

Unter unserem Himmel

1969 sprach mich Heinz Bäumler, der Chef des Regionalprogramms des Bayerischen Fernsehens, an und fragte mich, ob ich Zeit und Lust hätte, für die Erweiterung des Regionalprogramms einige Filme mit alpinen Themen zu machen. Als Übertitel der Serien war «Unter unserem Himmel» geplant. Themen sollten es sein, die mit ihrem Inhalt die Interessen der bayerischen Fernsehzuschauer abdeckten. Dazu gehörte in Bayern auf jeden Fall das Bergsteigen. Wir waren uns schnell einig, denn er wollte in die Kantine, und mein Auftrag lautete, vier Filme à 25 Minuten herzustellen und diese zu produzieren. Das mit dem Produzieren hatte wieder seinen guten Grund: Sollte während der Dreharbeiten in schwierigem alpinem Gelände ein Unfall passieren, so würde der Bayerische Rundfunk keinerlei Haftung für die Produktion der Filme übernehmen müssen. Mir ist erst spät bewusst geworden, warum man mir das Produzieren so leicht gemacht hat, denn normalerweise muss man sehr gute Beziehungen haben, um beim Fernsehen als Produzent landen zu können. Als Themen hatte ich Heinz Bäumler «Eiger-Nordwand, Weg der Japaner», «Die Westwand der Aiguille du Dru», «Mädchen klettern im Montblanc», «Bergsteigen in der ČSSR – Böhmen und Tatra» und «Wie ein Bergfilm entsteht» vorgeschlagen. Alle Themen hatte er kommentarlos akzeptiert! So leicht bin ich nie mehr zu einem Vertrag für eine Fernsehproduktion gekommen.

Eiger-Nordwand, Weg der Japaner

Während einer Bahnfahrt quer durch die Schweiz las ich in der «Schweizer Illustrierten». Beim Durchblättern stolperte ich über einen Bildbericht, in dem von der ersten Direktdurchsteigung der Eiger-Nordwand über die Rote Fluh, eine überhängende, 250 Meter hohe Kalkplatte im unteren rechten Teil der Nordwand, durch eine japanische Bergsteigergruppe aus Tokio berichtet wurde. Die junge Ärztin Dr. Michiko Imai kletterte mit fünf weiteren Bergsteigern unter riesigem Materialaufwand durch diese überhängende, rot schimmernde Wand rechts vom Hinterstoißer-Quergang, die von unten gesehen undurchsteigbar wirkt. Doch die Gruppe hatte sich in diese Wand verbissen und in einer Materialschlacht ohnegleichen begonnen, sich mittels Hunderter Bohrhaken durch die Rote Fluh zum Gipfel des Eigers zu kämpfen. Dabei wechselten sie sich in der Führung ab und arbeiteten sich stetig nach oben. Während eine Seilschaft Haken bohrte, sorgten die anderen für den Nachschub an Biwakmaterial, Haken, Fixseilen und Proviant. Das ganze Unternehmen dauerte sechs Wochen. Dann standen die Japaner an einem Augusttag auf dem Gipfel des Eigers.

Im Weg der Japaner in der Eiger-Nordwand war das Filmen wegen des Steinschlags problematisch und gefährlich.

Was die Japaner gemacht hatten, wollte ich in Augenschein nehmen und darüber einen Film machen. Meine Mitarbeiter hatte ich schnell gefunden. Als Assistent und gleichzeitig Darsteller kam Gerhard Baur mit, als Kletterer Winfried Ender und zusätzlich der sächsische Bergsteiger Rolf Jäger. Es war für mich am besten, mit dem kleinstmöglichen Team zu arbeiten. Wir fuhren ins Berner Oberland und bezogen im Hotel Bellevue auf der Kleinen Scheidegg Quartier, um bei den ersten guten Wetterverhältnissen gleich einsteigen zu können und keine Zeit zu verlieren. Es war Spätsommer, die Tage wurden kühler, und es blieb uns nicht viel Zeit zum Warten.

Am 8. September 1969 stiegen wir in die Wand ein und filmten im unteren Teil der Roten Fluh. Schon am ersten Drehtag hatten wir anhaltenden Steinschlag. Im oberen Teil der Wand brachte das warme Wetter das Eis zum Schmelzen, und ein Stein verletzte Winfried Ender an der Hand. Das war für mich ein Grund, Winfried ins Tal in Sicherheit zu bringen, da er offensichtlich einen Schock hatte. Der erste Versuch einer Durchsteigung war erst einmal abgeblockt worden. Ab da waren wir nur noch zu dritt.

Wenige Tage später stiegen wir wieder in die Rote Fluh ein und waren schnell an dem beim ersten Mal erreichten Punkt angekommen. Hier begann die Hakenleiter der Japaner. Wir hatten keine Mühe, über die Hakenleiter bis ans Ende der Roten Fluh zu kommen. Wir biwakierten in unseren Hängematten und hat-

Blick von der Roten Fluh hinab zu den Schneefeldern am Wandfuß.

Rechte Seite: Gerhard Baur war im Film «Japanerdirettissima am Eiger» mein Darsteller. Hier quert er vom Hinterstoißer-Quergang hinüber zur Roten Fluh.

ten eine kalte, stürmische Nacht. Im Biwak dachte ich an die Japaner und fragte mich, was ihre Beweggründe waren, mit so einem immensen Aufwand diesen Aufstieg in der Eiger-Nordwand zu unternehmen. War es Abenteuerlust oder Geltungssucht, gerade in einer so berühmten Wand diese Form des Hakenbergsteigens zu praktizieren? Ich kam für mich zu keinem Resultat und konnte dieser Art von Klettern nichts abgewinnen. Hier war ich aber nur Filmberichterstatter über die Unternehmung der Kletterer aus dem Land der aufgehenden Sonne.

Am nächsten Morgen stiegen wir über ein Eisfeld in Richtung Gipfelfelsen. Ein Wettersturz hatte uns überrascht. Wir kamen wegen des frisch gefallenen Schnees nicht weiter, seilten uns über die Rote Fluh wieder ab und beendeten den Film. Er erhielt bei den Filmfestspielen in Trento den Silbernen Enzian als bester alpiner Film der Festwoche. Im Bayerischen Fernsehen wurde die Serie «Unter unserem Himmel» mit diesem Film eröffnet, und wir bekamen eine blendende Kritik in der «Süddeutschen Zeitung». Im nächsten Jahr machten wir mit der Serie von Bergfilmen weiter.

Die Westwand der Aiguille du Dru

Als 1954 die Westwand der Dru von französischen Bergsteigern unter Leitung von Guido Magnone zum ersten Mal durchstiegen wurde, sprach man von einer Wende im Alpinismus. Auch das Buch, das Guido Magnone anschließend schrieb, trug den Titel «Wende im Alpinismus». Nun, im Alpinismus hat man von Fall zu Fall immer wieder über Wenden im Bergsteigen geschrieben. Das war schon vor fast 150 Jahren bei der Erstbesteigung des Matterhorns durch Edward Whymper so.

In Chamonix trafen Rolf Jäger und Werner Bittner an Pierre Mazeauds kleinem Chalet unweit der Seilbahn zum Brévent zusammen. Das Besondere an diesem Chalet war, dass jeder Bergsteiger willkommen war und hier sein Zelt aufschlagen durfte. Gratis, versteht sich! Das hatte sich europaweit herumgesprochen, und wenn man in Chamonix weilte, so gehörte es zum guten Ton, einmal bei Pierre vorbeizuschauen und sich mit Kletterern aus aller Herren Ländern zu treffen.

Hier also zelteten wir und packten unsere Rucksäcke für die Westwand der Dru. Die Aiguille du Dru beherrscht das Tal von Chamonix im Norden durch ihre markante, 900 Meter hohe Westwand, die mit ihren extrem schwierigen Routen zum Traum aller Kletterer der ganzen Welt geworden ist. Normalerweise rechnete man für die Durchsteigung der Westwand bis zum 3791 Meter hohen Gipfel zwei Tage. Mit der Bergbahn geht es zum gut 1900 Meter hoch gelegenen Montenvers und von dort zum Mer de Glace, zur großen Randmoräne, die mühsam überstiegen wird, und weiter hinauf bis zu den Biwakblöcken am Fuß der Westwand. Hier wird in der Regel unter den Felsblöcken biwakiert und dann mit dem ersten Morgenlicht in das Bonatticouloir eingestiegen. Bei Erwärmung ist das Couloir sehr steinschlaggefährdet und deshalb der Aufbruch in den frühen Morgenstunden anzuraten, wenn die Sonne noch nicht die Felsen der Westwand erreicht hat. Am Tag vor uns waren mehrere Partien eingestiegen, darunter eine Seilschaft, die Gerhard Baur führte, und zwei englische Seilschaften.

Filmen kostet Zeit, und so kamen wir am ersten Tag nur bis zur großen 70-Meter-Verschneidung in der Mitte der Wand. Wir sahen schon am Nachmittag eine Schlechtwetterfront von Westen auf uns zukommen. Wir bemühten uns, auf einem Band rechts der großen Verschneidung unser Biwak zu beziehen, um bei einem eventuellen Gewitterregen geschützt zu sein. Wir fanden es auf unserem Biwakband ganz gemütlich. Dann brach jedoch innerhalb kürzester Zeit ein Gewitter mit Blitz und Donner über die Westwand herein. Die ganze Nacht wütete das Unwetter, überzog die Felsen mit Eis und schneite uns unter unserem Biwaksack ein. Auf meinem Biwaksack lagerte sich immer wieder Schnee ab, der zusätzlich durch die Verschneidung zu uns herüberrieselte. Wenn oben ein Blitz einschlug, entlud er sich über die vereisten Felswände der Verschneidung, und diese elektrischen Entladungen schickten immer wieder einen Seitenstrahl zu unserem Band herüber und gingen durch den Biwaksack. Nicht auszudenken, wenn wir direkt in der Verschneidung biwakiert hätten! Kein sehr angenehmes Gefühl, noch dazu, da wir die Kamera dabeihatten. Am liebsten hätte ich sie über die Felswand nach unten geworfen. Aber es nützte nichts – wir mussten Ruhe bewahren.

Der Morgen sah schon besser aus. Das Gewitter hatte sich verzogen. Aber was wir über uns sahen, war nicht sehr beruhigend: total verschneite und vereiste Felsen. Ich musste an Gerhard Baur denken, der sicherlich weit oben biwakiert hatte. Er und seine Kameraden waren in keiner beneidenswerten Situation. Bei so viel Schnee war das Weitersteigen nicht ratsam. Wir beschlossen, aus der Dru-Westwand abzuseilen. Während wir Tee machten und unsere Biwaksachen verstauten, sahen wir, wie von oben ein Seil geflogen kam und an den Fels klatschte. Ein wenig später sahen wir einen Kletterer daran abseilen. Einen, dann wieder einen und kurz danach wieder einen. Sie waren etwa 20 Meter von uns, auf der linken Seite der großen Verschneidung. Engländer, so viel hörten wir an den Worten, die sie sich beim Abseilen zuriefen.

Über dem Tal von Chamonix steht beherrschend die Granitsäule der Aiguille du Dru mit ihrer berühmten Westwand. Ein Wettersturz in dieser Riesenmauer verzögerte die Dreharbeiten.

Wir querten von unserem Biwakplatz nach links zur Abseilpiste in der Verschneidung und sahen plötzlich einen Kletterer, der stumm an einem Haken hing. Über ihm baumelte ein Doppelseil, an dem er verzweifelt zog. Unter uns sahen wir die drei anderen Engländer, die weiter abseilten. Zwischen dem einsamen Kletterer am Doppelseil und den unteren Kletterern bestand keine Seilverbindung mehr. Wir schauten uns an und verstanden die Welt nicht mehr. Die anderen hatten ihren Kameraden einfach am Standplatz mit den verklemmten Seilen hängen lassen und seilten weiter ab. Werner, der als Erster bei dem verlassenen Kletterer angelangt war, versuchte, mit ihm gemeinsam das Seil abzuziehen. Mit vereinten Kräften zogen sie beide am Seil, doch das rührte sich keinen Millimeter. Das Seil hatte sich in einer Felsspalte verklemmt. Wir mussten hinunter, es kostete viel zu viel Zeit, das Seil flottzumachen. Also nahmen wir den Engländer in unsere Seilschaft auf und seilten mit ihm in Richtung Bonatticouloir ab. Es dauerte keine 2 Stunden, da hatten wir die Engländer eingeholt und übergaben ihnen ihren Kletterfreund. Viel sprachen wir bei dieser Aktion nicht mit ihnen. Wir gingen an der englischen Gruppe vorbei. Jetzt nichts wie hinunter, durch das Couloir zum Wandfuß. Mit etwas Glück waren wir am Abend in Chamonix. Dachten wir!

Das letzte Schneefeld am Einstieg war erreicht. Wir legten die Seile zusammen, um dann geschwind durch das Kar abzusteigen. Plötzlich hörten wir von oben einen Schrei und sahen im Couloir einen Menschen herabstürzen. Mehrmals schlug er im Couloir auf und stürzte über den letzten, 30 Meter hohen Felsriegel vor der Randkluft auf das Schneefeld, rutschte noch ein Stück weiter nach unten und blieb im Auslauf des Schneefelds liegen. Werner fasste sich als Erster ein Herz und eilte zu dem Abgestürzten, der erst einmal keinen Muckser mehr von sich gab. Schnell folgte ich Werner und fühlte den Puls des Engländers, hob sein Augenlid und merkte, dass er noch am Leben war. Jetzt war Eile geboten. Rolf ließ seinen Rucksack unter einem Block liegen und rannte in Richtung Chamonix los, um die Bergrettung zu verständigen. Werner und ich zogen den Abgestürzten unter einen der Felsblöcke und versuchten ihn zu versorgen. Von den anderen Engländern sahen wir nur kleine Punkte im Couloir. Der junge Kletterer hatte Glück gehabt. Da er im Abstieg seine Daunenjacke angehabt hatte, hatte das Federpolster den Sturz gemildert. Einen Steinschlaghelm hatte er auch getragen, und der Rucksack hatte seinen Rücken geschützt. Die restlichen Engländer stiegen im Schneckentempo ab und blieben schließlich über Nacht im unteren Teil des Bonatticouloirs.

Am Morgen, es dämmerte gerade, hörten wir Hubschraubergeknatter, und wenige Minuten später landete eine Alouette der Bergrettung Chamonix nahe bei uns im Kar. Alles ging schnell, zwei Bergrettungsmänner sprangen aus dem Helikopter und kamen schnell zu uns. Der verletzte Kletterer aus England wurde untersucht und in den Helikopter eingeladen. Schon hob dieser ab, und im Steilflug schwebte er hinunter nach Chamonix. Werner und ich schulterten den Rucksack von Rolf und machten uns auf den Weg nach Montenvers, zur Zahnradbahn. Die Engländer waren immer noch beim Abseilen im Couloir. Uns war nicht nach Warten zumute. Die würden den Weg ins Tal schon allein finden.

Zwei Tage schlenderten wir durch Chamonix und kamen am Café Union vorbei, einer preisgünstigen Bierkneipe bei der Post und Stammpinte der englischen Bergsteiger. Wir trauten unseren Augen nicht: An einem Tisch saß ein Bergsteiger, der unserem Abgestürzten täuschend ähnlich sah, und genau dieser lachte uns entgegen, winkte uns mit einem Maßkrug in der Hand zu und lud uns auf ein Glas Bier ein. Wir stießen mit ihm auf sein Glück an und freuten uns gemeinsam mit ihm, dass dieses Abenteuer für ihn so glimpflich und glücklich ver-

Für den Film «Mädchen klettern am Montblanc» waren schwierige Eissäulen zu überklettern. Christine de Colombel und Helga Lindner waren die Darstellerinnen, auch in den anspruchsvollen Kletterszenen in der Rébuffat-Route an der Aiguille du Midi.

laufen war. Da soll man nicht an Wunder glauben, dachte ich und erinnerte mich an meine eigenen, glücklich verlaufenen Abenteuer am Berg. Alles in allem wurde es dennoch ein geglückter Film, denn wir drehten ihn einige Tage später, als der Schnee verschwunden war, am Gipfel der Dru zu Ende.

Im selben Jahr machten wir noch einige Filme für «Unter unserem Himmel». Eine Folge bezog sich auf das Frauenklettern, ein Thema, das damals noch sehr stiefmütterlich behandelt wurde. Der Inhalt des Films: Zwei Mädchen, eine Österreicherin und eine Französin, beide Extremkletterinnen, steigen durch den zerklüfteten Bossonsgletscher hinauf zum Col du Midi. Dort treffen sie in der Cosmiqueshütte auf eine zweite Frauenseilschaft. Am nächsten Morgen klettern die Extremeren durch die Rébuffat-Route an der Aiguille du Midi, während die zweite Seilschaft über den leichteren Südwestgrat in schöner, luftiger Kletterei zum Gipfel steigt und sich dort oben mit der extremen Seilschaft trifft. Das war ein ausgesprochen schöner und heiterer Film über zwei unterschiedliche Seilschaften. Vor allem waren diesmal nur junge Frauen dabei und nicht ein einziger Mann als Führer der Seilschaften. Es wurde Zeit, dass endlich Frauen unter sich kletterten.

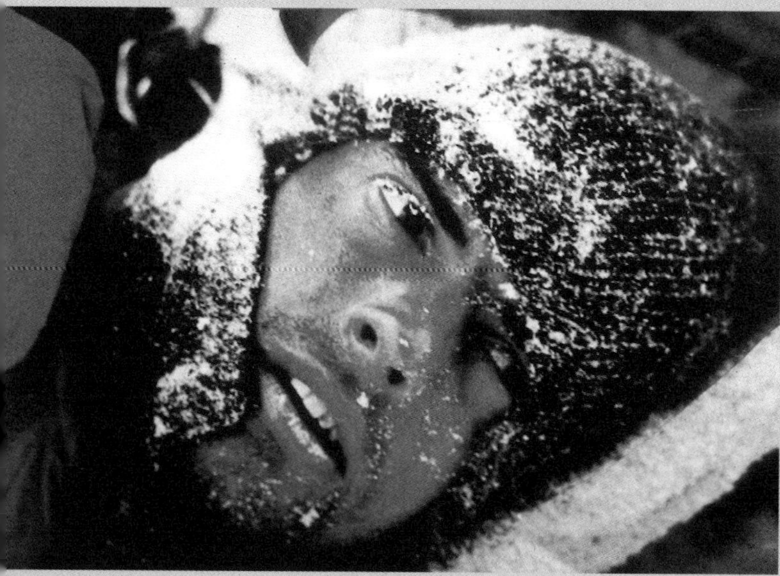

Der tragische Tod von Antoine Vieille war das Schlüsselerlebnis am Frêneypfeiler im Jahr 1961. Auch bei der Verfilmung der Tragödie 1973 war uns kein Glück beschieden; es gab drei Todesfälle unter den Darstellern.

INFERNO AM MONTBLANC

Es war Herbst in den Bergen, und der erste Schnee begann die Berge einzuzuckern. Zeit also, um schöne neue Pläne zu schmieden. Schon länger hatte ich in der Abteilung für Spielfilme beim Bayerischen Fernsehen vorgefühlt, um mein Lieblingsthema voranzubringen. Die Tragödie von 1961 in der Südflanke des Montblanc, bei der eine vierköpfige französische Seilschaft und eine dreiköpfige italienische Seilschaft um die erste Durchsteigung des 800 Meter hohen Frêneypfeilers kämpften, hatte ich in Chamonix am Rande selbst miterlebt und danach die führenden Köpfe der Seilschaften, Pierre Mazeaud und Walter Bonatti, kennengelernt. Pierre Mazeaud war mir natürlich schon länger ein Begriff, denn er hatte 1959 die Franzosenführe an der Westlichen-Zinne-Nordwand mit René Desmaison eröffnet. Desmaison war damals einer der besten Bergsteiger der Welt. Immer wenn ich mit Pierre Mazeaud zusammentraf, sei es in Chamonix oder in Paris, sprachen wir über den Frêneypfeiler. Pierre schrieb in seinem Buch «Schritte himmelwärts» über die Tragödie, und auch Walter Bonatti erzählte in einem Buch von diesem schrecklichen Unfall, bei dem in einem Wettersturz vier Bergsteiger ums Leben kamen.

Im Sommer 1961 hatten vier französische Bergsteiger unter der Führung von Pierre Mazeaud die Erstdurchsteigung des Frêneypfeilers am Montblanc versucht. Er und seine Freunde Pierre Kohlmann, Robert Guillaume und Antoine Vieille zählten zu den besten französischen Alpinisten. Mit Pierre Mazeaud als führender Persönlichkeit waren sie eine schlagkräftige Doppelseilschaft. Sie stiegen auf zum Col de la Fourche, wo sich auf 3679 Metern eine Biwakschachtel befindet. Hier trafen sie mit einer italienischen Seilschaft unter der Führung von Walter Bonatti zusammen. Seine Begleiter waren die italienischen Spitzenkletterer Roberto Gallieni und Andrea Oggioni. Walter Bonatti war den Franzosen durch seine Erstdurchsteigungen an der Grand-Capucin-Ostwand und am Südwestpfeiler der Aiguille du Dru ein Begriff. In der Biwakschachtel einigten sich die beiden Mannschaften, gemeinsam die erste Durchsteigung des Frêneypfeilers zu versuchen.

Vom Col de la Fourche querten sie zu einem großen, 700 Meter hohen Couloir und stiegen zum 3934 Meter hohen Col de Peuterey auf. Zunächst gingen sie in getrennten Seilschaften, verbanden sich aber später zu einer Seilschaft, als in den Felsen des Pfeilers unvermittelt ein Unwetter aufzog. Die französisch-italienische Seilschaft hatte nach zwei Tagen schon viel Höhe gewonnen, als das Unwetter mit aller Macht über sie hereinbrach. Pierre Kohlmann wurde von einem Blitz getroffen, überlebte aber den Blitzschlag. Um ihn zu retten und im Tal in Sicherheit zu bringen, brachen sie die Unternehmung ab und begannen mit dem Rückzug. Tagelang kämpften sie sich nach unten. Bei diesem Rückzug starben Antoine Vieille, Robert Guillaume, Pierre Kohlmann und Andrea Oggioni an Erschöpfung. Walter Bonatti und Roberto Gallieni erreichten die rettende, 2630 Meter hoch gelegene Gambahütte. Pierre Mazeaud wurde einen Tag später am Col de l'Innominata lebend geborgen. Sein italienischer Kamerad Andrea Oggioni war in der Sturmnacht neben ihm, mit ihm am Seil verbunden, gestorben.

Das war die originale Geschichte von 1961, so wie sie mir in Chamonix, wo ich für Filmaufnahmen mit meinem Team war, zugetragen wurde. Tage später ließ mir Pierre Mazeaud ein Schreiben übergeben, bat mich um ein Treffen und lud mich zum Abendessen ein. An jenem Abend wurde der Grundstein zu einer Jahrzehnte währenden Freundschaft zu Pierre Mazeaud gelegt, die auch zur gemeinsamen Arbeit an dem Film «Eine europäische Seilschaft» in der Nordwand-Direttissima der Großen Zinne führte. Aber es wurde auch der Grundstein zu meinem Film «Inferno am Montblanc» gelegt.

Walter Bonatti trug den von seinen Erfrierungen gezeichneten Pierre Mazeaud auf dem Rücken durch Chamonix. 1961 lernte ich Pierre Mazeaud kennen – der Beginn einer lebenslangen Freundschaft.

Mit meinem Partnerproduzenten Hubert Schonger wollte ich 1973 diese Tragödie vom Frêneypfeiler als Spielfilm für das Kino verwirklichen und konnte dafür auch Pierre Mazeaud als Hauptdarsteller gewinnen. Nach einem längeren Gespräch mit Walter Bonatti in Chamonix gab er seine Einwilligung zur Verfilmung dieses großen alpinen Themas. Das war erst eine der kleinen Hürden, die überwunden werden mussten. Da der Film vor allem für das Kino konzipiert war und nicht nur für das Fernsehen, musste er auf 35-Millimeter-Kinofilm hergestellt werden. Bei einer reinen Fernsehadaption hätte 16-Millimeter-Filmmaterial genügt, damit auch eine wesentlich leichtere Ausrüstung.

Als Koproduzenten hatte ich den Bayerischen Rundfunk gewonnen, was gar nicht so einfach war. Der Widerstand gegen das Projekt von Seiten des Fernsehdirektors Dr. Oeller konnte erst durch ein Gespräch mit dem Intendanten Wallenreiter ausgeräumt werden, für das Pierre Mazeaud extra aus Paris angereist kam. Christian Wallenreiter, der sehr an dem Film interessiert war, versprach, sein Wort in die Waagschale zu legen. Ebenso war Otto Guggenbichler für das Projekt. Es war nur noch die Hürde der Abteilung Spielfilm zu überwinden.

In dem Moment, in dem ein Produzent eine Koproduktion mit einem Sender der ARD macht, erhält er auf keinen Fall die Gesamtkosten eines Spielfilms vergütet. Er bekommt nur den Betrag, der für die Senderechte ausgehandelt wurde, und der deckt gerade mal 20 Prozent der Herstellungskosten. Natürlich sichert sich damit der Sender ein Mitspracherecht, was das Drehbuch betrifft. Es wurden Änderungen gefordert, und ich hörte mir die Argumente des Abteilungsleiters an. Da dieser kein Fachwissen über alpine Filme hatte und so recht wie schlecht im Drehbuch herumeierte, machte ich den Vorschlag, das Drehbuch von Willi Purucker bearbeiten zu lassen. Dieser hatte einen sehr guten Namen beim Bayerischen Fernsehen, und da Willi Purucker und ich uns recht gern mochten, sagte er zu. Die Überarbeitung war in Ordnung, da er neue Dialoge schrieb, ansonsten aber die Grundkonzeption nicht veränderte, sondern sich an die Originalgeschichte hielt. Dieses Drehbuch wurde für gut befunden, und so konnten wir in die Vertragsverhandlungen gehen.

Federführend für die Produktion gegenüber dem Bayerischen Rundfunk war Hubert Schonger. Ich wiederum war der Partner von Hubert Schonger mit einem eigenen Vertrag mit der Schongerfilm. Für den Bayerischen Rundfunk wiederum war die Tochterfirma Telepool die Gesellschaft, die den Vertrag für den Bayerischen Rundfunk abschloss. Die Grundidee war, dass sich auf diese Weise die Telepool GmbH den Weltvertrieb sicherte. Dabei versuchte sie, die gerade mal 20 Prozent der Herstellungskosten zu bezahlen hatte, sich gleichzeitig 50 Prozent des Einspielergebnisses aus der Kinoverwertung zu sichern. Unter dem Strich ein Riesengeschäft für den Bayerischen Rundfunk, wenn Hubert Schonger den Vertrag unterschrieb. Weder Hubert Schonger noch ich wurden jemals zu einem Vertragsgespräch geladen. Es kam einfach per Post ein vorgefertigter Vertrag mit der Bitte, diesen umgehend zu unterschreiben und retourzusenden. Wie man so sagt: nach Gutsherrenart! Als ich den Vertrag und den Passus über die 50 Prozent der Kinoauswertung gelesen hatte, machte ich Hubert Schonger darauf aufmerksam. Natürlich hat Hubert Schonger nicht unterschrieben. Ich rief bei Telepool an, sprach mit einem Herrn Falk, der für den Vertrag verantwortlich zeichnete, und machte ihn darauf aufmerksam, dass wir nur 20 Prozent der Produktionskosten vom Bayerischen Rundfunk vergütet bekamen und dafür der Bayerische Rundfunk die gesetzlich vorgeschriebene Lizenzzeit erhielt, die gesamten Kinorechte aber allein bei der Schongerfilm lägen. Herr Falk hörte mich an und sagte: «Wir haben es eben versucht.» Eine Woche später hatten wir den geänderten Vertrag in der Post.

Schauspieler oder Bergsteiger?

Bei der Besetzung des Films war wieder das alte Problem zu lösen: Schauspieler als Bergsteiger oder Bergsteiger als Schauspieler? Es ist immer wieder diese Gretchenfrage, an der sich bei alpinen Filmen die Geister scheiden.

Zuerst stellte ich mein wichtiges Team für die Kamera zusammen. Als erster Assistent war Gerhard Baur der Richtige und beste Wahl. Ihm zugeordnet waren zwei Bergsteiger, die wiederum ihm zur Hand gehen sollten und die Kassetten und Kamerateile zu tragen hatten. Einen Toningenieur brauchten wir nicht, da es in diesen Höhen keinen Ton zu machen gab: Alle Szenen wurden nachsynchronisiert, da es bei schwierigen Kletterszenen sowieso nicht möglich war, vorgeschriebene Dialoge zu sprechen.

Wichtig war es, den kletternden Darstellern zu sagen, um was es in der gerade anstehenden Szene ging, und sie einzelne szenische Teile durchspielen zu lassen, ähnlich einem improvisierten Stegreifspiel, in dem nur das Thema vorgegeben ist. Das erzeugt Authentizität und Spannung und gibt der jeweiligen Einstellung etwas Dokumentarisches. Trotzdem bleibt es immer noch ein Spielfilm; das Dokumentarische im Film dient der Dramaturgie als Spannungseffekt. Als der Film später im Kino lief, meinten viele Besucher, dass das, was sie sahen, eigentlich eine Dokumentation war und dass sich alles genau so im Original abgespielt hat. Sie dachten also nicht mehr, dass das, was sie sahen, vor fünfzehn Jahren geschah, sondern sie hielten es für die Realität, bei der wie durch Zufall eine Kamera Augenzeuge wurde. Die gefürchtete Filmkritikerin Ponkie von der Münchner «Abendzeitung» schrieb: «Die nachgespielte Dokumentation einer Montblanc-Expedition von 1961 mit tödlichem Ausgang – das ist sehr eindrucksvoll, aber auch irritierend. Da karge Authentizität suggeriert wird, sucht man unwillkürlich nach dem Standort der Kamera, die den Bergsteigertod gleichsam als Kronzeuge filmt und einbezogen ist in die Gefahr. Fazit: Kamera-Kunststück.»

Die eingezeichnete Route des Frêneypfeilers führt über den 500 Meter hohen Zentralpfeiler der Frêneyflanke, von dessen Ausstieg weitere 300 Höhenmeter zum 4807 Meter hohen Gipfel des Montblanc zu bewältigen sind. Nach der Tragödie von 1961 wurde die Route noch im selben Sommer vollendet.

So wie es die Filmkritikerin Ponkie 1975 geschrieben hat, genau so hatte ich es gewollt. Der Zuschauer sollte in die Gefahr eingebunden werden und das Gefühl haben, ein Teil der Seilschaft zu sein. Was ich mit Bergsteigern, die natürlich keine Schauspieler waren, erreicht habe, ist: Sie spielten sich selbst und mussten nicht etwas nachempfinden wie ein Schauspieler in seiner Rolle, sei es die von Hamlet, König Lear oder Wallenstein. Kann ein Schauspieler in die Rolle eines Bergsteigers schlüpfen, wenn es dabei gilt, auch zu klettern, und er nicht klettern kann? Wenn ich dem Schauspieler nicht abnehme, dass er eben eine sehr schwierige Wandstelle oder wirklich einen Überhang meistert, dann nützt mir auch der beste Originalton mit dem besten Sprecher nichts.

Der Hauptdarsteller stand fest: Pierre Mazeaud spielte sich selbst und war für mich die Idealbesetzung. Wer konnte besser die Situationen am Frêneypfeiler nachvollziehen als er, der am Col de l'Innominata durch die Hölle gegangen und in dessen Armen Andrea Oggioni gestorben war? Für mich war Mazeaud ein großer Gewinn, denn wer konnte besser beurteilen, ob wir dem großen Thema gerecht wurden und das Geschehen so filmten, wie es sich im Jahr 1961 zugetragen hatte? Ein Problem hatte ich natürlich zu beachten. Ich musste die Arbeit von Pierre als Abgeordneter im Parlament einkalkulieren. Alle meine Mitarbeiter und alle Darsteller mussten sich nach den zeitlichen Möglichkeiten von Pierre Mazeaud richten.

Wie sollte ich nun die anderen Rollen der Frêneypfeiler-Besteiger besetzen? Für die Rolle von Robert Guillaume hatte ich einen meiner Darsteller von der Dru-Westwand vorgesehen: Rolf Jäger. Er hatte die Pfiffigkeit, die Robert Guillaume auszeichnete. Für Pierre Kohlmann wollte ich einen Typ mit Bart. Pierre Kohlmann war ein introvertierter Typ mit viel Ruhe in seiner Ausstrahlung. Dafür kam der tschechische Bergsteiger Milan Doubek in Frage, der ein hervorragender Bergfotograf war und ein ebenso guter Hochalpinist. Für den jungen Antoine Vieille, den lebenslustigen Draufgänger, wollte ich einen Innsbrucker Bergsteiger nehmen, der ebenfalls so ein unbeschwerter Typ wie Vieille war. Er war wie Doubek Fotograf und bereits bei einem meiner Filme in der Rotwand Darsteller gewesen.

Für die Rolle von Walter Bonatti schwebte mir ein Bergsteiger mit großer alpiner Erfahrung vor, und ich entschied mich für den Tiroler Bergführer Andy Schlick, der ein etwas autoritäres, Sicherheit ausstrahlendes Wesen hatte, etwas bullig von der Figur und als Bergsteiger und Kletterer mit einem großen Selbstvertrauen gesegnet. Ein Führungstyp. Den Part des Andrea Oggioni vertraute ich dem Orgelspieler und Gärtner Walter Grimm an. Andrea Oggioni war ein wenig introvertiert und musisch veranlagt, wie mir Walter Bonatti erzählte, der ihn gut kannte und mit ihm im Pilier Rouge am Montblanc war. Ich glaubte, mit Walter Grimm aus Innsbruck einen guten Griff gemacht zu haben; auch er war bei dem Rotwand-Film dabei, ich kannte seine Fähigkeiten, und ich schätzte seine ruhige, besonnene Art. Gerhard Großmann, ein Freund aus den böhmischen Sandsteingebieten, Deutscher, aber in Tschechien aufgewachsen, war ein guter Kletterer. Er sollte Roberto Gallieni aus der italienischen Seilschaft darstellen. Gerhard Großmann war wie Roberto Gallieni ein schweigsamer Typ. Alle waren versierte Hochalpinisten, und da ich mit ihnen zusammen schon gearbeitet hatte, wusste ich, wie ich sie am besten in ihren Rollen einsetzen konnte. Als einziges weibliches Mitglied unserer Filmgruppe hatte ich die Tochter eines Kamerakollegen dabei, Aki Schwarzenberger aus der Jachenau bei Lenggries. Sie sprach etwas Französisch und sollte für die wichtigen Kontakte im Tal sorgen, wenn wir für unsere Dreharbeit weit oben am Frêneypfeiler waren.

Die Darsteller waren also gefunden, und auch das Team für die Kameraaufnahmen am Frêneypfeiler war gebildet worden. Gerhard Baur bekam noch als zusätzlichen Helfer den Bergführer Peter Vogler aus dem Allgäu dazu, den Gerhard gut kannte. Wichtig ist bei so einem Team immer, dass man seinen Partner gut kennt und ihn richtig einschätzen kann. Die anspruchsvolle Arbeit an einem extrem schwierigen Felspfeiler in über 4000 Meter Höhe bis hinauf zum Gipfel des 4807 Meter hohen Montblanc erforderte höchste Konzentration des Kamerateams. Vier Wochen im August waren für die Dreharbeiten in Chamonix und am Montblanc vorgesehen. In dieser Zeit waren in Frankreich Parlamentsferien, und Pierre Mazeaud war in Paris abkömmlich. Wir quartierten uns im Hotel Suisse et Hollande im Zentrum von Chamonix ein.

Dreharbeiten am Frêneypfeiler

Gleich zu Anfang versuchte ich, je nach Wetter, so viele gute Landschaftsaufnahmen vom Montblanc-Gebiet zu filmen wie nur möglich. Das Wetter erlaubt schließlich nicht immer maximal schöne Bergbilder. Auch die Vorbereitungen, welche die Bergsteiger 1961 für den Versuch der Erstdurchsteigung machten, gehörten zum Beginn meines Films, etwa wie sich die Franzosen in Chamonix trafen und die Wettersituation prüften. Zur Einführung in den Film drehte ich mit Pierre Mazeaud einen Flug um den Montblanc und dann mit einem Helikopter einen Flug über die Aiguilles von Chamonix und vorbei an der Ostwand des Grand Capucin zum Frêneypfeiler auf der italienischen Seite des Montblanc. So war es auch 1961, als die französische Seilschaft den Pfeiler erkundete. Mit Ernest Banjou, einem Piloten der Bergrettung, unternahm ich mit meinem Freund Pierre Mazeaud bei schönstem Wetter einen langen Flug und filmte den Col de Peuterey und den Frêneypfeiler. Es wurde eine wunderbare Sequenz im späteren Spielfilm. Man sah den Pfeiler in seiner ganzen Wucht von unten nach oben und konnte ermessen, wie eindrucksvoll sich dieser Granitpfeiler zum Himmel aufschwingt. Die Fotos, die Pierre vom Pfeiler gemacht hatte, wurden nun im Film ein Teil der Vorbereitung der Bergsteiger auf ihr großes Unternehmen.

Der nächste Schritt im Film war der lange Weg über den Col de la Fourche und vorbei an der gewaltigen Brenvaflanke, durch das schwierige, 700 Meter hohe Ostcouloir bis zum 3934 Meter hohen Col de Peuterey. Für all diese Aufnahmen zog das Filmteam hinauf zur Cosmiqueshütte, die auf 3522 Meter Höhe und geradezu ideal für uns lag. Sie war keine offizielle Berghütte, sondern eine Forschungsstation der Universität Paris, bewacht von einem Hüttenwart, der für die Instandhaltung der Hütte zuständig war und von Fall zu Fall auch Bergsteiger nächtigen ließ. Roland Ferier war ein guter Hüttenwart und auch in der Lage, ein schmackhaftes Essen zu kochen. Pierre hatte sich in Paris vergewissert, dass wir die Hütte nützen konnten, und mit dem Okay der Universität zogen wir in die Cosmiqueshütte ein. Wir waren drei Tage auf der Hütte und hatten uns an die Arbeit in dieser Höhe gewöhnt, als sich ein Grippevirus unter uns breitmachte. Alles hustete und hatte Fieber. Mit einem Rucksack voll Medikamente und Spray versuchten wir der kleinen Epidemie Herr zu werden. An Filmaufnahmen war nicht zu denken. Mit Fieber konnte ich keinem der Bergsteiger eine alpinistische Leistung abverlangen. Nach einigen Tagen wurde das Husten weniger, und nach und nach bekamen die Bergsteiger auch wieder etwas Farbe ins Gesicht.

Jeden Tag hörten wir den Wetterbericht im Radio und versuchten später auch per Telefon über den Flugwetterdienst in Genf die Großwetterlage abzufragen. Auch hier war der Kontakt, den Pierre aufgrund seiner Position als Abgeordneter hatte, sehr wertvoll. Für einige Tage konnten wir mit gutem Wetter rechnen, und deshalb machten wir uns von der Cosmiqueshütte auf, um die Szenen vom Anmarsch der Bergsteiger bis zum Col de la Fourche zu filmen. Von unserer Hütte war es eine sehr weite Strecke, bis man – vorbei an der Ostwand des Grand Capucin – zur steilen Eiswand kam, die hinauf zum Col de la Fourche und zur Biwakschachtel führte. Am späten Abend erreichten wir die Biwakschachtel auf 3679 Meter Höhe und legten sie erst einmal trocken – das Wasser war an den Wänden der Aluminiumbehausung über die Bretter der Lager in die Wolldecken gelaufen.

Dieser Drehtag ging mit einem wunderbaren Sonnenuntergang zu Ende. Es war kalt am nächsten Morgen. Wichtig war eine große Kanne Tee, die hilft immer. In der Biwakschachtel befand sich ein kleiner Kanonenofen und ein paar Päckchen Holz. So konnten wir ein Feuer machen und einen Kessel mit Schnee aufsetzen, um Teewasser zu bekommen.

Nach einigen Tassen Tee und etwas zu essen machten wir uns an die Arbeit. Wir nützten das sonnige Wetter am Vormittag und schauten, dass alles an einem Drehtag in der Kamera war. Die einzelnen Einstellungen waren den Darstellern schnell erklärt. Wichtig war, dass jeder der Akteure wusste, was in der jeweiligen Szene gemeint war. Mit einem detaillierten Drehbuch bringt man diese Laiendarsteller nur durcheinander. Wir sind am Berg und nicht in einem geheizten Studio. Problematisch war allerdings die Sache mit der Sonne beziehungsweise dem Schatten. Wird eine Totale mit Sonne und Landschaft im Hintergrund begonnen, so müssen alle Naheinstellungen mit den annähernd gleichen Lichtverhältnissen gefilmt werden. Das führte dann ganz schnell zu Verzögerungen, wenn die Sonne partout nicht hinter der Wolke, hinter der sie sich verkrochen hatte, hervorkommen wollte. So etwas nervt und macht die Arbeit nicht leichter.

Am späten Nachmittag mussten wir die Filmarbeiten abbrechen und den Heimweg antreten. Alle freuten sich auf die Cosmiqueshütte mit dem warmen Essen, das Roland, unser Hüttenwart, sicherlich zubereitet hatte. Bis jetzt war alles reibungslos vonstatten gegangen. Das Wetter spielte mit, und wir waren im vorgesehenen Zeitplan.

1

2

3

4

6

Legenden zu den Farbtafeln

1 Jeden Morgen hatten wir die gewaltige Granitsäule des Frêneypfeilers vor uns. Doch meistens hüllte er sich schon in den Vormittagsstunden wieder in Nebel und Wolken ein.

2 Der Col du Peuterey auf fast 4000 Metern war ein idealer Filmplatz und 1973 auch Biwakplatz für die Dreharbeiten am Originalschauplatz. Im Sattel hatten wir uns eine Eiskaverne herausgemeißelt.

3 Die Überkletterung der Dächer filmte ich aus allen Perspektiven. Hier kletterte Pierre Mazeaud auf die Kamera zu.

4 Eine wichtige Szene spielte in einer eisigen Gletscherspalte. Hier ereignete sich bei den Dreharbeiten der tragische Unfall, bei dem zwei Darsteller ums Leben kamen.

5 Mehrmals mussten wir im Winter im Montblanc-Gebiet filmen. Das bedeutete, dass wir bei minus 20 Grad in steilen Eisflanken filmten und kletterten.

6 Die Größe des Montblanc-Massivs zeigt sich am eindrucksvollsten, wenn man die Figur eines Kletterers am Fels mit den Dimensionen der grandiosen Berglandschaft vergleicht. So etwas gibt es nur einmal in Europa!

7 Auch in einer Höhe von 4000 Metern kann es einem in der Sonne recht warm werden, vor allem wenn man mit Filmen beschäftigt ist und wie ein Dackel mit der Kamera hin und her eilt.

Der Hauptteil des Films sollte am Originalschauplatz, dem Frêneypfeiler, gedreht werden. Der Einstieg in den Pfeiler befindet sich 100 Meter oberhalb des Peutereysattels auf 4100 Meter Höhe. Mein Plan war, auf dem Col de Peuterey eine Eishöhle zu graben und so für elf Personen einen Schlaf- und Wohnraum zu schaffen. Ich rechnete mit etwa zehn Tagen, die wir am Col de Peuterey verbringen würden, um von dort in den Frêneypfeiler einzusteigen und an den Originalschauplätzen alle relevanten Szenen zu filmen. Dazu mussten wir aber erst einmal auf dem Col de Peuterey angekommen sein. Auch hier hatte ich einen Plan. Ich wollte alle Darsteller mit dem Helikopter von der Cosmiqueshütte zum Col de Peuterey hinauffliegen lassen und sie dann, wenn alle oben waren, gleich mit dem Bau der Eishöhle inmitten des Gletschers beginnen lassen. In der Zwischenzeit würde ich mit dem Helikopter in zwei Flügen das Biwakmaterial und den Proviant für zehn Tage nach oben fliegen. An dem Tag funktionierte es wie geplant. Unter dem Helikopter hing in einem Netz das zu transportierende Material. Am Abend war die Eishöhle aus dem Gletscher gemeißelt, und wir konnten den Proviant verstauen. Eine kleine Nische war extra für mich als Küche hergerichtet worden, in der mein zweiflammiger Gaskocher Platz hatte. Auch für meine Teller und Töpfe und Pfannen, um für elf Leute kochen zu können, musste Platz geschaffen werden. Eine richtige kleine Küche hatte ich auf 4000 Meter Höhe im Col de Peuterey! Ein abenteuerlicher Platz für einen Hobbykoch ... Getränke hatten wir auch nach oben gebracht, ein paar Flaschen Wein und Bier für eventuelle Schlechtwettertage. Dass man am ersten Abend in der Eishöhle den ersten Schlechtwettertag vermutete und sich über den Wein hermachte, war allerdings nicht geplant.

Mit Pierre hörte ich am Abend den Wetterbericht im Transistorradio, und wir mussten hinnehmen, dass der nächste Tag mir Sicherheit Nebel und Wolken brachte. Also war der erste Ruhetag schon vorprogrammiert. Ich meinte aber, dass das Akklimatisieren an die Höhe sicherlich für alle gut wäre. Der zweite Tag auf dem Col de Peuterey war durchwachsen. Mit Gerhard machte ich einen kleinen Ausflug in Richtung Einstieg zum Frêneypfeiler, während die anderen in unserer Gletschergrotte Karten spielten. Mit Gerhard stieg ich bis zu den ersten Felsen hinauf. Von Zeit zu Zeit brach die Sonne durch. Wir besprachen bei einer Rast die ersten Einstellungen und kehrten zur Eishöhle zurück. Der Col de Peuterey ist kein scharf ausgebildeter Sattel, sondern eine kleine Hochfläche, etwa 100 mal 100 Meter im Geviert. Nach links ging eine 700 Meter lange Eisrinne nach unten, und rechts befanden sich die steil abfallenden Gruberfelsen, eine Felsbastion mit fast 500 Meter Höhenunterschied. Über uns befand sich nach Süden, den Peutereygrat abriegelnd, die 4112 Meter hohe Aiguille Blanche, und nach Norden hob sich der lange Peutereygrat unmittelbar und steil nach oben, bis zum Gipfel des 4807 Meter hohen Montblanc.

Endlich kam ein wolkenloser Tag. Wir konnten mit den Dreharbeiten beginnen. Die französische Seilschaft begann mit dem Zustieg über die untere Eisflanke hinauf zu den sich aufschwingenden Felsen. Die Arbeit mit guten Alpinisten ist wunderbar. Man braucht nicht ständig darauf achten, was sie im Fels oder im Eis machen. Sie kennen sich im schwierigen Gelände aus und sind auf Wunsch für jede Szene an der gewünschten Stelle zur Verfügung. Für die Kameramannschaft ist es gut, das zu wissen, um sich ganz auf die Filmarbeit konzentrieren zu können. Am dritten Tag am Pfeiler hatten wir den Einstieg der französischen Seilschaften abgedreht.

Der Peutereygrat mit seiner Länge von 5 Kilometern ist das Herzstück des Montblanc-Massivs. Der große, halbrunde Einschnitt rechts der Bildmitte ist der Col de Peuterey auf fast 4000 Meter Höhe.

An einem Berg wie dem Montblanc ändert sich ständig das Wetter. Auch wenn der Wetterbericht am Morgen von einem Hoch über Haute-Savoie spricht, heißt das noch lange nicht, dass auf der italienischen Seite des Montblanc eitel Sonnenschein herrscht. Wieder ein Tag in den Wolken. Es war zum Verzweifeln! Meine Bergsteiger vergnügten sich auf dem Col de Peuterey. An der Stelle, wo es fast eben war, spielten sie mit einer leeren Blechbüchse Fußball. Ich befand mich am späten Nachmittag in meiner Gletscherküche und bereitete das Abendessen vor – von außen lautes Rufen: Ich hörte Pierre, wie er auf Italienisch antwortete, und schaute aus dem Loch unserer Eishöhle. Was sehe ich: Zwei Kletterer kommen aus der Richtung, in der sich die Aiguille Blanche befindet, auf uns zu und ziehen erschöpft die Seile über den Schnee hinter sich her. Sie machten einen sehr desolaten Eindruck und waren offensichtlich total erschöpft. Ich griff mir meine Teekanne und zwei Tassen, kroch aus unserer Höhle und ging mit der Teekanne auf die beiden Italiener zu. Diese schauten erst mich an und dann in die Runde zu den Fußball spielenden Bergsteigern. Schnell ergriffen sie die Tassen und tranken hastig ein paar Schlucke Tee. Es waren Bergsteiger aus Bologna, wie sich später im Gespräch herausstellte. Sie waren schon drei Tage unterwegs und hatten die Gesamtüberschreitung des Peutereygrats bis hinauf zum Gipfel des Montblanc geplant. Diese Überschreitung ist eine der längsten, wenn nicht gar die längste alpine Tour, die man in den Alpen machen kann. Sie hatten die Tour unterschätzt und waren nicht gut ausgerüstet. Vor allem das letzte Biwak musste hart für sie gewesen sein, denn ihr Biwaksack war ihnen im Sturmwind davongeflogen, und so hatten sie die Nacht im kalten Wind verbringen müssen. Mit Mühe hatten sie die Abseilstellen über 300 Höhenmeter zum Col de Peuterey geschafft und dabei von unten immer wieder Stimmen und Lachen gehört. Sie meinten schon, Halluzinationen zu haben, und verstanden die Welt nicht mehr, als sie beim Abseilen durch den Nebel unter sich die Fußball spielenden Bergsteiger sahen …

Am übernächsten Tag drehten wir bei schönstem Wetter wichtige Kletterpassagen im schwierigen, steilen Fels. Nur der eisige Wind machte uns zu schaffen. Gegen Mittag zogen Wolken auf, und das wunderbare Sonnenlicht verschwand in den Nebelfetzen, die aufzogen. Wir brachen die Filmaufnahmen ab und stiegen zu unserem eisigen Quartier auf dem Col de Peuterey hinunter. Dann waren wir wieder in unserer Eishöhle, und ich kochte; die anderen spielten Karten.

So vergingen die Drehtage ohne große Komplikationen, nur eines machte mir Sorge: Wir hatten zwar Nebel und Wolken, aber keinen richtigen Schneefall, wie ich ihn für die wichtigen dramatischen Szenen gebraucht hätte. Bei der Originalgeschichte 1961 war es ein richtiger Wettersturz mit ungeheuer viel frisch gefallenem Schnee, der die Tragödie auslöste. Unser Proviant ging zur Neige, und wir mussten daran denken, ins Tal zurückzukommen.

Der Abstieg vom Frêneypfeiler zur Gambahütte stand uns bevor. Wir packten am elften Tag unsere Rucksäcke und beschlossen, über die Gruberfelsen abzusteigen und über den Frêneygletscher und den Col de l'Innominata zur Gambahütte zu gehen. Ich kannte den Weg über die Gruberfelsen nicht, deshalb war es wichtig für mich, für die Szenen in den Gruberfelsen, über die sich 1961 die französisch-italienische Seilschaft hinunterkämpfte, schon beim Abstieg die Drehorte zu sehen und mich auf diese Verhältnisse einzustellen.

Beeindruckend war das Abseilen über die steilen Gruberfelsen hinunter zum Frêneygletscher und auch der Gletscher selbst, der aufgrund seiner Steilheit wild zerrissen ist. Ich konnte mir gut vorstellen, wie es den total erschöpften Bergsteigern damals zumute war, als sie über den zugeschneiten Gletscher gingen, im Nebel und immer in der Gefahr schwebend, in eine Gletscherspalte zu stürzen.

Unser Quartier im Col de Peuterey mit Schlafplätzen und einer Kochnische, in der ich meine Mitarbeiter täglich auf einem zweiflammigen Gaskocher bekochte. Mein Assistent Gerhard Baur zog sich gerade die Schuhe an.

Wir hatten es beim Verlassen des Drehortes Frêneypfeiler mit der Wettersituation des damaligen Dramas zu tun, aber kamen gut hinunter zur Gambahütte, die auf 2630 Meter Höhe auf der italienischen Seite des Montblanc liegt. Dort hielten wir uns eine Nacht auf, und ich freute mich, einmal nicht kochen zu müssen. Mit meiner Assistentin Aki Schwarzenberger hatte ich per Telefon Kontakt aufgenommen, damit sie mich im Tal von Courmayeur abholen kam. Am Morgen stiegen wir von der Hütte ab und fuhren durch den Montblanc-Tunnel hinüber nach Chamonix. Erst machten wir einen Ruhetag. Ich selbst fuhr nach Genf und besuchte Guido Tonella, der über unsere Dreharbeiten in Schweizer Zeitungen berichtete. Dort traf ich per Zufall mit Walter Bonatti und Gaston Rébuffat zusammen, und beide wollten natürlich wissen, wie es ihrem Freund Pierre Mazeaud bei der Filmerei gehe.

Zwei Tage später ging es wieder hinauf zur Cosmiqueshütte. Der Hüttenwart hatte bereits für Nachschub an Proviant gesorgt. Wieder war das Wetter für unseren Film zu gut. Dringend wartete ich auf Schlechtwetter, um zu filmen! Also saßen wir wieder bei schönstem Wetter auf der Hütte und spielten Schach oder Karten und lasen in zerfledderten Asterix-Heften. Die Innenaufnahmen, die in der Biwakschachtel am Col de la Fourche spielten, hatten wir dank des 220-Volt-Anschlusses, der uns den wichtigen Strom für unsere Lampen lieferte, abgedreht. Wir warteten in der Hütte auf schlechtes Wetter mit dem nötigen Schneefall, um die wichtigen Sequenzen des Wettersturzes von 1961 in den vereisten Felswänden zu drehen. Am wichtigsten war die Szene, als bei einem Gewitter der französische Bergsteiger Pierre Kohlmann im Frêneypfeiler vom Blitz getroffen wird und ohnmächtig im Seil hängen bleibt. Für diese Szenen wünschten wir uns eine Schlechtwetterfront mit Schneefall und Wind.

Die Aufnahmen des Wettersturzes sollten in der Rébuffat-Route in der Südwand der Aiguille du Midi stattfinden, die in ihrer Struktur dem Frêneypfeiler ähnelt. Uns war klar, dass es unmöglich war, im Frêneypfeiler bei Schneesturm einen Spielfilm zu verwirklichen. Schon die Arbeit in der Midi-Südwand war sehr riskant. Das Schlechtwetter kam an einem Morgen und kündigte sich durch dicke Wolken am Horizont an. Bald hüllten sich die Berge mit diesen Wolken ein, und Schnee fegte über den Col du Midi und um die Hütte. Kein angenehmes Wetter für eine normale Bergtour, doch genau richtig für uns, um diese schwierige Situation zu realisieren, in der sich die Bergsteiger damals befanden.

Die Kameraausrüstung war wetterfest in Spezialrucksäcke verpackt worden, und wir gingen sehr früh am Morgen von der Hütte hinüber zum Einstieg der Midi-Südwand. Die Darsteller der italienischen und der französischen Seilschaft stiegen in die Wand ein und postierten sich mehrere Seillängen weit oben unter einem Dach. Wir, die Kameraseilschaft, stiegen ihnen nach. Sie hatten sich mittlerweile zu einer gemeinsamen Seilschaft zusammengeschlossen. 15 Meter rechts von den Darstellern bezogen wir unseren Kamerastandpunkt. Das Schneetreiben nahm zu, und wir merkten, dass wir mitten in einem Gewitter steckten und genau derselben Situation ausgeliefert waren wie damals die französische und italienische Seilschaft. Auf der Hütte hatte ich am Vorabend mit allen Darstellern die Marschroute der Dreharbeiten an diesem wichtigen Tag durchgesprochen. Ich hatte ihnen erklärt, dass wir nicht nur einzelne Einstellungen filmen würden, sondern dass sich alle Darsteller in die Situation eines Wettersturzes versetzen und nur noch auf Zuruf – entsprechend der Situation, in der sie sich in dieser Wand befinden – reagieren sollten. Sie sollten vor allem nicht in die Kamera schauen, wenn ich ihnen meine Kommandos gab, sondern nur das tun, was ich ihnen zurief. Es war ja kein Dokumentarfilm, sondern ein Spielfilm.

Gerhard Baur stand mit der Ersatzkassette in der Hand hinter mir, um sie schnell auf die Kamera setzen zu können, und neben ihm stand Peter Vogler, wiederum mit einer Ersatzkassette im Rucksack, damit keine Nässe in die Kassetten dringen konnte. Es musste alles sehr schnell gehen. Jetzt konnte es losgehen: Pierre Mazeaud war der Führende der französischen Seilschaft und kletterte bis unter das Dach. Andy Schlick, der Walter Bonatti spielte, sicherte ihn, und neben Andy stand Milan Doubek als der Franzose Pierre Kohlmann mit seinem Hörapparat im Ohr, den er gerade im Begriff war auszustellen. Ich filmte und wechselte ständig die Brennweite der Optik, um schnell von der Totalen in die Naheinstellung zu kommen. Dabei filmte ich in Großeinstellungen die Gesichter der sieben Akteure, die sich voll in die Situation einer gefährdeten Seilschaft während eines Wettersturzes hineinversetzten. Auf lauten Zuruf von mir spielte Milan Doubek jetzt, wie er von einem Blitz getroffen wurde, und Andy Schlick als Bonatti rief hinauf zu Pierre Mazeaud: «Pierro wurde vom Blitz getroffen – in seinen Hörapparat!» Pierre Mazeaud rief hinunter: «Vom Blitz getroffen?» Andy

Ein Aushangfoto für das Kino: Pierre Mazeaud mit dem sterbenden Andrea Oggioni, gespielt von dem Österreicher Walter Grimm, der bei den Dreharbeiten im Eisschlag ums Leben kam.

Schlick antwortete: «Ja, vom Blitz getroffen! Komm zurück – ich lasse das Seil nach.» Pierre Mazeaud darauf: «Ja, sofort – schüttle Pierre, du musst ihn schütteln!» Das alles spielten die drei Kletterer so, als wäre es im Moment des Wettersturzes wirklich und wahrhaftig so passiert wie an jenem Tag am Frêneypfeiler.

Ich ließ die Kamera laufen und laufen, wechselte immer nur die Optik und brüllte dabei meine knappen Anweisungen zu den Kletterern hinüber. Jede Einstellung hatte ich schnittgerecht im Kopf. Ich brauchte nur auf die Reaktionen der Darsteller achten und die Kamera laufen lassen. Ich wechselte die Kassetten in Windeseile, um keine Zeit zu verlieren. Diese ganze Sequenz dauerte keine 10 Minuten, und ich hatte alles, so wie ich es haben wollte, gefilmt. Dabei hatte ich im Rausch der Arbeit gar nicht bemerkt, dass wir uns direkt in einem Gewitter befanden. Dieser Filmteil war an Originalität nicht mehr zu überbieten.

Das Gewitter hatte sich immer noch nicht aus der Felswand der Aiguille du Midi verzogen. Immerhin befanden wir uns in 3600 Meter Höhe, und Pierre Mazeaud, in Erinnerung an die damalige Situation am Frêneypfeiler, brüllte zu mir herüber, dass er aus der Wand rauswolle und befürchte, dass sich so ein Unfall wiederholen könne. Ich musste ihm recht geben, und ganz wohl war mir auch nicht bei dem Gedanken, was alles passieren könnte. Doch ich war so in meiner Arbeit gefangen, dass meine Konzentration voll auf die zu gestaltende Szene gerichtet war und ich alles um mich herum vergessen hatte. Schnell brachen wir die Dreharbeit ab, um alle Akteure erst einmal in Sicherheit zu bringen. Die zusätzlichen Aufnahmen, die fehlten – den Fortgang der Handlung nach dem Blitzschlag und die Rettung Pierre Kohlmanns –, wollte ich in späteren Tagen filmen,

Der vom Blitz getroffene Pierre Kohlmann – gespielt von Milan Doubek – wird beim Rückzug von Walter Bonatti – dargestellt von Andy Schlick – vor dem herabstürzenden Eisschlag geschützt.

wenn wieder Wolken den Berg umhüllten, aber sich kein Gewitter über der Aiguille du Midi befand, das sich mit Blitz und Donner entlud. Schnell seilten wir ab und gingen zurück zur Hütte. Mit dem filmischen Ergebnis war ich hochzufrieden, wenn mir auch im Nachhinein Bedenken kamen, dass es sehr gewagt war, während eines Gewitters diese Szenen zu realisieren.

Ein tödlicher Zwischenfall

Die Zeit, die meine Alpinistendarsteller zur Verfügung hatten, war abgelaufen, und fast alle mussten nach Hause in ihre Berufe. Wir brachen die Dreharbeiten ab und vereinbarten ein neues Treffen im November. Dieser Monat ist die Zeit, in der in den Alpen der meiste Schnee fällt und die tieferen Lagen der Skigebiete mit Schnee versorgt. In München brachte ich das belichtete Material zum Entwickeln ins Kopierwerk, erkundigte mich aber sofort nach dem Stand des Entwicklers im Labor, um eventuell noch reagieren zu können. Es ist wichtig, erst eine Rolle entwickeln zu lassen, um zu wissen, wie die Chemikalie im Labor reagiert. Das ist mindestens so wichtig wie ein guter Belichtungsmesser. Ist die «Soße», wie der Fachmann sagt, schon eine Weile in der Wanne, so wird das belichtete Material schlecht entwickelt. Dann muss man eventuell die Entwicklungszeit etwas verlängern, um ein richtig herausentwickeltes, gleichmässiges Negativ zu erhalten. Dies ist das A und O für die Qualität der späteren Kopien.

Im Studio in Inning am Ammersee bekamen wir die Muster vom Kopierwerk zu sehen und waren begeistert. Alles war so, wie ich es mir gewünscht hatte. Das Negativ war perfekt, und vor allem die Szenen, die während des Unwetters gefilmt worden waren, waren eindrucksvoll und zeigten die ganze Dramatik des Gewitters und des Blitzschlags. Mitte November war wieder das übliche Treffen in Chamonix. Das Gute an diesem Ort war, dass aufgrund der skifahrerischen Möglichkeiten in den Hochlagen bei Chamonix die meisten Hotels schon geöffnet hatten.

Aber jenes Jahr war wie verhext. In Chamonix lag so gut wie kein Schnee, und was besonders schlimm war, war die Tatsache, dass es bis hinauf zum Gipfel des 4807 Meter hohen Montblanc keinen Zentimeter Schnee gegeben hatte. In Erwartung eines Schneeeinbruchs, den der Wetterbericht aus Genf ankündigte, fuhren wir hinauf zur Cosmiqueshütte, wo sich Roland, unser Hüttenwart, schon auf unser Kommen eingerichtet hatte. Er hatte viel eingekauft, um uns mit seiner guten Küche zu verwöhnen. Wir warteten und warteten auf Wolken und Schnee, und jeden Morgen weckte uns wunderbarer Sonnenschein. Wir lagen auf dem Vordach der Hütte und spielten Karten oder Schach. Vierzehn Tage Nichtstun auf der Hütte und ab und zu ein paar Stimmungsbilder der Landschaft filmen – das war alles! Anfang Dezember mussten alle wieder an ihren Arbeitsplatz zurück, und wir vereinbarten, uns im Januar wieder zu treffen.

Am 20. Januar 1974 in Chamonix angekommen, waren die Berge noch immer so graubraun wie im November, in dem wir nicht filmen konnten. In diesem Winter ließ der Schnee auf sich warten. In Schneerinnen am Montblanc du Tacul konnten wir auf einer Höhe von 4300 Metern Biwakszenen und Abseilszenen filmen, aber das war schon alles. Der Gletscher war blank wie sonst nur im Spätsommer. Alle Spalten waren offen, und nichts deutete auf einen Wetterumbruch hin, wie wir ihn gebraucht hätten. Allerdings sorgten sehr tiefe Temperaturen von bis zu 25 Grad minus dafür, dass mir immer nach etwa einer Stunde die Kamera einfror. Was die Temperaturen anbetraf, hatten wir wirklich einen strengen Winter am Montblanc. Nach vierzehn Tagen fuhren wir, wieder wegen Schneemangels, wieder heim. Außer Spesen nichts gewesen ...

Insgeheim redete ich mir ein, der Montblanc möge mich nicht und halte mich mit seinem anhaltend schönen Wetter zum Narren. Im Laufe des Winters schneite es dann allerdings in den meisten Gebieten der Alpen, so auch im Montblanc-Gebiet. Meine Darsteller und ich hatten beschlossen, gemeinsam den Monat Mai für einen neuen Versuch zu nützen. Wieder musste ich bei den Arbeitgebern meiner Darsteller um gut Wetter bitten und meine verzweifelte Lage schildern, denn ein angefangener Film ist eben gar kein Film. Huber Schonger hatte Geduld, denn er als passionierter Tierfilmer kannte die Probleme mit schwierigen Situationen, wenn nicht alles so läuft, wie man es sich vorgestellt hat.

Diesmal war das Problem Pierre Mazeaud. Pierre war im Parlament in Paris in einigen Ausschüssen der Vorsitzende und konnte nicht so über seine Zeit verfügen, wie er es selbst gewünscht hätte. Er versprach, jeden verfügbaren Tag zu nützen und immer mit dem Flugzeug von Paris nach Genf zu kommen, um dann zwei oder drei Tage für Aufnahmen zur Verfügung zu stehen. Für die Tage, an denen er nicht da sein konnte, hatte ich einen Kletterer aus Innsbruck mitgenommen. Es war der Bruder von Egon Wurm, der Antoine Vieille spielte, Georg, ein gelernter Koch, der eben aus Neuseeland zurückgekommen war. Er hatte die gleiche Größe und Statur wie Pierre, und mit dessen Kleidung konnte er als Double die Rolle von Pierre spielen.

Das zweite Problem war mein Darsteller von Andrea Oggioni, Walter Grimm. Der hatte keine Schwierigkeiten mit seinem Arbeitgeber, sondern mit dem österreichischen Bundesheer. Walter war zu einer Gebirgsübung eingezogen. Was nun? In meiner Not bat ich den Intendanten des Bayerischen Rundfunks, Christian Wallenreiter, um Hilfe. Er nahm umgehend Kontakt zum befehlshabenden General der österreichischen Gebirgsjäger in Innsbruck auf und schilderte diesem unser Problem; er hatte für unsere Situation Verständnis, und Walter Grimm bekam für die geplante Drehzeit frei. Damit war ein großes Problem gelöst, und wir konnten uns Anfang Mai wieder treffen. Jetzt lag auch genügend Schnee auf den Bergen, um die wichtigen letzten Teile zu filmen.

Pierre Kohlmann stirbt kurz vor Erreichen der rettenden Gambahütte in den Armen von Walter Bonatti und Roberto Gallieni (Aushangfoto).

Jeden Tag realisierten wir wichtige Szenen und fehlende Anschlüsse. Pierre kam zweimal mit dem Flugzeug aus Paris und stand für Schlüsselszenen zur Verfügung. An den anderen Tagen hatten wir Egons Bruder Georg als Double für die Totalen. Dabei wurde er von hinten gefilmt. Für Eventualitäten filmte ich in verschiedenen Situationen das Gesicht von Pierre in Naheinstellungen, um es beim Schnitt an der richtigen Stelle einfügen zu können. Es war eine ständige Konzentration auf die jeweiligen Teile des Films: Alles musste im Kopf gespeichert sein, um jeden Anschluss an eine gefilmte Einstellung sofort mit den zuvor gefilmten Naheinstellungen so zu gestalten, dass später, beim Montieren der Szenen, keine Einstellung fehlte und der Zuschauer nicht merkte, dass hier gedoubelt wurde. Noch ein wichtiger Darsteller fehlte mir für diese Nacharbeiten im Mai: Andy Schlick war mit einer schon lange geplanten deutsch-österreichischen Expedition im Himalaya am 8163 Meter hohen Manaslu. Der Darsteller von Bonatti musste ebenfalls gedoubelt werden. Die nötige Bekleidung, die er als Bonatti trug, hatte ich von Andy zugeschickt bekommen. Ich musste also nur einen meiner Helfer in die Kleidung stecken und ihn so platzieren, dass er von hinten angeschnitten war. Wie bei Pierre Mazeaud hatte ich auch von Andy Schlicks Gesicht eine ganze Menge Großeinstellungen in den verschiedensten Situationen gefilmt.

An einem Vormittag filmten wir die Szene, wie beim Rückzug über den Frêneypfeiler der Jüngste der französischen Seilschaft an Erschöpfung stirbt. Es war nur eine von vielen dramatischen Momenten, und doch hatte gerade diese Szene etwas Ergreifendes. Die Bergsteiger hüllen den toten Körper in einen

Biwaksack und lassen ihn auf dem verschneiten Gletscher zurück. Dann gehen sie über den Gletscher weiter, der rettenden Gambahütte zu.

Am Nachmittag drehten wir in einer Gletscherspalte eine Zusatzszene zum im Januar gefilmten Spaltenbiwak. Damals, im Januar, war die Spalte nicht verschneit und weit offen. Diesmal aber lag eine dicke Schneebrücke darüber. Diese Szene sollte nur zeigen, wie die Bergsteiger zur Spalte kommen. Alles andere hatten wir schon im Januar gefilmt. Die Kamera stand am Spaltenrand, die Bergsteiger kamen hinter der Kamera vorbei ins Bild und gingen in Richtung Spalte. Als sie genau am Rand der Spalte waren, sagte ich: «Stopp, Kamera aus – das genügt.» Aber die vorderen drei in der Gruppe gingen weiter, da Milan Doubek unter der Schneebrücke ein Foto machen wollte, was ich aber nicht wusste und was auch nicht abgesprochen war.

In dem Moment – sie waren vielleicht noch 5 Meter gegangen und standen gerade unter der dicken Schneebrücke – gab es einen dumpfen Knall, und die tief verschneite Schneebrücke stürzte auf die drei Darsteller. Die Schneemassen drückten die Bergsteiger in die Spalte nach unten und deckten sie meterhoch zu. Wir standen alle erstarrt am Spaltenrand, fassungslos. Nachdem ich mich gefasst hatte, stieg ich sofort mit Gerhard Baur nach unten in die Spalte, und wir begannen fieberhaft mit den Händen zu graben. Wir konnten Georg Wurm, der Pierre Mazeaud gedoubelt hatte, aus den Schneemassen befreien, da er noch aufrecht im Schnee steckte und sein Kopf nur mit wenig Schnee bedeckt war. Die anderen beiden, Walter Grimm und Milan Doubek, steckten mit dem Kopf nach unten tief in dem pulvrigen Schnee und waren erstickt. Keiner sprach ein Wort, wir schauten uns nur an und konnten es nicht fassen, was sich gerade vor unseren Augen abgespielt hatte.

In solchen Momenten schießen einem die wildesten Gedanken durch den Kopf, doch keiner kann sie in passende Worte fassen. Der Bergtod kommt fast immer schnell und unverhofft und überrascht den Bergsteiger dann, wenn er am wenigsten an ihn denkt. Keiner von uns konnte dieses Unglück vorausahnen, und keiner konnte es abwenden. Wären die drei nicht weitergegangen, wäre der tragische Unfall nicht passiert.

Wir bargen die Toten und brachten sie zur Materialseilbahn, um sie am nächsten Tag nach Chamonix überführen zu können. An der Cosmiqueshütte angekommen, verständigte ich per Telefon die Bergrettung und die Polizei in Chamonix und berichtete von dem Unfall. Anschließend rief ich sofort Pierre Mazeaud in Paris an und erzählte ihm von dem tragischen Tod von Walter Grimm und Milan Doubek. Er hörte mir stumm zu und sagte dann mit leiser Stimme: «Eben habe ich die Nachricht erhalten, dass bei der Manaslu-Expedition Andy Schlick ums Leben gekommen ist.» Wieder war ich fassungslos. Dieser Tag war grausam für uns alle. Wir hatten an diesem Unglückstag den Tod gefilmt und gleichzeitig drei unserer Kameraden und Freunde verloren.

Mir war vollkommen klar, dass mit diesem Unfalltod der Darsteller der Film beendet war und an ihm nicht mehr weitergearbeitet werden konnte. Die Formalitäten mit den örtlichen Behörden mussten abgewickelt werden, die Angehörigen wurden verständigt und mit ihnen die Überführung der Toten in die Wege geleitet.

Der Film musste fertiggestellt werden. Doch ich wollte erst einmal Abstand zum Geschehen finden. Die Beisetzungen der Freunde in München und Innsbruck wurden für alle Beteiligten zu einer schweren Last. Auf mir ruhten die Augen der Hinterbliebenen mit einer einzigen stummen Frage: ob ein Film das alles wert gewesen sei? Ich wusste, dass mich an dem Tod von Walter Grimm und Milan Doubek keine direkte Schuld traf, aber ich wusste auch, dass Milan eine Frau und drei Kinder hinterlassen hatte, und das schmerzte mich ganz besonders.

Wochen später – ich wollte nicht gleich mit der Fertigstellung beginnen – saß ich an einem frühen Morgen mit einem riesigen Stapel Filmbüchsen in meinem Schneideraum und begann die Filmmuster zu sichten. Beim Betrachten der Szenen sah ich wieder die Situation, die zu dem tragischen Unfall geführt hatte, ich sah die Bergsteiger in den Felsen des Frêneypfeilers, sah die Freunde, die in der Spalte den Tod fanden, und hätte am liebsten den ganzen Film vernichtet. Das wäre aber nicht im Sinne meiner Freunde gewesen, denn sie hatten alle mit größtem Einsatz an diesem Film mitgewirkt. Der Film musste abgeschlossen werden, das war ich ihnen schuldig.

Die Fertigstellung eines Spielfilms ist eine lange Prozedur von einzelnen Arbeitsgängen. Erst der Bildschnitt: die großen Rollen in einzelne Sequenzen trennen und nummerieren. Die kleinen Rollen auflisten und sortieren. Alles muss penibel und gut leserlich aufgelistet werden. Dann die dem Ablauf der Szenen folgenden Rollen in die einzelnen Einstellungen trennen und an die Nagelleiste hängen. Für die erste Rolle am Schneidetisch einen Start einlegen. Das ist ein Stück Film mit einem Ziffernvorlauf, um am Schneidetisch und im Projektor diesen Vorlauf mit dem jeweiligen Ton synchron starten zu können. Nun muss man Szene für Szene aneinanderschneiden und dabei aus den oft mehrmals gedrehten Szenen die beste aussuchen. Diese mit der nächsten Szene aneinanderschneiden und auf die richtige Bewegung der Darsteller achten. So entsteht in langwieriger Arbeit der Rohschnitt der ersten Rolle Film. Diese ist in der Regel etwa 300 Meter lang und hat eine Laufzeit von etwa 8 bis 10 Minuten. Diese Rolle nennt man dann Akt: erster, zweiter, dritter Akt und so weiter. Bei einem Hauptfilm sind es in der Regel etwa zehn Akte à 10 Minuten Vorführlänge. Akt für Akt entsteht also aus der Menge der Filmszenen. Das dauert bei einem so schwierigen Film etwa vier Wochen. In diesen vier Wochen sah ich meine Freunde im Film klettern und erlebte Tag für Tag immer wieder ihr Sterben am Berg. Oft verließ ich schon nach einer Stunde den Schneideraum, um einen klaren Kopf zu bekommen. Ich merkte, dass ich in einem Grenzbereich der Belastbarkeit angekommen war. Aber der Film musste zu Ende gebracht werden.

Die zweite Phase des Filmschnitts ist das Trennen des geschnittenen Films in einzelne Streifen, die als Schleifen endlos durch den Projektor laufen und der Synchronisation dienen, da wir im Fels stumm – das heißt ohne Originalton – gedreht hatten. Jetzt mussten die Dialoge der Darsteller von Schauspielern nachgesprochen, also synchronisiert werden. Dafür wurden vorher, als die Rollen noch nicht getrennt waren, die Dialoge am Schneidetisch geschrieben und den Darstellern lippensynchron in den Mund gelegt. Erst jetzt kamen die Synchronsprecher zum Einsatz und sprachen den Text. Synchronsprecher ist ein eigener Beruf und erfordert viel Können und Einfühlungsvermögen. Alle ausländischen Filme, die wir im Fernsehen oder Kino sehen, sind synchronisiert. Im Projektor läuft endlos eine Schleife Film und wird auf die Leinwand projiziert. Der Schauspieler respektive Synchronsprecher spricht nun den Monolog (oder zwei von ihnen den Dialog) und achtet auf die Lippenbewegungen der Darsteller auf der Leinwand. War der Text lippensynchron gesprochen und wurde für gut befunden, wird die nächste Schleife eingelegt. So entsteht die Sprache zum Film. Anschließend geht es wieder in den Schneideraum, und es beginnt das Anlegen der synchronisierten Dialoge an den Filmstreifen.

Dazu wird nun der Ton, der auf ein perforiertes Tonband überspielt wurde, am Filmband angelegt und perfekt auf die Lippenbewegung des Darstellers hingezogen. Rolle für Rolle entsteht wieder, und das dauert wieder gute zwei bis drei Wochen. Die gleiche Prozedur erfolgt mit den dazugehörigen Geräuschen, die von professionellen Geräuschemachern hergestellt werden. Auch diese Geräusche werden dem Film genau beigegeben. Zum Schluss des Filmes wird die Musik, die extra für den Film komponiert wird, erst in einem Musikstudio aufgenommen und dann am Film angelegt. Man hat nun viele Tonbänder, die zu einem einzigen Band gemischt werden müssen.

So entsteht erst einmal ein internationales Mischband mit Musik und Geräuschen. «IT-Band» nennt man dieses internationale Tonband, das für den Verkauf in anderssprachige Länder benötigt wird, um den Film in der jeweiligen Landessprache synchronisieren zu können. Ganz zum Schluss werden das Dialogband und das internationale Tonband zusammengemischt, und es entsteht die jeweilige Kinofassung. Hat man nun das Negativ vom Bild und das Lichttonnegativ hergestellt, wird aus diesen beiden Negativen, wenn sie zusammenkopiert werden, eine erste Kinokopie mit Lichtton zur Vorführung in einem Kino. Diese erste Kinokopie wird auch 0-Kopie genannt. Für die Massenkopien wird noch einmal eine Licht- und Farbkorrektur durchgeführt, dann erst können die Serienkopien hergestellt werden. In Wirklichkeit ist alles noch ein wenig komplizierter als hier beschrieben, aber es würde zu weit führen, noch mehr ins Detail zu gehen. Viele der geschilderten Vorgänge sind eigene Berufe und erfordern langjährige Berufserfahrung.

Das alles war in einer Zeit von drei Monaten meine Arbeit. Und in all diesen Monaten hatte ich die Bergsteiger klettern und sterben sehen. Tag für Tag, Stunde für Stunde. Es kam ganz langsam, schleichend und doch unaufhaltsam. Ich konnte nicht mehr schlafen und lag wach im Bett. Schlief ich ein, sah ich die zusammenbrechende Schneebrücke, sah die Gesichter der Darsteller, wie sie den Tod spielten, und sah die Gesichter von Milan Doubek, Walter Grimm und Andy Schlick. Ich wachte am Morgen nach einem unruhigen, kurzen Schlaf schweißgebadet auf und hatte abends Angst vor dem Einschlafen. Meistens schlief ich vor Erschöpfung ein, und dann begann in der Nacht alles von vorn. Ich war am Ende.

Entscheidend war die Gestaltung eines eindrucksvollen Plakats für die Kinos.

Der Film lief 1974 zu den alpinen Filmfestspielen in Trento. Bei der Prämierung der Filme erhielt ich den Preis der UIAA, also den Preis des internationalen Verbandes der alpinen Vereine. Der Film «Inferno am Montblanc» wurde für mich zum einprägsamsten und wichtigsten Abschnitt in meinem Leben, denn er zeigte mir die Vergänglichkeit von Glück und von Freundschaften, die Verletzlichkeit von Gefühlen und das Vernichtende in der Bürokratie der Fernsehsender. Es folgte eine Zeit, in der ich verzweifelt versuchte, den Weg zu meinem Ich zu finden. Vollkommen verunsichert, war es mir unmöglich, an einem filmischen Projekt zu arbeiten. Dazu kamen große familiäre Probleme, denn ich hatte kein Geld mehr, was die Situation für mich noch schwieriger machte. Plötzlich war ich ganz allein. Ich zog mich von fast allen Menschen zurück und verließ auf längere Zeit München. Es war mir bewusst geworden, dass ich erst wieder in der Lage sein würde, Filme im Gebirge zu machen, wenn es mir gelang, wieder den Weg zu meinem Selbstvertrauen zu finden.

Geschäftlich war der Ausflug in das Filmgeschäft ernüchternd. Aber Bergfilme sind eben auch ein finanzielles Abenteuer.

VON DEN DOLOMITEN IN DEN KARAKORUM

«Die Wand» – ein Experiment

Die für mich sehr wichtige Auszeit hatte mir neue Kraft gegeben. Ich konnte wieder einen Anfang wagen. Otto Guggenbichler hatte die Leitung der Kulturabteilung des Bayerischen Fernsehens übernommen. Wieder in München, besuchte ich ihn. Dabei machte ich ihm den Vorschlag, einen Film über einen Alleingänger zu machen. Das passte ganz gut zu meiner vergangenen Situation und meiner Auszeit. Er unterstützte meine Idee.

Also schrieb ich erst einmal ein Exposé über die von mir vorgesehene Geschichte eines Alleingängers: Ein ehemals sehr bekannter guter Kletterer, der noch einmal eine seiner eigenen Erstdurchsteigungen im Alleingang gehen möchte, dann aber, an einem Überhang, aufgrund eines ausbrechenden Hakens ins Seil stürzt, tritt daraufhin den Rückzug aus der Wand an. Er muss erkennen, dass er nicht mehr der große Könner ist, der er vor zwanzig Jahren einmal war. Das Thema wurde von Otto Guggenbichler akzeptiert.

Ich hatte mir einen Darsteller für die Rolle des Alleingängers gesucht. Es war Rolf Jäger, der im Film «Inferno am Montblanc» Robert Guillaume gespielt hatte. Unglücklicherweise fiel er von einem Dach, auf dem er etwas ausbessern wollte, und brach sich den Oberschenkel. Damit war ich erneut auf der Suche nach einem geeigneten Darsteller. Ich fand ihn in Wulf Trotter aus Garmisch, Zollbeamter von Beruf. Er war ein sehr guter Kletterer und ein großartiger Typ für den Alleingänger, hatte aber noch keine Erfahrung im alpinen Film. Dafür hatte ich aber ausreichende Erfahrung im Umgang mit Laiendarstellern.

Am 13. Oktober 1975 brachen wir in die Dolomiten auf. Unser Ziel war die Rotwand oberhalb des Karersees, es sollte in meiner Route, dem «Hermann-Buhl-Gedächtnisweg», gefilmt werden. In der Südwestwand der Rotwand konnte im Herbst noch gut geklettert werden, auch wenn die Tage nun sehr kurz waren.

Im Rosengarten empfing uns schönstes Herbstwetter. Wir waren ein kleines Team, um original in der Wand arbeiten zu können: ein Helfer für die Arbeit am Wandfuß und zwei Mitarbeiter in der Wand. Der Helfer am Wandfuß war ein langjähriger Mitarbeiter der München Film, Hans Schöffmann. Er hatte schon viele Produktionen erlebt und kannte sich im Filmgeschäft aus. Dazu war er ein berggängiger Mensch und ein seelenvoller Typ, schon über 65 Jahre alt, aber immer noch gut zu Fuß am Berg.

Unser erstes Problem war: Wulf Trotter, der Mitte dreißig war, war ein gut aussehender Kletterer, doch ich brauchte einen Mann, der in die Jahre gekommen war, mit mindestens grauen Schläfen, um die fünfzig Jahre alt. Also ließ ich mir vom Maskenbildner im Fernsehstudio ein paar Tricks zeigen, wie man mit Silberspray aus der Dose – natürlich auswaschbar – und einer Zahnbürste graue Strähnen in das Haar zaubert. Wulf war zwar etwas ungehalten, so plötzlich «gealtert» zu werden, doch es half ihm nichts. Wulf Trotters Ankunft mit einem Motorrad am Karerpass wurde gefilmt, dann der Aufbau seines Zeltes auf einer

romantischen Wiese und der erste Abend vor dem goldrot strahlenden Rosengarten, ganz im Sinne König Laurins. Ein Dolomiten-Märchen. Am nächsten Drehtag filmten wir den Anstieg zum Wandfuß, hinauf durch das gewaltige Schuttkar an der Südseite der Rotwand, und am Wandfuß die Vorbereitung zum Einsteigen in die Wand.

Wiederholung des Totenkirchl-Westpfeilers mit den Erstdurchsteigern Fritz und Wulf Scheffler für das ZDF im Jahr 1980: Nicht immer hatten wir dort so einen relativ schönen Platz zum Filmen. Gerd Uhner machte hier eine eindrucksvolle Aufnahme von mir.

Ein ganz wichtiges Thema war die Absicherung von Wulf in der schwierigen Wand. Im Film spielte er einen Alleingänger in schwerstem Gelände. Es durfte kein Unfall passieren, und deshalb wurde in der Wand ein Seil platziert, an dem er sich nach einer Filmszene sofort sichern konnte. In der Filmgeschichte benutzte er eine Selbstsicherung, sodass diese mit einem anderen Seil kombiniert werden konnte und dennoch im Film der Eindruck entsteht, dass der Darsteller im Alleingang klettert. Mit dem Originalton war es einfach, da jede Szene immer nur mit der Geräuschkulisse unterlegt war und keinerlei Dialoge gefilmt werden mussten.

Wir arbeiteten vier volle Tage in der Wand, dann kam Schlechtwetter auf, und wir mussten die Dreharbeiten abbrechen. Erst im November, während mehrerer Schönwettertage, wurde der Film mit einigen zusätzlichen Szenen und Naheinstellungen am Wandfuß fertiggestellt. Dazu kamen Szenen bei Wildwasserfahr-

Hatte ein Land mit der besten Filmauswahl und Großen Preisen in Trento den «Preis der Nationen» gewonnen, bekam es den Goldenen Globus mit emaillierter Flaggenbanderole, einen Wanderpreis. Hatte ein Land den Preis dreimal gewonnen, ging er in dessen Besitz über. Im Büro des Intendanten des Bayerischen Rundfunks standen zwei dieser Globen.

ten auf der Isar und einige Einstellungen mit dem Motorrad. Der Text des Films war als Monolog konzipiert, wurde von einem Schauspieler gesprochen und schilderte die Gemütslage und die Gedanken des Alleingängers in der Wand. Vor allem sein Biwak war eine der Schlüsselszenen des Films: Er hat einen Traum und schwebt dabei träumend mit einem Fallschirm über die Wand nach unten. Diese Sequenz wurde aus meinem Kinofilm «Sensation Alpen» genommen und integriert.

Bei den Filmfestspielen in Trento erhielt der Film den Großen Preis «Città di Trento» als Sieger der Filmfestspiele und den Preis der Publikumskritik. Da ich wegen Krankheit nicht nach Trento reisen konnte, nahm an meiner Stelle der Chefredakteur des Bayerischen Fernsehens, Rudolf Mühlfenzl, die beiden Preise in Empfang. Eigentlich wollte Edmund Geer, der Produzent des Films, die Preise in Empfang nehmen, doch die Festspielleitung in Trento bestand darauf, dass der Preis einem Vertreter des Bayerischen Rundfunks übergeben wurde. Tage später gab es mit den Mitarbeitern des Films eine kleine Feier mit einem Abendessen in den Törggelstuben beim Hofbräuhaus. Es wurden Reden gehalten, und man gratulierte mir und ganz besonders sich selbst, wie das bei Festlichkeiten so üblich ist. Anschließend wollte ich meine Preise mit nach Hause nehmen, doch Herr Mühlfenzl sagte mir, ich solle doch die Preise im Bayerischen Fernsehen, in seinem Büro, abholen, da sie im Studio noch fotografiert werden sollten. Das war das letzte Mal, dass ich diese beiden Filmpreise gesehen habe. Als ich sie abholen wollte, beschied man mir, dass sie sich bei der Sekretärin der Kulturabteilung, Frau Maier, befänden. Diese wiederum sagte mir, dass sie die Preise nicht habe. Dr. Guggenbichler wusste auch nicht, wo sie abgeblieben waren, und er ist der Einzige, dem ich glaubte, dass er es nicht wusste. Den anderen glaubte ich kein Wort. Es nützte nichts: Die Preise blieben bis heute verschwunden. Immerhin hatten sie einen Goldwert von 352 Gramm puren Goldes, abgesehen vom ideellen Wert und natürlich von der Arbeit, die in den Kunstwerken steckte.

Mobbing perfekt oder wie man einen Film vernichtet

Es sollte ein Film hergestellt werden für die Serie «Unter unserem Himmel». Die Sektion Friedberg des Deutschen Alpenvereins, die in ihrer kleinen Stadt schon seit längerer Zeit Filmtage in Verbindung mit den Filmfestspielen von Trento abhielt, sollte mit ihrem Klettergarten in Konstein und ihrer rührigen Jungmannschaft vorgestellt werden. Wie immer folgte das übliche Prozedere der Vertragsabwicklung. Anfang November war es dann so weit. Ich konnte mit dem Film beginnen – anstatt wie vorgesehen Anfang September, was für einen Film in einem Klettergarten eine sehr gute Zeit gewesen wäre. Die Dreharbeiten waren schwierig, denn das Wetter ist in den Donauauen bei Neuburg sehr oft neblig, die Stunden mit Sonnenschein waren im herbstlichen November sehr knapp. Obwohl der Drehbeginn immer wieder verzögert worden war, standen im Vertrag die alten Daten für die Rohschnittabnahme und auch der alte Fertigstellungstermin Anfang Dezember. Man hatte ganz bewusst den Vertrag so lange hinausgezögert, bis zwischen Drehbeginn und Abnahme des Films fast keine Zeit mehr für die Dreharbeiten blieb. Aber mit Hilfe der Sektion Friedberg schaffte ich es dennoch, den Film fertig abzudrehen.

Zwei Tage später kam ein Anruf vom Produzenten von der Transatlantik-Film München, Dr. Cämmerer. Der Wirtschaftsboss Friedrich Geier sei informiert worden, dass der Film so schlecht sei, und nun wolle er den Vertrag lösen. Friedrich Geier habe das Material von Dr. Guggenbichler anschauen lassen, und der hätte die schlechte Qualität bestätigt, der Film sei so nicht sendefähig. Ich war erschüttert, denn so etwas war mir noch nie passiert. Dr. Cämmerer löste den Vertrag mit dem Bayerischen Rundfunk, hatte aber selbst nicht eine Sekunde des Films angeschaut. Meine Nerven waren am Ende, denn noch hatte ich mit den Nachwirkungen des Unfalls bei den Dreharbeiten zu «Inferno am Montblanc» zu kämpfen. Lange Zeit später, nachdem Otto Guggenbichler schon in Rente war, fragte ich ihn einmal, ob er das Material wirklich als so schlecht empfunden habe, und er sagte erstaunt: «Herr Brandler, welcher Film? Ich habe nicht eine Sekunde von diesem Film gesehen, da hat Herr Geier aber gelogen!» Und eine junge Sekretärin der Abteilung Kultur erzählte mir, dass diese Verleumdung mit dem angeblich nicht sendbaren Film zwischen Friedrich Geier und dem Redakteur Alois Lippl von Anfang an abgesprochen war, um mir zu schaden und mich aus dem Bayerischen Rundfunk zu boxen.

Meine Gesundheit stand auf der Kippe; ich bekam Depressionen. Die Toten, die es bei den Dreharbeiten des Films «Inferno am Montblanc» gegeben hatte, geisterten mir immer noch im Kopf herum, und ich konnte seit Wochen nicht mehr richtig schlafen. Mir fiel, wie man so zu sagen pflegt, die Decke auf den Kopf. So rettete ich mich über den Winter und arbeitete überall, um Geld zu verdienen: als freier Kameramann im Fernsehstudio des ZDF in Unterföhring an der E-Kamera oder in der Filmproduktion des ZDF als Filmkameramann. Auch als Filmcutter im Schneideraum des ZDF verdingte ich mich, schließlich hatte ich ja alle Sparten der Filmherstellung gelernt. Ich schnitt dort Dutzende von Produktionen für alle Abteilungen des ZDF. Aber das waren für mich gleichzeitig Lehrzeiten auf Gebieten, die ich noch nicht kannte.

Gleichzeitig wusste ich aber, dass es weitergehen musste, und ich machte beim Bayerischen Fernsehen Vorschläge. Die Reaktionen auf meine Vorschläge waren gleich null. Eines Tages fragte mich diese junge Sekretärin, weshalb ich eigentlich keine Vorschläge machte. Ich sagte ihr, dass ich das doch getan und meine Vorschläge persönlich Frau Maier gegeben hätte. Da antwortete mir diese Sekretärin, dass sie wisse, wo diese Vorschläge liegen würden, dass sie aber nicht wusste, von wem sie waren, und mir deshalb auch nichts sagen konnte. Meine Vorschläge lägen in der linken Schublade bei Frau Maier im Schreibtisch, und zwar ganz hinten unter alten Akten. Damals saß diese junge Sekretärin im gleichen Raum wie die Sekretärin von Dr. Guggenbichler und war ihre Schreibhilfe. Natürlich fragte ich Frau Maier, weshalb sie das getan hätte, und Frau Maier meinte nur ganz kühl: Sie habe Anweisung von ganz oben, die Vorschläge von mir nicht an Dr. Guggenbichler weiterzugeben. Nun wusste ich, dass ich auf einer schwarzen Liste stand und meine Chancen sehr klein waren, jemals noch einen Auftrag zu bekommen. Meine Gesundheit erreichte einen Tiefpunkt.

Es war Ostern, und ich war psychisch angeschlagen. Ich wollte nicht zu Hause bleiben, da wieder diese schlaflosen Nächte kamen. Also ging ich zu einem Arzt in München, den ich zufällig kannte, und klagte ihm mein Leid. Er meinte, dass es wohl besser sei, wenn ich für eine generelle Untersuchung in ein Krankenhaus ginge. Dann griff er zum Telefon und sprach mit einem Arzt im Oberföhringer Krankenhaus. Er schilderte meine Probleme, aber der Arzt schien nicht interessiert zu sein. Als dann das Wort «Bergfilmer» fiel, wurde der Arzt am anderen Ende der Leitung doch hellhörig und sagte meinem Arzt, ich solle ins Krankenhaus kommen. Mein Arzt gab mir die Adresse in Oberföhring und sagte: «Melden Sie sich bei Dr. Döschl in der Station 2A.»

Ein paar Stunden später war ich im Krankenhaus und wurde von der Stationsschwester aufgenommen. Dann kam der diensthabende Arzt Dr. Döschl und unterhielt sich mit mir. Es stellte sich im Gespräch heraus, dass er mich kannte und viele meiner Filme im Fernsehen gesehen hatte. Er war begeisterter Berggänger und erzählte mir, dass er schon immer den Wunsch gehabt habe, die Watzmann-Ostwand zu durchsteigen, wegen seiner Arbeit aber zu wenig Gelegenheit hätte, sich dem Bergsteigen zu widmen. So sei die Watzmann-Ostwand eben ein Traum geblieben. Aber meinen Film von der Watzmann-Ostwand hatte er als junger Student mit Begeisterung gesehen. Ich merkte, dass ich bei ihm in guten Händen war. Im Laufe der Ostertage – Dr. Döschl hatte über die Feiertage Dienst – unterhielten wir uns in seiner freien Zeit immer wieder übers Bergsteigen und vor allem über die Probleme, die mich seit Langem beschäftigten. Dr. Döschl hörte mir in aller Ruhe zu und stellte nur ab und zu Fragen. Zum ersten Mal konnte ich mit jemandem über meine Situation und vor allem über meine Ängste sprechen. Ich erzählte ihm, wie es zu dem Unfall während der Dreharbeiten zu «Inferno am Montblanc» gekommen war. Auch über meine Probleme mit meinem Heimatsender, dem Bayerischen Rundfunk, für den ich so viele Filme gemacht hatte, sprachen wir, und so langsam bekam ich Abstand zu meinen Ängsten und begann etwas positiver in die Zukunft zu schauen. Nach vier Wochen

1978 mit meinem Freund Rolf Döschl (rechts) bei einem Besuch der Filmfestspiele in Trento. Es ging wieder aufwärts mit mir.

konnte ich die Klinik verlassen, und es hatte sich eine Freundschaft zwischen Dr. Döschl und mir entwickelt. Einige Zeit später fuhren wir gemeinsam in den Klettergarten nach Konstein und kletterten im leichteren Fels. Für mich war das eine Bestätigung, dass es wieder aufwärtsging, und für Rolf, so hieß Dr. Döschl mit Vornamen, war es ein neues Erlebnis, Hand an den Fels zu legen und richtig klettern zu lernen. Ein großes Talent für das Felsklettern stellte ich bei ihm fest, als wir nach kürzester Zeit schon im fünften Schwierigkeitsgrad kletterten.

Trento und seine Filmfestspiele standen auf dem Programm, und wie jedes Jahr wollte ich in Trento Bergsteiger treffen und Filme anschauen. Rolf kam diesmal mit mir ins Trentino und freute sich auf die vielen neuen Eindrücke, die diese historische Stadt vermitteln konnte, und natürlich auch auf die Filme vom Bergsteigen in den Alpen und im Himalaya. Mit einem Film über eine Himalaya-Expedition am 8167 Meter hohen Dhaulagiri war auch der Redakteur Bruno Moravetz vom ZDF anwesend, den ich schon von meinen Dreharbeiten zum Film «Sensation Alpen» im slowenischen Planica und vom Skifliegen her kannte; er war der Chef der Sportredaktion im Landesstudio München-Unterföhring des ZDF. Wir sprachen über alle Möglichkeiten des alpinen Films, und ich erzählte von meiner Heimat und dem Elbsandsteingebirge. Aber auch über die Probleme des alpinen Films sprachen wir, in Trento sind diese Gespräche ja an der Tagesordnung.

Mit Rolf erkundete ich die wunderschöne Umgebung von Trento. Wir fuhren nach Arco und besuchten das dortige Klettergebiet und den Gardasee. Rolf war begeistert von den vielen Bergsteigern, die er beim internationalen Alpinis-

Verbotenerweise drehte ich in der DDR mit Bernd Arnold einen Film über das Elbsandsteingebirge, zum Thema «Artisten im Fels».

tentreffen kennenlernte, und ich glaube, dass damit seine Begeisterung fürs Bergsteigen gefestigt wurde. Bruno Moravetz fragte mich einen Tag später, ob ich einmal bei ihm in seinem Büro vorbeikommen könne. Auf der Heimfahrt erzählte mir Rolf, dass Moravetz sich bei ihm in einer ruhigen Stunde, als ich nicht dabei war, über meinen Gesundheitszustand erkundigt hatte. Grund war, dass er mir einen Auftrag vom ZDF besorgen wollte und dabei sichergehen musste, dass ich der Produktion gewachsen sei. Denn es stand fest, dass ich diesen Film für das ZDF nur machen konnte, wenn ich ihn auch selbst produzieren würde.

Wir hatten ja noch unsere DDR, die «Deutsche Diktatorische Republik», wie ich das Kürzel DDR auf meinen Briefen nach Dresden ab und zu interpretierte. In der DDR musste ich als Privatmann und Amateur filmen und konnte nicht als offizielle Produktion des ZDF auftreten. Der Auftrag kam zustande, ich sollte für den «Sportspiegel» einen Film von 20 Minuten Länge herstellen. Als Amateur getarnt, ging es mit einer 16-Millimeter-Bolex-Kamera und Filmmaterial nach Dresden. Ich wohnte wie immer bei meiner Mutter. Der Vorteil einer solchen heimlichen Arbeit war, dass ich im Rahmen der mir gestatteten und bezahlten Aufenthaltszeit in der DDR unbegrenzt Zeit hatte. Hauptsache für die Bürokraten in der DDR war ja immer, dass man für jeden Tag dem Pflichtumtausch nachkam. Natürlich hatte ich auch schwarz getauschtes Geld dabei. Das Problem war immer: Wie mache ich es, dass es nicht gefunden wird? Sonst konnte es sehr gefährlich werden. Ich hatte ein paar Tricks auf Lager, die so gut waren, dass es blühender Fantasie der Grenzpolizisten bedurft hätte, darauf zu kommen. Ich verrate sie nicht!

Zeit spielte also keine Rolle für mich, was sehr wichtig war, denn ich wollte so viel Landschaft wie möglich filmen, und dazu braucht man gutes Wetter. Erst war ich einmal in Dresden, besuchte meine Freunde und filmte die historischen Bauten dieser barocken Stadt. Der Film sollte auch eine Würdigung meiner Heimatstadt sein. Hier hatte ich den Untergang Dresdens erlebt, hier war ich zur Schule gegangen und als Clown durch die Semperoper getollt, hatte auf Eisschollen die Elbe überquert und war mit historischen Elbdampfern ins Elbsandsteingebirge gefahren. Das alles machte ich nun als filmender «Tourist» noch einmal, wenn ich auch nicht mehr auf Eisschollen balancierte und als Clown agierte. Dann ging es ins Elbsandsteingebirge. In Rathen filmte ich eine Besteigung der Lokomotive, die eines der berühmtesten Wahrzeichen des Elbsandsteingebirges ist. Der Kurort Rathen hat eine weltberühmte Felsenbühne, die unter den eindrucksvollen Felsen der Bastei liegt und in der Karl Mays «Winnetou» gespielt wird, aber auch Carl Maria von Webers romantische Oper «Der Freischütz». Diese Kulisse ist wie geschaffen für die Szene der Wolfsschlucht. Wenn der Jägerbursche Kaspar die Freikugeln gießt und die Stimme Samiels, durch das Echo der Felswände verstärkt, «eins», «zwei» und dann «drei» antwortet, ist es, als ob Carl Maria von Weber diese Oper extra für die Felsenbühne Rathen geschrieben hätte.

Alles filmte ich: die Festung Königstein, das Bielatal und natürlich diverse Klettereien am Falkenstein sowie zwei Erstdurchsteigungen des damals besten Elbsandsteinkletterers Bernd Arnold, die eine an der Westkante am Rauschenstein, die andere am Zwilling beim Pfaffenstein, wo sich auch das Wahrzeichen der Sächsischen Schweiz, die Barbarine, befindet. Alles natürlich als Amateur. Gefahr sah ich fast keine, denn der Film war ja in keiner Weise politisch, ganz im Gegenteil, er war eine Werbung für die Sächsische Schweiz.

Für das Zweite Deutsche Fernsehen filmte ich Bernd Arnold in verschiedenen Erstdurchsteigungen: am Zwilling beim Pfaffenstein, am Rauschenstein und am Hohen Torstein.

Da der Film für den «Sportspiegel» vom ZDF in den Programmheften angekündigt war, fuhren viele Dresdner Freunde, die an dem Film beteiligt waren, nach Leipzig oder Berlin und warteten auf den Beginn der Sendung – denn Dresden war das «Tal der Ahnungslosen», so nannte man den Teil in der DDR, der kein Westfernsehen empfangen konnte. Pech war, dass damals gerade die Schwimmweltmeisterschaft in Berlin war und genau zur Sendezeit meines Filmes die Endläufe der Schwimmer stattfanden. Ergo sahen meine Freunde in Berlin und Leipzig Schwimmer und Schwimmerinnen im Wasser kraulen und um die Weltmeistermedaillen kämpfen, nicht die Gipfel der Sächsischen Schweiz und Bernd Arnold beim extremen Klettern. Auch das ist Fernsehen: Man fliegt aus der Ankündigung, und keiner weiß, wann und wo der Beitrag jemals gesendet wird, auf den man so viel Mühe verwendet hatte. «Artisten im Fels», so hieß mein Film, als er fertig war, wurde dann Monate später im Anschluss an ein Formel-1-Autorennen als Pausenfüller gesendet, weil das Rennen zu früh zu Ende gegangen war.

Drei Generationen trafen sich im Villnösstal, der Heimat Reinhold Messners. Riccardo Cassin, auch schon eine Legende, und Reinhold Messner nahmen mich in die Mitte.

Aber es war eine wunderbare Arbeit im Elbsandsteingebirge gewesen und baute mich so richtig auf. Vor allem erwuchs daraus die Freundschaft mit Bernd Arnold, den ich für seinen eleganten Kletterstil bewunderte. Auch seine Frau Christine, selbst damals eine der besten Kletterinnen im sächsischen Fels, war von einer großen Herzlichkeit. Und nicht zuletzt hatte ich auch seine Tochter Heike, die damals gerade ein Jahr alt war, gefilmt. Heute ist sie Ärztin und klettert alle Schwierigkeitsgrade im Fels – der Apfel fällt nicht weit vom Stamm.

So realisierte ich mit Bruno Moravetz einen Film über den «VII. Grad im Klettern» in den Dolomiten. Im Villnösstal befand sich damals die Kletterschule von Reinhold Messner, und wir filmten mit Friedl Mutschlechner, einem der besten Kletterer in Südtirol. Mit ihm und einem jungen Kletterer stieg ich mit der Kamera in den «Hermann-Buhl-Gedächtnisweg» ein und drehte einen netten und lustigen Fernsehfilm für das ZDF. Bis auf den großen Vorblock, wo die erste schwierige Seillänge beginnt, war auch Rolf Döschl mit dabei und schaute staunend diese gewaltige und überhängende Mauer hinauf.

Nach diesem Auftrag folgte eine Filmgeschichte. Der Süddeutsche Rundfunk in Stuttgart plante einen Film über Reinhold Messner mit dem Titel «Der Mann auf dem Gipfel». Regie hatte Werner Bittdorf, ein bekannter Journalist vom Magazin «Der Spiegel». Der Auslöser zu diesem Auftrag war ein Anruf von Dr. Dattler in Stuttgart mit der Frage, ob ich für die schwierigen Wandaufnahmen als Kameramann zur Verfügung stehen würde. Reinhold Messner hatte den Redakteur Dattler auf mich angesetzt und ihm gesagt, dass er mit der vom Sender vorgesehenen Kameramannschaft wohl kaum in einer der schweren Fels- und Eiskletterrouten filmen könne. Für diese spezielle Arbeit im schweren Fels hatte er mich vorgeschlagen, und ich freute mich auf die Zusammenarbeit mit Reinhold Messner. Wir filmten an den Sellatürmen in den Dolomiten Reinhold als Alleingänger. Das Kamerateam des Südfunks Stuttgart filmte von unten unser verwegenes Klettern am Sellaturm. Tage später filmten wir im Ortlergebiet an der 3541 Meter hohen Vertainspitze in der Nordwand wieder, wie Reinhold als Alleingänger im Eis kletterte. Ich kletterte parallel zu ihm und filmte ihn von der Seite: Reinhold links oder rechts im Alleingang und ich rechts oder links mit der Kamera, auch im Alleingang. Die Kameramannschaft des Südfunks filmte vom Wandfuß aus uns beide im Fels, was eine tolle Kombination ergab.

In der Kulturabteilung bei Otto Guggenbichler hatte man mich nicht vergessen. Mir schwebte ein Film vor, in dem man auch die Arbeit am Film miterleben konnte, und zwar diesmal bei einer echten Erstdurchsteigung. «Anatomie einer Erstdurchsteigung» sollte der Film heißen, und als Route hatte ich mir an der Westlichen-Zinne-Nordwand den Nordpfeiler ausgesucht, die stumpfe Kante, die als unmittelbare Direttissima zwischen der Franzosenführe und der Schweizerführe zum Gipfel zieht. Als Erstdurchsteigung eine wunderbare Linie!

Als Darsteller verpflichtete ich Peter Siegert und Günther Härter, einen Bergführer mit großer alpiner Erfahrung und auch dem nötigen Humor für solch ein Unternehmen. Wir versammelten uns auf der Drei-Zinnen-Hütte. Einen Helfer für die Arbeit in der Wand hatte ich diesmal nicht dabei, doch am Wandfuß war eine zweite Kamera postiert. Der zweite Mann an der Kamera war Nikolaus Högl von der Sektion Oberland in München, mit dem ich schon einmal bei einer Skidurchquerung der Dolomiten für das ZDF gefilmt hatte. Er übernahm die zusätzliche Aufgabe, am Morgen und am Abend Proviant und Biwakmaterial an der obligatorischen langen Reepschnur nach oben zu schicken.

«Der Mann auf dem Gipfel», ein Film über Reinhold Messner für den Südfunk Stuttgart: Reinhold kletterte als Alleingänger in der Südwestwand am Ersten Sellaturm, ich mit der Kamera parallel zu ihm und ebenfalls im Alleingang.

So begann ich also im August 1980 wieder einen Film in den Nordwänden der Drei Zinnen zu drehen. Seillänge für Seillänge kletterten wir nach oben, filmten und biwakierten am ersten Abend in Hängematten, wie immer luftig und ausgesetzt. Zweimal während der Dreharbeiten in der Wand seilte ich ab und filmte die Seilschaft Günther Härter und Peter Siegert von unten. Dann kletterte ich wieder mittels zweier Steigklemmen an der fixierten langen Reepschnur nach oben zu meiner Filmseilschaft, denn ich war ja der dritte und filmende Teilnehmer der Erstdurchsteigung. Günther Härter filmte mich während der Arbeit ab und zu mit einer zweiten Kamera, um meine Arbeit in diesem Gelände zu demonstrieren.

In etwa 200 Meter Höhe hatten wir unser Hängemattenbiwak unter einigen ausladenden gelben Dächern. Über uns hing eine große gelbbraune und über-

Günther Härter, der spätere Chef des Summit Club des Deutschen Alpenvereins, mit Peter Siegert auf dem Weg zur Westlichen Zinne.

Rechte Seite: An der Westlichen Zinne sollte der Nordpfeiler erstdurchstiegen werden – ein heikles Unternehmen, denn der Fels war mehr als brüchig. Der Titel des Films für das Bayerische Fernsehen: «Anatomie einer Erstdurchsteigung».

hängende Platte, die nicht sehr vertrauenerweckend aussah. Peter Siegert kletterte als Erster in dieser heiklen Seillänge. Wenn er einen Haken setzte, schimpfte er über den brüchigen, splittrigen Fels, und wenn er mit dem Hammer gegen die Platte schlug, hörte sich die gesamte Platte ganz hohl an. Es hätte ein zu großes Risiko bedeutet, über diese 40 Meter lange Platte zu klettern und, sollte sie ausbrechen, mit ihr über die Nordwand nach unten zu stürzen. Wir beratschlagten lange, entschieden uns dann aber, aus Sicherheitsgründen abzuseilen. Wir wollten nicht als Selbstmörder in die Geschichte des Bergfilms eingehen. Als Filmfragment eines Erstdurchsteigungsversuches war es aber ein interessanter Film. Er wurde unter dem Titel «Anatomie einer Erstdurchsteigung» fertiggestellt und lief auch als mein Beitrag zu den Filmfestspielen in Trient. Bis heute wurde diese Route an der Westlichen Zinne nicht zu Ende geklettert.

Für den Film «Cima Grande, 1963–1983» kletterten Rainer Kauschke, Peter Siegert und Gerd Uhner noch einmal durch die Superdirettissima: beim Einrichten des Biwaks (linke Seite), nach zwanzig Jahren wieder vereint auf dem Gipfel der Großen Zinne (nebenstehend).

«Zwanzig Jahre danach» – ein Film an der Großen Zinne

Der Gedanke kam mir, als ich eine Absage vom Bayerischen Fernsehen bekam: Schreib doch einfach mal andere Sender in der Bundesrepublik an, vielleicht interessiert sich ja ein Sender für einen Film. Eine positive Antwort erhielt ich vom Westdeutschen Rundfunk. Ein Herr Honal, Chef der Abteilung Kultur und Kirche, schrieb mir, dass mein Vorschlag «Die Winterdirettissima der Großen-Zinne-Nordwand» von Interesse sei und ich doch einmal nach Köln kommen solle. Der WDR war als der finanzkräftigste Sender der Bundesrepublik bekannt. Das konnte etwas werden, noch dazu, da man beim Westdeutschen Rundfunk ein offenes Ohr für alpine Themen hatte. Auf nach Köln!

Herr Honal erzählte mir von seinen eigenen kleinen Klettertouren und entpuppte sich als begeisterter Bergsteiger; er hatte noch die «Tagesschau»-Sendungen von der Erstdurchsteigung der Sachsenroute im Januar 1963 in Erinnerung und fand meine Idee, dass diese drei Erstdurchsteiger nach zwanzig Jahren die Wand noch einmal durchsteigen, eine gute Geschichte für das Dritte Programm des WDR.

In München rief ich erst einmal Peter Siegert an, der bei der Erstdurchsteigung 1963 der Boss der drei war. Peter, mit dem ich schon oft zusammengearbeitet hatte, war sofort bereit mitzumachen. Mit Gerd Uhner wurde ich auch einig, und Rainer Kauschke sagte mir am Telefon spontan zu, denn wo Peter Siegert hinging, da ging er auch hin. Meine Seilschaft, so wie 1963, stand parat. Da wir diesmal mit einer 16-Millimeter-Arri-SR arbeiten wollten, also mit einer geräuschlosen Filmkamera, um in der Wand den Originalton zu haben, bestand ein großer Unterschied zum Schwarz-Weiß-Film von damals. In der Aufnahmetechnik hat-

Der Film «Cima Grande, 1963–1983» erhielt in Trento den Silbernen Enzian als beste alpine Dokumentation.

te sich in den vergangenen zwanzig Jahren viel verändert. Damals waren Kameras, die für Originalton geeignet waren, so schwer, dass man damit unmöglich in Felswänden filmen konnte. Sie wogen mindestens 30 Kilo. Die modernen Kameras wie die Arri SR wogen gerade mal 10 Kilo und waren absolut lautlos. Damit konnte man Originalton herstellen.

Wir hatten uns die Zeit zwischen Juli und August ausgesucht, da diese Zeit vom Wetter her am sichersten war. Wie immer waren wir in der Drei-Zinnen-Hütte untergebracht und warteten auf beständiges Wetter, denn mir war klar, dass diese Durchsteigung in zwei oder drei Tagen nicht zu machen war und wir mehrere Tage in der Wand dafür ansetzen mussten. Ohne Komplikationen verliefen die Aufnahmen am ersten Tag. Rainer Kauschke, leidenschaftlicher Amateurfunker, hatte mehrmals am Tag Kontakt zu seiner Frau in Toblach, und Gerd Uhner meißelte mir feste Bohrstandhaken in den Fels, um alles gut abzusichern. Die Kletterei ging wie zwanzig Jahre zuvor mit Trittleitern und viel Hakenklettern vor sich. Diese Wand ist nur zum Teil frei kletterbar, und meine drei älteren Herren waren, so wie Rainer Kauschke, lange nicht mehr extrem geklettert. Wir biwakierten, wie zwanzig Jahre zuvor, in Hängematten am überhängenden Fels und zogen wie damals die lange Reepschnur nach, um Proviant und Biwakmaterial zu uns heraufzuziehen.

Viele Tage arbeiteten wir in der Wand, und genauso wie bei meinem Film an der Westlichen Zinne seilte ich ab und drehte die Wandtotalen von unten. Unwirklich, wie in einem gotischen Dom, sah man die drei Kletterer ganz oben als winzige Punkte in den Dächern der Superdirettissima in der Nordwand der Großen Zinne. Tage später standen wir gemeinsam auf dem Gipfel der Großen Zinne, und ich konnte die bewegten Gesichter der drei Kletterer filmen, genauso wie damals, als sie nach siebzehn Tagen in der eisigen und kalten Nordwand am 26. Januar 1963 auf dem Gipfel standen und ich sie als Sieger über eine eisige Nordwand filmte. Es war eine gelungene Produktion für den Westdeutschen Rundfunk, und bei den Filmfestspielen in Trient war der Film «Cima Grande, 1963–1983» ein toller Erfolg. Er bekam den Silbernen Enzian als bester alpiner Film. Der Deutsche Alpenverein schrieb wenige Wochen später über die Filmfestspiele in Trient in seinem Mitteilungsmagazin: «Ein Silberner Enzian wurde dem Film ‹Cima Grande 1963–1983›, Lothar Brandler, BR Deutschland zuerkannt für die beste Bilddokumentation. [...] Er hat nach dem Urteil der Jury ein lebendiges Zeugnis für das Fortleben eines klassischen Bergsteigergeistes gegeben. Die italienische Presse spricht von Brandler mit Hochachtung als dem ‹größten Vertreter im Adelsverzeichnis des europäischen Alpinismus›.»

1

3

4

5

6

7

Legenden zu den Farbtafeln

1 Der Lilienstein im Elbsandsteingebirge mit seinen exponierten Kletterwegen, an denen Bernd Arnold im Alleingang kletterte.

2 Die erste Seillänge im Nordpfeiler der Westlichen Zinne. Noch war der Fels fest und gut kletterbar; den eisig pfeifenden Wind sieht man dem Bild nicht an.

3 Günther Härter fühlte sich in diesem Gelände wohl, und von Peter Siegert gut gesichert konnte ihm auch nichts passieren.

4 Luftig war es schon in so einem Hängemattenbiwak. Das Hineinsteigen in die Matte erforderte große Geschicklichkeit. Einmal drinnen, fühlte man sich regelrecht geborgen und schlief recht gut – bis man am Morgen wieder die Ausstiegsprozedur hinter sich bringen musste.

5 Weit über den Wolken zieht sich der Gipfelgrat hinauf zum 8068 Meter hohen Hidden Peak.

6 Die markante Südwestwand des Hidden Peak, rechts der Vorgipfel Hidden Sud.

7 Auf dem Gletscher am Basislager des Hidden Peak in 5500 Meter Höhe bot sich immer etwas zum Filmen. Mit Frédéric Thiriez (links) verband mich eine herzliche Freundschaft. Er war der Direktor des Vorzimmers des französischen Wirtschaftsministers und natürlich auch ein guter Alpinist.

8 Eine ganz neue Rolle für mich: Als Goethe erzählte ich in einem Dokumentarspielfilm für das Zweite Deutsche Fernsehen von meiner Wanderung zum Gotthardpass und meiner Winterbesteigung des Brockens im Harz. Ein wunderbares Gefühl, in die Figur des von mir verehrten Dichters zu schlüpfen!

War Goethe ein Bergsteiger?

Ich arbeitete als Cutter an einem Film über die bayrische Volksmusik im Landesstudio München des ZDF. Ab und zu schaute ich bei Kollegen vorbei, so auch einmal bei Friedrich Müller, der für die Sendungen über Musik, Kunst und Kultur zuständig war. Zusätzlich war er noch der Stellvertreter des Leiters des Landesstudios Bayern, Wolf Posselt. Wir kannten uns schon seit Jahrzehnten und hatten ein gutes, kollegiales Verhältnis. Bei einem Besuch meinten beide: «Schaut er nicht aus wie Goethe mit vierzig Jahren?» Sie begannen mein Gesicht mit einem Kupferstich, den sie in der Hand hatten, zu vergleichen. «Verblüffend, diese Ähnlichkeit», bemerkten sie: «Ja, das ist Goethe mit vierzig Jahren.» Endlich sprachen sie auch mit mir, weihten mich in ihre Gedankengänge ein und meinten, dass sie eben einen Film über Johann Wolfgang von Goethes Schaffen als Naturforscher machten und in diesem eine ganze Menge Spielszenen vorgesehen seien, in denen Goethe vor einem Publikum von Gelehrten und Adeligen über seine Bergabenteuer im Harz und in den Alpen erzähle. Ihre Idee war nun, dass ich, als Goethe, vor diesem Publikum über meine Abenteuer am Gotthard in der Schweiz, in Chamonix am Montblanc und über meine winterliche Besteigung des 1141 Meter hohen Brockens im Harz berichten sollte, den Goethe im Winter bei einem Meter Schnee bestiegen hatte. Das alles sollte ich ohne ein Drehbuch, einfach wie aus der Erinnerung des Dichterfürsten, dem Publikum vortragen.

Das war eine Aufgabe nach meinem Geschmack. Meine Vorträge hielt ich ja auch immer ohne ein Manuskript, und die Gegebenheiten, die Goethe am Gotthard, in Chamonix und am Brocken vorgefunden hatte, waren mir geläufig. Der Kostümbildner staffierte mich als Geheimrat von Goethe aus, mit Kniebundhose, Schnallenschuhen und Frack und natürlich mit Perücke auf dem Kopf. Der Maskenbildner schminkte mich nach den vorliegenden Bildern. Gefilmt wurde im Schloss Lustheim, das zum Schlosskomplex Schleißheim gehört. Ich hatte keine Zeitvorgabe, und so fabulierte ich aus dem Stegreif über meine Abenteuer am Berg. Goethe hatte damals, als er in Chamonix weilte, mit Sicherheit vorgehabt, den Montblanc zu besteigen, doch die Wetterverhältnisse in Chamonix verhinderten einen Versuch der Besteigung des höchsten europäischen Berges. Seine Besteigung des Brockens im Winter in Begleitung eines Forstbeamten und seine Wanderung hinauf zum 2108 Meter hohen Gotthardpass sind aber verbürgt. Damals waren das alles ernst zu nehmende Unternehmungen am Berg. Auch in seinen Dichtungen weist Goethe immer wieder einmal auf das Bergsteigen im Allgemeinen hin, beispielsweise sagt der Satyr im zweiten Teil des «Faust»:

«Der Satyr hüpft nun hinterdrein
Mit Ziegenfuß und dürrem Bein,
Ihm sollen sie mager und sehnig sein,
Und gemsenartig auf Bergeshöhn

Belustigt er sich, umherzusehen.
In Freiheitsluft erquickt alsdann,
Verhöhnt er Kind und Weib und Mann,
Die tief in Tales Dampf und Rauch
Behaglich meinen, sie lebten auch,
Da ihm doch rein und ungestört
Die Welt dort oben allein gehört.»

Schöner als Goethe kann man die Motivation des Bergsteigers nicht beschreiben.

Mit Pierre Mazeaud am Hidden Peak

Pierre Mazeaud plante eine Expedition zum 8068 Meter hohen Hidden Peak im Karakorum und fragte mich als Kameramann an. Kurt Diemberger, der schon mit Pierre auf dem Gipfel des Mount Everest gestanden war, hatte ihm den Tipp gegeben, mich an seiner Stelle als Filmemacher in den Karakorum mitzunehmen. Ich sagte zu, wenn auch mit einem grummeligen Gefühl im Magen, denn ich war noch nie höher gewesen als auf dem 4807 Meter hohen Montblanc.

Ich beschloss erst einmal, der Einladung von Pierre zu einem persönlichen Gespräch in Paris Folge zu leisten und dort mit einigen der vorgesehenen Teilnehmer der Expedition zusammenzutreffen, sie kennenzulernen und mit ihnen zu sprechen. Wir trafen uns in der Wohnung von Pierre Mazeaud, die an der alten Stadtmauer von Paris und ganz in der Nähe der Place de la Bastille lag, wo heute die neue Oper von Paris steht.

Die Tür im vierten Stock öffnete sich, und vor mir stand Kako, ein tschechischer Bergsteiger mit dem bürgerlichen Namen Ludwig Kratochvil. Er war einer der führenden tschechischen Ingenieure im Autobahnbau. Ich kannte ihn als Dauerzelter auf dem Grundstück von Pierre Mazeaud in Chamonix. Er sprach sehr gut Deutsch, wie fast alle älteren Tschechen. Da ich ihn schon sehr lange nicht mehr gesehen hatte, war das Hallo natürlich groß. In der Wohnung drängelten sich die anderen zukünftigen Mitglieder der Expedition: François Hess, der Oberorganisator aller Expeditionen, die Pierre bis jetzt gemacht hatte, und der junge François Matter, der als Arzt und Bergsteiger die Expedition begleiten sollte und einer der wenigen war, die etwas Deutsch sprachen. Er war im Elsass beheimatet und hatte immer die Berge der Vogesen vor Augen. Außerdem Frédéric Thiriez, ein guter Bergsteiger und von Beruf der Bürodirektor des französischen Wirtschaftsministers. Weiter Walter Cecchinel aus Chamonix, ein extremer Eisgeher und Vertreter einer Brillenfirma, Gérard Vionnet-Fuasse, ein Kletterer aus der Dauphiné, und Lucien Berardini, der mir als einer der Erstdurchsteiger der Dru-Westwand 1952 ein Begriff war. Sie alle sollten den 8068 Meter hohen Hidden Peak im Karakorum besteigen. Dieser wurde am 5. Juli 1958 von den amerikanischen Bergsteigern Pete Schoening und Andy Kauffman zum ersten Mal bestiegen.

Jahrzehntelang hatten sich französische Expeditionen um diesen Berg bemüht und mussten immer unverrichteter Dinge den Rückzug antreten. Dann kamen die unbekannten Amerikaner und schnappten ihnen auf Anhieb den Gipfel des Hidden Peak weg. Das war der Hauptgrund der jetzt bevorstehenden Expedition der Franzosen, eine bunte Mischung, die mir auf Anhieb gefiel. Pierre erläuterte seine Ideen, und es entwickelte sich eine angeregte Diskussion. Mit meinem bescheidenen Französisch verstand ich immer nur die Hälfte, doch Kako und François Matter erklärten mir auf Deutsch die für mich unverständlichen Teile des Gesprächs. Mein Entschluss stand fest: Ich fahre mit und mache den Expeditionsfilm für das französische Fernsehen.

Pierre Mazeaud hatte mit seinen Erfahrungen und Beziehungen in Paris mit der französischen Television für einen Film mit einer Sendelänge von 60 Minuten einen sehr guten Preis ausgehandelt. Als Unterproduzent machte ich einen Vertrag mit Pierre Mazeaud und verpflichtete mich, diesen Film zu einem Pauschalpreis herzustellen. Für die Expedition war Pierre federführend und damit auch der Vertragspartner des Fernsehens. Damit hatte Pierre für die Expedition die Hälfte des Geldes vom Fernsehen zur Verfügung. Er hatte einen guten Vertrag ausgehandelt, und für mich blieb genug übrig, um den Film herzustellen. Allerdings hatte ich auch alle Risiken der Herstellung zu tragen und musste das Material versichern lassen.

An einem wunderbaren Tag im Mai traf sich unsere Hidden-Peak-Mannschaft am Flughafen Orly, um nach Islamabad zu fliegen. Mit der Pakistan Airline sollte es über das Sultanat Dubai Richtung Rawalpindi gehen. Für mich war es ein wunderbares Abenteuer, in ein so fernes Land zu kommen und die größten Berge des Karakorum kennenzulernen. Als wir in den frühen Morgenstunden in Rawalpindi durch die geöffnete Bordtür der Maschine nach draußen traten, empfing uns eine heiße, schwüle Luft, die ich zunächst den überhitzten Motoren an den Tragflächen zuschrieb, doch bald merkte ich, dass ich mich in einer anderen Klimazone befand, die jeden Tag dieselben hohen Temperaturen erzeugte. Nach der klimatisierten Luft in der Maschine war es für uns wie ein Schock, und der Schweiß begann aus allen Poren zu tropfen. Auf dem Rollfeld wurden wir von unserem offiziellen Begleitoffizier empfangen, der uns von der pakistanischen Armee zugeteilt wurde und der während unseres ganzen Aufenthalts für uns zuständig war. Er war ein Hauptmann der Gebirgstruppen, was sehr wichtig war, denn wir bewegten uns im Gebiet der Provinzhauptstadt Skardu und im Baltoro in einem militärischen Schutzgebiet. Dieser Teil des Hindukusch wurde sowohl von Pakistan als auch von Indien beansprucht, und es war immer wieder zu erbitterten Kämpfen gekommen. Unser Offizier lotste uns durch den Zoll und durch die Passkontrolle, und unser Gepäck stand auch schon in der Flughafenhalle.

Hier wartete schon der Vertreter einer Agentur, welche die Träger besorgte und die Organisation des Hotels in Islamabad übernahm. Gleichzeitig organisierte sie auch die Quartiere der einzelnen Stationen bis zur Provinzhauptstadt Skardu, und in Skardu selbst führte sie ein Touristenhotel. Unser Hotel war eines der typischen Hotels für Expeditionen und Trekkinggruppen: zu moderaten Preisen einfache Zimmer und gerade noch akzeptierbare hygienische Einrichtungen. Das Essen war ein wenig europäisch und ansonsten landestypisch. Mittags und abends standen immer Krüge mit eisgekühltem Wasser auf dem Tisch. Das ungewohnte Klima verführte uns zum Trinken, und das sollte nicht ohne Folgen bleiben. Der Durchfall hatte uns alle fest im Griff.

Aufgrund schlechter Wetterverhältnisse war es vorerst nicht möglich, mit einem Inlandsflug in die Provinzhauptstadt Skardu zu kommen. Pierre Mazeaud hatte als Expeditionsleiter kurzerhand beschlossen, mit zwei Jeeps den Indus aufwärts nach Skardu zu fahren. Der Tag der Weiterfahrt war gekommen, und unser persönliches Gepäck wurde in unseren großen Jeep verstaut. Die unorthodoxe Fahrweise der jungen Pakistani war gewöhnungsbedürftig. Die Musik aus dem Autoradio dröhnte mit immer derselben Lautstärke lokale Lieder in unsere Ohren, und wenn wir um etwas leisere Musik baten, so verstand der Fahrer kein Wort.

Skardu war eine kleine Stadt mit etwa 20 000 Einwohnern, niedrigen und geduckt wirkenden einstöckigen Häusern und einer einzigen langen, staubigen Hauptstraße, in der sich das öffentliche Leben abspielte. Friseurgeschäfte, in denen rasiert und von Zeit zu Zeit auch einmal die Haare geschnitten wurden. Daneben, unter dem Dach eines Vorbaus, schenkte man Tee aus, und in kleinen Räumen mit Tischen und Säcken, in denen Gewürzhändler ihre Spezereien verkauften, saßen stumm die Händler und rauchten oder tranken ebenfalls Tee. Frauen sah man nirgends. Skardu war eine richtige pakistanische Stadt, an welcher der Indus vorbeifließt und über der eine martialische Festung der ehemals englischen Kolonialherren das Tal beherrscht. So wie in Islamabad war auch das Hotel für Touristen und Expeditionen eingerichtet: in den Zimmern Feldbetten und im Badezimmer außer dem obligaten Loch in der Decke als Dusche nur noch ein paar Haken an der Wand. Die Zimmer waren um einen begrünten Innenhof gruppiert, und in einem saalähnlichen Raum wurde das Essen serviert. Bedient wurden wir von zwei Kellnern.

Ich wartete ungeduldig auf den Abmarsch ins Baltoro. Schon in München hatte ich mir eine gute Landkarte gekauft, die von der erfolgreichen italienischen K2-Expedition angefertigt worden war und in der man sehr gut den Weg sehen kann, der zum Zentrum des Karakorum, dem Konkordiaplatz, führt. Dieser etwa 5 Kilometer breite Platz ist von einigen der höchsten Berge der Welt umsäumt: im Norden der 8611 Meter hohe K2, im Osten der Broad Peak, mit 8047 Metern der zwölfthöchste Achttausender, und im Süden, ganz hinten, der 8068 Meter hohe Hidden Peak, unser Ziel. Ab Skardu begann wieder eine Jeepfahrt über Stock und

Stein, 60 Kilometer, bis zum Beginn des Baltorotals. Hier wartete unser gesamtes Expeditionsmaterial, um auf 240 Träger verteilt zu werden. Jetzt begann die Arbeit unserer Hunzas, der Träger, die wie in Nepal die Sherpas einem bestimmten Volk entstammen. Wir hatten vier pakistanische Hochträger, Hunar Baig, Gohar Shah, Abdullah und Shamirah, alle in Gilgit beheimatet. Diese hatten nun die Aufgabe, die Chefträger zu bestimmen, die für Ordnung unter den Trägern zu sorgen hatten. Zwei unserer Hunzas waren schon das zweite Mal mit Pierre Mazeaud auf einer Expedition und kannten sich mit den Einheimischen des Baltoro aus, die als Träger zur Verfügung standen. Sie hatten schon die Kapos ausgesucht, welche die vielen Träger anführen und beaufsichtigen sollten. Im Baltoro hatte sich schon lange herumgesprochen, dass eine französische Expedition da sei und viele Träger suche. Mehrere Hundert Menschen standen unter den schattigen Bäumen einer Oase am Beginn des Baltorotals und warteten auf einen der begehrten Jobs als Träger. Die Bezahlung war, gemessen an dem, was diese armen Menschen sonst verdienten, das Vielfache ihres normalen Verdiensts, eine immense Summe baren Geldes für jeden.

Schon in Skardu hatte ich begonnen, das Verladen der Ausrüstung und auch den Transport bis zum Baltoro zu drehen. Nun filmte ich die Anheuerung der Träger. Die Kapos hatten sich mit Stöcken versorgt und prügelten schnell mal auf einen Drängler ein. Aber die Schlange der Wartenden war lang, und die Träger nahmen diese Schläge als etwas Selbstverständliches hin. Wenn sie genommen wurden, unterschrieben sie mit dem Daumen der rechten Hand auf der Trägerliste. Dann bekam jeder seine Last zugeteilt, und es wurde exakt gewogen, damit niemand bevor- oder benachteiligt wurde. Das zog sich den ganzen Vormittag hin. Mir lag aber etwas besonders am Herzen: Ich wollte einen eigenen Träger haben, der nur für mich da war und meine Kamera und das Stativ tragen sollte. Es war ganz wichtig, dass dieser Träger nur zu mir gehörte und nicht von einem der Kapos befehligt wurde. Deshalb hatte ich mit Pierre vereinbart, dass ich mir selbst einen Träger aussuchen konnte. Etwas abseits der langen Schlange der Wartenden sah ich einen jungen Pakistani, der wie die anderen darauf wartete, ausgewählt zu werden. Als er an der Reihe war und das Papier mit dem Daumen abzeichnen sollte, nahm er einen Kugelschreiber aus der Jacke und unterzeichnete mit seinem Namen. Ich schnappte mir François Hess und bat ihn, mit dem jungen Pakistani zu sprechen. François Hess war schon einige Male in Pakistan gewesen und sprach ein wenig den Dialekt, der im Baltoro heimisch war. Wir erfuhren, dass der junge Mann aus Skardu war und an dem einzigen Gymnasium in Skardu gerade das Abitur machte. Das passte prächtig in meinen Plan. Ich konnte erwarten, dass er alles richtig machte, was ich ihm für die Arbeit an der Kamera beibringen wollte.

Nohar hieß mein siebzehn Jahre alter Träger; und ich glaube, als er begriffen hatte, was wir von ihm wollten, war er gar nicht unglücklich darüber, als Kamerahelfer bei mir gelandet zu sein. Unser beider Englisch genügte, um uns zu verständigen. Nohar bekam meinen großen Expeditionsrucksack, in dem, gut gepolstert, die Kamera verstaut war. Alles war so verpackt, dass ich schnell die Kamera zur Hand hatte, um zu filmen. Außen am Rucksack war mein leichtes Spezialstativ von Bolex angehängt. Das Tongerät hatte ich selbst bei mir im Rucksack, ein Mini-Nagra, und mit einem Anorak und ein paar persönlichen Dingen war mein Rucksack nicht so schwer. Auf diese Weise konnten wir uns als Zweiermannschaft überall frei bewegen und filmen; einmal waren wir vor der Trägerkolonne, einmal hinter ihr, und manchmal stiegen wir ein wenig den Berg hinauf, um sie von oben zu filmen.

Das Baltoro ist ein fruchtbares Tal. Hier hatten sich schon vor Hunderten von Jahren Menschen niedergelassen und Ortschaften gegründet. Ihre Herkunft ist tibetisch, denn über den Bergen am Talschluss, dort, wo sich die hohen Gipfel erheben, sind die Gipfelgrate der höchsten Berge auch die Grenze nach Tibet. Die Dörfer kleben, Schwalbennestern gleich, an den Hängen oberhalb des wild schäumenden Baltoroflusses, der dem Tal seinen Namen gab. Hängebrücken überspannen den Fluss und sorgen dafür, dass die gegenüberliegenden Talseiten bebaut werden können. Ein wenig wirkt alles wie die Täler der Alpen vor 200 Jahren, nur dass die Berge höher sind. Balti, Askole und Chongo sind die Namen der bedeutendsten Dörfer im Baltoro, und diese Dörfer reihen sich bis an die Gletscherzunge des Baltorogletschers. In den Dörfern hat man sich auf die vielen Trekkinggruppen und Expeditionen eingerichtet. Jede dieser Gruppen bekommt einen freien Platz zum Campen. Eine kleine Gebühr wird für das Säubern des Platzes erhoben, und man wünscht den Bergsteigern am Morgen beim Abmarsch viel Glück und Erfolg am Berg.

Jeden Tag bewegten sich unsere 240 Träger und die Kerngruppe der Expedition, die fünfzehn Teilnehmer zählte und zu denen ich auch den Koch mit seinem Gehilfen zählte, an steilen, mit Schotter durchzogenen Hängen durch das Baltoro. Schwindelerregende Pfade waren von den Einheimischen über Hunderte von Höhenmetern durch felsdurchsetzte Talwände gebaut worden, und wenn man gerade eine Barriere im Tal von etwa 800 Höhenmetern überwunden hatte, musste man wieder hinunter zum Baltorofluss, immer in der Hoffnung, am Ufer weitergehen zu können. Mitunter gingen wir, bis zum Bauch im Uferwasser, so lange weiter, bis wir feststellen mussten, dass hier im Moment kein Weiterkommen war. Dann ging es wieder zurück und über einen steilen Steig neuerlich weit hinauf auf den Berg und anschließend wieder hinunter zum Baltoro. Das war anstrengend, und man hatte gerade mal einen Kilometer Wegstrecke geschafft.

Mit meinem Helfer filmte ich all die neuen Eindrücke, welche die exotische Landschaft mir darbot, und die Vielfalt der Dörfer mit ihren Feldern und den Menschen, die in ihnen wohnten, fesselte mich ungemein. Das alles im Film festzuhalten war das Schönste an meiner Filmarbeit.

Eines musste man Pierre Mazeaud als Politiker zugestehen: Er verstand es, mit den Bürgermeistern der Dörfer, in denen wir unser Lager aufschlugen, beste Kontakte zu pflegen. Immer hatte er die landestypische Kopfbedeckung auf, wenn wir uns dem Dorf näherten, und hielt im Beisein unseres Dolmetschers gleich eine kleine Konferenz mit dem Dorfbürgermeister ab. Das war dann für mich das Zeichen, dass ich Pierre dabei zu filmen hatte; dieses Dokument seines Wirkens sollte später im Film zu sehen sein. Pierre war von ganzem Herzen Politiker, und das nicht nur in Frankreich, sondern auch hier in der pakistanischen Bergwelt.

Einen Tag Fußmarsch nach dem letzten Dorf mussten wir einen Seitenfluss des Baltoro queren. Dafür war von den Einheimischen ein Stahlseil über den Fluss gespannt worden, der sehr viel Wasser führte und gewaltig schäumte. Die Strecke zum anderen Ufer betrug etwa 70 Meter Luftlinie. An dem Stahlseil hing eine Holzgondel von 1 Meter Breite und 2 Meter Länge. Mit diesem labilen Transportmittel sollte nun der Fluss überquert werden. Die erste Gruppe hangelte sich selbst am Stahlseil auf die andere Seite, später standen an beiden Seiten Träger und zogen an einem Hilfsseil die Gondel hin und her. So kamen Menschen und Material über das brausende Wasser. Ich filmte und legte die Seilstrecke über den wilden Fluss mehrmals mit der laufenden Kamera zurück. Es waren atemberaubende Szenen, die ich hoch oben in der Gondel filmen konnte. Das war das einzige Mal, dass wir einen Seitenfluss queren mussten.

Nach einigen Tagen erreichten wir die Gletscherzunge des Baltorogletschers, der fast 100 Kilometer bis zur Grenze nach Tibet reicht. Vor uns lag noch eine Strecke von weiteren vier Tagesmärschen bis zum Konkordiaplatz.

Mitten auf dem Gletscher ereignete sich nun ein Vorfall, der anderen Expeditionen schon oft passiert war: Die Träger streikten! Was nun? Die Träger wollten einfach mehr Geld. Wenn wir nicht mehr bezahlten, dann wollten sie nicht weitergehen. Also begannen unsere Hochträger, mit den Anführern der Revolte zu verhandeln. Auf der einen Seite, mitten auf dem Gletscher, standen nun die Mitglieder der Expedition, und auf der anderen Seite, in 50 Meter Entfernung, die 240 Träger. Das war für mich ein filmisches Fressen erster Qualität. Der Reporter in mir war geweckt. Ich bewegte mich, ständig filmend, zwischen den gestikulierenden Trägern. Meinen Helfer Nohar hatte ich bei unseren Leuten gelassen, denn ich wollte ihn keiner Gefahr aussetzen. Noch wusste ich nicht, wie sie reagierten, wenn sie sahen, dass er mir beim Filmen half. Angst verspürte ich, allein zwischen den gestikulierenden Trägern, nicht. Ich stand auf dem Baltorogletscher und war umringt von 240 Trägern.

Einmal filmte ich die streikenden Träger, dann wieder die Mitglieder der Expedition, um deren Reaktion festzuhalten, dann lief ich wieder schnell retour zu den streikenden Trägern. Das war dann später eine der besten Szenen des gesamten Films, etwa 7 Minuten voller Dramatik und Dynamik innerhalb des einstündigen Expeditionsfilms. Diese Episode auf dem Baltorogletscher zählt zum

Die französische Expeditionsmannschaft beim Basislager des Hidden Peak.

Schönsten und Spannendsten, was ich je in meinem Leben gefilmt habe. Ich spürte keine Müdigkeit und war in meinem Element. Erst am Abend fiel alle Anspannung von mir ab, und ich spürte eine Erkältung. Die Träger hatten natürlich gesiegt und bekamen mehr Geld – wie mir François Hess, der das Geld verwaltete, später sagte, hatte er das schon vorher einkalkuliert und von Anfang an mit 20 Prozent weniger Lohn beim Anheuern der Träger berücksichtigt. Man sieht, die Erfahrung bei Expeditionen – und François Hess war schon auf vielen Expeditionen mit Pierre Mazeaud – macht gewitzt.

Am Konkordiaplatz vereinigen sich alle Seitenarme der Gletscher von K2 und Hidden Peak zum Baltorogletscher. Wir saßen in der Mitte des Konkordiaplatzes, und ich filmte noch ein typisches Abendessen der französischen Mannschaft, als ich merkte, dass mir schwindlig wurde. Am nächsten Morgen hatte ich hohes Fieber und konnte mich nur schwer auf den Beinen halten. Die Expedition zog weiter, und ganz langsam folgte ich ihr, in Begleitung von Kako und meinem Helfer Nohar, die bei mir blieben. Es sollte der letzte Tag mit den Trägern sein, und deshalb war geplant, dass die Trägerkolonne das gesamte Expeditionsmaterial noch am frühen Nachmittag im auf 5400 Metern gelegenen Basislager abliefern sollte.

Dort sollten alle Träger entlohnt werden, um wieder den Rückweg antreten zu können. Ganz langsam folgte ich den anderen und setzte mich alle 100 Meter zum Ausruhen auf einen Stein. Kako stützte mich, so gut es ging, aber dann war nach einigen Stunden endgültig Schluss. Ich setzte mich noch einmal auf einen Stein, dann kippte ich erschöpft zur Seite. Kako schrieb schnell einen Zettel – das Funkgerät hatte er diesmal nicht dabei – und bedeutete Nohar, dass er eine Nachricht zu Pierre bringen müsse, und das sehr schnell. Pierre reagierte sofort, und es kamen zwei Hunzas und François Matter, unser Arzt, um mir beizustehen. Ich hatte schon über 39 Grad Fieber. Man nahm mich kurzerhand auf den Rücken, um mich zum Basislager zu bringen. Dort angekommen, merkte ich, wie sich das Gesicht von Reinhold Messner über mich beugte und er mich fragte, wie es mir gehe.

Was soll man da sagen, wenn man kaum noch aus den Augen schauen kann? Reinhold Messner? Wie kam der hierher? Später wusste ich es. Er war mit dem Südtiroler Hans Kammerlander und dem Regisseur Werner Herzog ebenfalls in unserem Basislager, allerdings schon seit einigen Tagen, mit der Absicht einer Überschreitung der beiden Achttausender Gasherbrum II und Hidden Peak. Diese Überschreitung wollten beide im Alpinstil, also ohne viele Hochlager und ohne Träger, durchführen. Werner Herzog wollte einen Dokumentarfilm darüber machen und hatte Reinhold und Hans eine kleine Videokamera mitgegeben, die wenig wog, leicht und einfach zu bedienen war und somit für die beiden Hochalpinisten keine zu große Belastung darstellte.

Im Basislager bekam ich erst einmal von François aus der mitgebrachten Stahlflasche Sauerstoff, um das Fieber zu senken, denn in der Zwischenzeit hatte ich schon 40 Grad Temperatur. Es war höchste Zeit, denn ein Lungenödem wäre das Schlimmste gewesen, was mir passieren konnte. Für einige Tage bekam ich Bettruhe im Zelt und immer wieder für einige Stunden Sauerstoff verordnet. Meine Zeltgemeinschaft mit Kako wurde aufgegeben und mein Lager in das Zelt unseres Arztes François Matter verlegt. Das war gar nicht schlecht, denn François war, wie ich auch, Nichtraucher.

Der 8068 Meter hohe Hidden Peak war so etwas wie der Schicksalsberg der Franzosen. Schon in den Dreißigerjahren hatte man versucht, ihn zu besteigen. Damals machte einer der besten französischen Alpinfilmer, Marcel Ichac – er drehte 1959 den grandiosen Film «Les Étoiles de Midi», auf Deutsch «Sterne am Mittag» –, einen Film über diese Expedition von 1936. Wir verwendeten daraus historische Szenen für unseren Film von 1984. Während die Alpinisten unserer Expedition zu den Hochlagern aufstiegen, saß ich mit dem Koch, dem Begleitoffizier und dem Regisseur Werner Herzog im Basislager. Werner Herzog erzählte mir während unseres Aufenthalts im Basislager auf 5400 Meter Höhe, dass er diesen Dokumentarfilm mit Reinhold Messner und Hans Kammerlander vor allem deshalb mache, um im Hochgebirge Erfahrungen für einen Spielfilm zu sammeln. Er meinte den später realisierten Spielfilm «Schrei aus Stein».

Nach vierzehn Tagen hatte ich mich einigermaßen erholt und konnte daran denken, in eines der höheren Lager aufzusteigen. Über den Fortgang der Expedition im oberen Bereich des Hidden Peak war ich informiert, denn ich hatte jeden Tag Funkkontakte zum Hochlager auf 7000 Meter Höhe. Meine Aufgabe war, die schon vorbereiteten Strecken zwischen den Lagern filmisch aufzubereiten. Mit Frédéric Thiriez, Walter Cecchinel und François Matter, die zwei Tage zuvor vom Lager 3 zum Basislager zurückgekommen waren, um Material zu holen, stieg ich zum Lager 3 auf, um zu filmen. Am Abend sahen wir aus der Ferne ein Unwetter aufziehen und machten uns auf eine stürmische Nacht gefasst. Unser Lager 3 lag auf einem Felssporn am Westgrat des Hidden Peak auf einer Höhe von etwa 6700 Metern, luftig wie ein Adlerhorst über einer 700 Meter hohen Eiswand aufgestellt. In der Nacht brach das Unwetter los und zerlegte das Zelt in einzelne Teile. Frédéric und Walter hielten die Zeltstangen fest, damit das Zelt nicht die Eiswand hinunterflog. Allein das Gewicht unserer Körper, die auf dem Zeltboden auflagen, verhinderte das Davonfliegen der Zeltplanen. Als es hell wurde, stieg ich aus dem zerfetzten Zelt und kämpfte mich mit der Kamera und dem Tongerät, gegen den stürmischen Wind gestemmt, zu einem Felsriegel, an dem ich etwas windgeschützt filmen konnte. Knapp über dem Abgrund sah ich die Köpfe meiner Freunde, die zu mir herüberschauten. Von meinem Standpunkt aus sah ich genau, wie viel Glück wir in dieser Nacht gehabt hatten, denn ebenso hätte es uns in den Abgrund wehen können.

Dabei zeigte sich, dass wir zu wenig gute Zelte dabeihatten, die für die Hochlager ganz oben am Hidden Peak geeignet waren.

Der Hidden Peak weist eine Besonderheit auf. Nach dem steilen Westsporn öffnet sich eine 4 Kilometer lange Hochfläche, die langsam ansteigend zum Gipfelaufschwung führt. Diese ist mit uferlosem Lockerschnee bedeckt. Tagelang versuchten wir, uns durch den Schnee zu wühlen, und merkten, dass es uns unmöglich war, diese vielen Kilometer in einer angemessenen Zeit zurückzulegen. Was wir nach vorn gespurt hatten, wurde hinter uns wieder zugeweht. Die gewählte historische Route auf den Hidden Peak war der falsche Weg zum Gipfel. Aber es war – historisch gesehen – der Weg der Franzosen. Dazu kam noch, dass die Besteigung des Hidden Peak zu wenig professionell vorbereitet worden war, und das hat der Expedition letztlich den Gipfelsieg gekostet.

Nicht immer ahnt man, was das Leben bringt. Der Mensch ist in seinem Dasein dem Mond ähnlich: Die eine Seite liegt in der Sonne, und wir sehen sie; die andere Seite liegt im Schatten, und wir kennen sie nicht.

HÖHEN UND TIEFEN

Ein Berg der Sehnsucht: Das Matterhorn

Im Frühsommer 1987 erreichte mich ein Brief meines Kollegen Fipsi Neumann, Produktionsleiter beim ZDF, mit der Frage, ob ich einen Beitrag zur Sendereihe «Bilder aus Europa» machen könne. Es ging um das Thema «Traumziele in Europa», und der verantwortliche Redakteur Friedrich Müller, der die Sendereihe betreute, wollte in diesem 45 Minuten langen Film, der immer aus drei bis vier Teilen bestand, eine Besteigung des Matterhorns haben. Mir wurden 13 Minuten Sendezeit für die Besteigung des Matterhorns zugestanden, das kam mir vor wie «Ben Hur» in 13 Minuten. Da ich den Film produzieren sollte, musste natürlich wieder ein Vertrag gemacht werden.

Das dauerte wie immer eine lange Zeit. Zum Spaß liste ich einmal auf, wer alles für einen 13 Minuten langen Film sein Okay geben musste. Das Ganze nannte sich «Stoffzulassung», und es mussten im ZDF unterschreiben: 1. die Erste Produktionsleitung Außenpolitik, 2. die Abteilung Herstellung, 3. die Hauptabteilung Produktion, 4. die Redaktionsleitung, 5. die Hauptredaktionsleitung Außenpolitik, 6. die Programmwirtschaft und 7. (mit der Bewilligung) der Chefredakteur. Dazu kamen natürlich noch der Produktionsleiter Neumann und der Redakteur Friedrich Müller. Von der Disposition Schnitt, Kopierwerk und diversen anderen Leuten gar nicht zu reden. Wenn man einmal hochrechnet, dass das ZDF rund um die Uhr sendet, kann man sich vorstellen, welcher Verwaltungsaufwand pro Sendung getätigt wird, um nur mit einer Produktion beginnen zu können – die Arbeit an der Produktion noch nicht einmal berücksichtigt. Man muss sich nur einmal das riesige Verwaltungsgebäude auf dem Mainzer Lerchenberg anschauen ... Insoweit hat also das ZDF auch etwas mit dem Berg zu tun. Dass ich noch im Sommer und in jenem Jahr «Matterhorn – Ziel der Sehnsucht» drehen konnte, war ein kleines Wunder.

Mit einem Bergfreund meiner eigenen Alpenvereinssektion Kampenwand, Sepp Braun, machte ich mich auf den Weg nach Zermatt. Meine Aufgabe war es, während des Aufstiegs zum Matterhorn über den Nordostgrat, den Hörnligrat, also den Weg der Erstbesteiger von 1865, zu gehen und Besteiger des Matterhorns unmittelbar während des Auf- und Abstiegs zu interviewen, um so das Phänomen des Berges als Ziel ihrer Sehnsucht zu ergründen – im Reportagestil und in Form des spontanen Interviews. Wir filmten das Matterhorn bei schönstem Wetter von allen Seiten. Doch als wir nach drei Tagen auf der 3260 Meter hohen Hörnlihütte ankamen, war es mit der Sonne und dem schönen Wetter vorbei. Das Wetter kippte um, und Neuschnee machte eine Besteigung sehr schwierig. Wir stiegen von der Hörnlihütte wieder nach Zermatt ab und fuhren nach München zurück.

Erst vierzehn Tage später, als sich wieder sicheres Wetter eingestellt hatte und die Neuschneemassen abgetaut waren, versuchte ich mit einem neuen Assistenten die Besteigung. Mein Begleiter Sepp Braun vom ersten Versuch konnte wegen

seiner Arbeit nicht noch einmal mitkommen. Diesmal war es Volkmar Ressler, ein begabter Amateurfilmer, der mich zum Matterhorn begleitete.

1956 hatte mich das Matterhorn abgeschüttelt, mit Anderl Heckmair in der Westflanke. Diesmal akzeptierte es mich und ließ mich auf seinem Gipfel stehen.

Wir filmten an allen Stellen, wo wir Bergsteiger trafen. Eine Szene ist mir heute noch in lustiger Erinnerung: An einer Felsplatte mit einem kurzen, aber engen Kamin unterhalb der 4003 Meter hohen Solvayhütte, die sich wie ein Adlernest in den oberen Felsgrat krallt, war eine Seilschaft mit einer Frau unterwegs. Die sehr beleibte Frau blieb im Kamin stecken und konnte weder vor noch zurück. Oben zog mit Unterstützung eines Bergführerkollegen ihr Bergführer kräftig am Seil, von unten schoben französische Bergsteiger den rundlichen Mittelteil der Dame durch den Kamin nach oben. Es dauerte! Wir konnten vor Lachen am Anfang kaum drehen, doch dann wurde es zu einer der schönsten Szenen der Matterhornbesteigung.

Auf der Solvayhütte filmten wir einen vollkommen erschöpften Bergsteiger, der sich beide Knie aufgerissen hatte und immer nur sagte: «Ich will wieder runter ins Tal.» Am nächsten Tag – wir hatten vom Bergführerbüro in Zermatt die Genehmigung, über Nacht auf der Hütte zu bleiben – warteten wir auf das richtige Filmlicht. Schon in der Dämmerung hörten wir die Stimmen der Bergführer, die im Aufstieg zum Gipfel unterwegs waren. Es war auf der Hörnlihütte üblich, dass die Bergführer eine Stunde vor den anderen, privaten Besteigern des Matterhorns aufbrachen, um einen gehörigen Vorsprung vor den anderen Seilschaften zu haben. Erst dann durften die anderen Besteiger aufbrechen. Dies war eine Absicherung der Bergführer, die den Weg sehr gut kannten, um am Grat größeres Durcheinander zu vermeiden. Wir ließen die ersten Seilschaften der Bergführer an der Solvayhütte vorbeisteigen, denn uns interessierten die normalen Seilschaften.

Wir schauten nach unten, wo wir die ersten Seilschaften kommen sahen, und beobachteten einen Helikopter, der sich dem Hörnligrat im unteren Teil näherte und an dem ein großer, schwarzer Kasten hing. Was das zu bedeuten hatte, war uns nicht klar. Der Helikopter setzte den Kasten am unteren Grat ab, etwa 200 Höhenmeter oberhalb der Hörnlihütte, schwenkte nach einigen Minuten wieder ab und flog ins Tal. Erst Tage später erfuhren wir vom Hüttenwirt Franz Schwery, was das zu bedeuten hatte. Die Fernsehsendung «Verstehen Sie Spaß?» hatte den berühmten Alpinisten Reinhold Messner auf die Schippe genommen. Messner sollte eine Touristin auf das Matterhorn führen, und im Aufstieg begegnete er auf dem Hörnligrat einem Kiosk mit Erinnerungsbildern, Postkarten und Getränken. Reinhold Messner war außer sich vor Ärger über diese Entweihung des Matterhorns, und er beruhigte sich erst, als er über den Streich aufgeklärt wurde. Das ist immer noch eine der besten Sketche aus «Verstehen Sie Spaß?».

Wir packten unsere Kamera, stiegen filmend weiter zum Gipfel des Matterhorns und interviewten Bergsteiger. Unterwegs überholte uns ein Japaner in Turnschuhen und wurde natürlich auch von uns interviewt. Der Gipfelgrat des Matterhorns bot nicht sehr viel Aufregendes, außer eine atemberaubenden Sicht auf die Viertausender im Umkreis des Matterhorns, allerdings gestört durch das ohrenbetäubende Gedröhne der Helikopter um den Gipfel, die in Abständen von wenigen Minuten mit Touristen um den Berg flogen und dann unmittelbar neben dem Gipfel in der Luft stehen blieben, um den darin sitzenden Touristen «echte» Besteiger des Matterhorns zu zeigen.

Nach dem Abstieg vom Gipfel und der Filmerei am oberen Grat blieben wir noch eine Nacht auf der Solvayhütte. Über Nacht hatte es geschneit, und in völliger Dunkelheit stolperte so etwa gegen Mitternacht noch ein Alleingeher in die Hütte, ein tschechischer Bergsteiger, der sich im Dunklen verstiegen hatte. Am nächsten Morgen, es lagen etwa 15 Zentimeter Neuschnee in der Ostwand und am Hörnligrat, nahmen wir den Tschechen mit an unser Seil und stiegen als Dreierseilschaft ab. An manchen Stellen seilten wir an den vorhandenen Sicherungshaken ab. Dabei passierte mir etwas sehr Unangenehmes. Ich zog gerade stark am Seil, um es nach dem Abseilen abzuziehen. Schlagartig war das Seil ganz locker, und ich kippte nach hinten. Wir seilten ohne Sicherung ab, da wir zu dritt nur dieses eine Seil hatten. Volkmar langte blitzschnell in meinen Klettergurt und verhinderte so meinen Absturz über die verschneite Ostwand. Wieder hatte mich das Matterhorn am Wickel gepackt, und ich hatte fast das Gefühl, dass der Berg mich nicht mochte.

Das Mitbringsel aus Pakistan

Ein Jahr nach meiner Rückkehr aus Pakistan begann ich zu husten, und vor allem bekam ich immer mehr Durst. Oft trank ich am Tag 5 bis 6 Liter Flüssigkeit und musste ständig zum Wasserlassen auf die Toilette. Mein Freund und Arzt Rolf Döschl stellte eine Diabetes fest und gab mir den Rat, in ein Krankenhaus zu gehen und mich auf Insulin einstellen zu lassen. Ich packte also meine Tasche mit den wichtigsten Dingen und ging in die Notaufnahme eines Münchner Krankenhauses. Dort angekommen, folgte der übliche Weg durch alle Instanzen, und schließlich kam ich in die Station 4. Jeden Tag bekam ich Insulin gespritzt, verlor aber von Tag zu Tag mehr Gewicht. Den ganzen Tag hustete ich, und letztendlich wurde ich an der Lunge untersucht.

Für diese Untersuchung mittels einer Sonde musste ich natürlich einwilligen und fragte meinen Hausarzt, ob ich das tun solle. Er riet mir dringend zu dieser Untersuchung, und ich willigte schriftlich ein. So bekam ich eine örtliche Betäubung, und eine Sonde wurde in meine Lunge eingeführt. Dabei ist man natürlich bei Bewusstsein. Ich hörte, wie einer der behandelnden Ärzte sagte: «Ich sehe einen Herd in der Lunge.» Das war das Einzige, was ich hörte. Einige Tage später wurde ich aus dem Krankenhaus entlassen. Im Bericht an meinen Hausarzt stand aber: «Der Patient verweigerte die Untersuchung mit der Sonde.» Da ich mir offensichtlich in Pakistan eine Tuberkulose eingefangen hatte und man mich entlassen hatte, wollte man sich mit dieser Formulierung reinwaschen, denn man hätte mich auf keinen Fall in die Öffentlichkeit entlassen dürfen und hatte sich damit strafbar gemacht.

Wochen später rutschte ich bei mir zu Hause in eine extreme Unterzuckerung, und meine Freundin rief an diesem Vormittag, nachdem ich die Besinnung verloren hatte, meinen Hausarzt Dr. Döschl an, der ihr sagte, dass sie sofort den Notarzt rufen müsse. Der Notarzt brachte mich sofort in die Klinik. Erst 4 Stunden später kam ich im Krankenhaus wieder zu Bewusstsein, und man stellte nach einer neuerlichen Untersuchung der Lunge, wieder mit der Sonde, eine offene Tuberkulose fest. Ich kam sofort auf die geschlossene Station des Münchner Krankenhauses und verbrachte dort mehrere Monate. Mein tiefstes Gewicht war 39,5 Kilogramm – ich konnte mich kaum noch auf den Beinen halten. Wie viele Medikamente ich schlucken musste, weiß ich nicht mehr; man spricht von sogenannten Medikamentenhämmern, um die Tuberkulose in den Griff zu bekommen. Nach einiger Zeit ging es wieder bergauf, und ich wünschte mir, irgendwann wieder einmal klettern zu können. Zu dieser Zeit konnte ich mich gerade mal am Geländer der Treppe bis zum nächsten Stockwerk hochziehen. Meine Freundin Karin kam jeden Tag zu mir ins Krankenhaus, um mir einige kleine Dinge zu bringen und mir Mut zuzusprechen.

Das war für mich ein großes Erlebnis, dass es einen Menschen gab, der selbstlos für mich da war. Einmal in meinem Leben hatte ich mich gebunden, mit dem schönen Satz: «Bis dass der Tod euch scheidet.» Aber es gibt auch einen Satz mit x, und der lautet: «War wohl nix!» Und ein russisches Sprichwort sagt: «An allem Schlechten ist auch was Gutes: die Erkenntnis, etwas Falsches gemacht zu haben.» Nach dem Fiasko mit dem Film «Inferno am Montblanc» und den Toten bei den Filmaufnahmen an der Gletscherspalte war ich seelisch wie auch finanziell am Ende gewesen. Meine damalige Familie reagierte voller Ablehnung. Für sie war ich eine gescheiterte Existenz. Ich durfte meine Tochter nicht mehr sehen, und Geschenke, von mir oder von meiner Mutter, wurden mit dem Vermerk «Annahme verweigert» mit der Post retourniert. Ich bin mir sicher, wenn ich ein wohlhabender Mann geblieben wäre und nicht arm wie eine Kirchenmaus, ich hätte diese Familie noch heute im Pelz! Das alles ist aber nun Geschichte. Es gibt den Satz von Goethe: «Geschichten schreiben ist eine Art, sich das Vergangene vom Halse zu schaffen.»

Als ich wieder gesund war, arbeitete ich als Kameramann und Filmcutter ein wenig bei anderen Filmproduktionen. Einmal war ich in den Bavaria-Studios Statist. Ich wollte wissen, wie andere Regisseure arbeiten und wie der sogenannte «normale» Ablauf einer Produktion war. Alpine Filme waren ja eine Ausnahmeproduktion und nicht mit herkömmlichen Filmen zu vergleichen. Interessant war der Aufwand, der betrieben wurde, und mir wurde klar, dass die Hälfte der Zeit an einem Film für ständiges Warten reserviert war. Irgendwie beruhigte es mich, dass wir mit unseren kleinen Teams um einiges logischer gearbeitet hatten und das Prinzip des kleinen Teams seine Richtigkeit hatte.

Eine Produktion habe ich noch in bester Erinnerung. Eine kleine Firma, die auf Zulieferungen für private Sender spezialisiert war und deren Chef ein Bekannter von mir war, sollte ein Porträt über die Opernsängerin Eva Lind herstellen, die gerade eine steile Karriere begann. Das war für mich die Gelegenheit, einmal in die Wiener Staatsoper zu kommen, denn dort sollte gefilmt werden. Mein Bekannter hatte einen jungen Kameramann, der die Aufnahmen auf elektronischer Basis machen sollte. Ich sagte meinem Bekannten, dass ich gern dabei sein würde, und bot ihm an, dem jungen Kameramann bei der Arbeit zu helfen. So wurde ich, auch weil ich Wien gut kannte, mitgenommen.

Wir machten am ersten Tag die Außenaufnahmen mit Eva Lind in Wien. Wir filmten sie mit ihren Hunden in einem Park, in einer Fiakerkutsche durch Wien fahrend und beim Heurigen. Das Wichtigste aber war ihr Gesang im Probesaal mit einem Korrepetitor und später auf der Bühne der Wiener Staatsoper. Eva Lind sang die große Arie der Norina aus Gaetano Donizettis Oper «Don Pasquale». Diese Arie ist als lyrischer Koloratursopran sehr anstrengend, vor allem für eine junge Sängerin. Der junge Kameramann ließ sie die Arie für die Kameratotale komplett durchsingen, dann noch einmal für die Naheinstellungen der Sängerin, und wollte dann die Hände des Korrepetitors auf den Tasten des Flügels aufnehmen, damit später alles schön ineinandergeschnitten werden konnte. Er hatte keine Ahnung, was das für ein unnötiger Aufwand war. Einen Regisseur gab es nicht, nur meinen Bekannten als Produzenten und eine junge Redakteurin, die vom Sender abgestellt worden war, aber von Oper und Musik keine blasse Ahnung hatte. Ich machte der Redakteurin und dem Kameramann klar, dass es unzumutbar für eine Sängerin sei, nur des Filmschnitts wegen immer wieder die ganze Arie zu singen. Ein paar Naheinstellungen genügten vollkommen für den späteren Schnitt.

Am Abend hatte ich beim Heurigen noch eine angeregte Unterhaltung mit Eva Lind, die ich bewunderte, und ich versprach, ihr eine Videoaufnahme des Films zu schicken. Wochen später brachte ich das Video dann zu ihrem Vater nach Jenbach in Tirol, wo Eva Lind geboren worden und ihr Zuhause war. Mein Gesangsstudium, der Klavierunterricht und die Fähigkeit, perfekt Noten zu lesen, hatten sich auf diese Weise einmal ausgezahlt.

Mit der Kammersängerin Eva Lind vor einem Wiener Heurigenlokal. Mit ihr war eine besonders nette und musische Reportage entstanden.

In der Jury der Filmfestspiele von Les Diablerets

Bekannt waren mir diese Filmfestspiele im waadtländischen Les Diablerets schon lange. Nach den Filmfestspielen im italienischen Trento waren diejenigen von Les Diablerets in der Schweiz das zweite Festival, das sich dem alpinen Film widmete. Mein Film «Die Wand» hatte dort einen Preis gewonnen, und es wurde mir damals eine kleine Münze geschickt, die von der Sparkasse von Les Diablerets gespendet worden war. Es war eine Münze in Gold mit einem Nennwert von 20 Schweizer Franken, ein sogenanntes «Goldvreneli». Der Name kam von der Figur Helvetia, die auf der Münze abgebildet war und eben «Vreneli» genannt wurde. Der Filmpreis selbst war ein stilisierter Teufel mit einer Flöte auf einem einfachen Sockel aus Holz.

Wieder bekam ich etwas von Les Diablerets zu hören. Man fragte mich, ob ich Zeit und Lust hätte, der Jury der Filmfestspiele anzugehören und eine Woche lang Filme zu begutachten. Zeit hatte ich, also fuhr ich in die schöne Westschweiz und bezog Quartier im Grandhotel des Diablerets. Meine Mitstreiter bei der Begutachtung der Filme waren honorige Leute aus der Westschweiz, Bergführer und Journalisten, als einzigen Ausländer in der Jury hatte man mich auserkoren. Dem Direktor der Festspiele, Pierre Simoni, einem bekannten Journalisten aus Genf, den ich schon seit Jahren von Trento her kannte, hatte ich diese Ehre zu verdanken.

Das Prozedere in einer Jury ist im Grunde genommen immer dasselbe. Man beginnt mit der Besichtigung der Filme und schaut sich die ersten Filme mit Vergnügen an. Dann kommt eine Gewöhnungsphase, weil die Filme die immer gleichen Gestaltungsmuster haben. Jeder Filmemacher denkt zuerst an seine eigene individualistische Arbeit und nicht daran, dass er irgendwann einmal diesen Film zu einem Wettbewerb senden wird. Der Jury fallen die immer wieder gleichen Klischees auf, nach denen gearbeitet wird. Man ist dankbar, dass die Vorjury die eingereichten Filme schon vorsortiert und schlechte Filme ausgemustert hat.

Zu den Filmen gehört auch die oft zu pompöse Musikuntermalung, um dramatische Effekte zu unterstreichen, was vollkommen überflüssig ist, und diese Musik geht der Jury von Film zu Film immer mehr auf die Nerven. Zum Ende hin, wenn man etwa dreißig Filme besichtigt hat, neigt die Jury dazu, nur noch in den Anfang eines Film hineinzuschauen, und wenn dann nach etwa 10 Minuten keine Spannung erzeugt wird, die zum Weiterschauen animiert, wird nach kurzem Abnicken der Jurymitglieder der Film aus dem Projektor genommen. Der Film fällt durch.

So geschah es auch mit einem Film, der vom Weltklasse-Alpinisten René Desmaison in Les Diablerets vorgelegt wurde. Der Zufall wollte es, dass ich diesen Film – er handelte von einer Erstbesteigung in den peruanischen Anden – schon beim Filmfestival von Trento gesehen hatte und ihn hochinteressant fand. Das Manko war nur, dass René Desmaison, um bei seinen Filmvorträgen einen ganzen Abend zu füllen, dem eigentlichen alpinen Film einen kulturhistorischen Teil vorangesetzt hatte und diese erste Filmspule mit nach Les Diablerets geschickt hatte. Ich benötigte große Überredungskunst, meinen anderen Jurymitgliedern klarzumachen, dass es sich hier um eigentlich zwei Filme in einem Programm handele und man doch diese beiden Filmspulen getrennt beurteilen solle. Meine Bitte zeitigte Erfolg: René Desmaison bekam einen Silbernen Teufel für seinen gelungenen Film.

Das erste Filmfest in St. Anton 1995

Der Journalist Stefan König rief mich an und berichtete mir, dass er seit Längerem beim Verkehrsbüro St. Anton in Tirol, unterhalb des rund 1800 Meter hohen Arlbergpasses gelegen, mit der Werbung betraut sei. In St. Anton drehte Arnold Fanck so berühmte Filme wie «Der weiße Rausch» und «Wunder des Schneeschuhlaufs». Stefan König habe mit dem Tourismusdirektor Adi Werner einen Plan ausgeheckt. Zum beginnenden Herbst, wenn die Besucherzahlen etwas schrumpften, wolle man die ungenutzten Kapazitäten der Hotels nützen und ein Bergfilmfestival gründen. Dazu sollten Filmemacher, die Stefan König von Trento her kannte, nach St. Anton eingeladen werden, um ihre Filme zu zeigen. Auch ein Filmpreis sollte vergeben werden, der als Anerkennung für schon geleistete gute Filmarbeiten gedacht war, sozusagen als Retrospektive auf einen Filmemacher, der schon einige Jahrzehnte mit seinen Filmen Erfolge verbuchen konnte. Blamieren wolle man sich natürlich nicht. Im Einvernehmen mit den Veranstaltern hatte Stefan König vorgeschlagen, mich als ersten Preisträger zu nominieren und natürlich auch gleichzeitig mehrere Filme von mir zu zeigen.

Bei den Filmfestspielen von St. Anton in Tirol erhielt ich 1995 eine Auszeichnung für mein Lebenswerk – und, was für einen Künstler immer wichtig ist, auch etwas Geld zum Leben.

So fuhr ich wohlgemut nach St. Anton und harrte der Dinge, die da kommen sollten. Ich lernte interessante Menschen kennen und war von der Organisation sehr angetan. Einige meiner Filme liefen im Programm der Festspiele, und ich bekam feierlich einen Scheck überreicht, der werbewirksam, so groß wie ein Waschbrett, für die Zeitungsartikel fotografiert werden sollte.

St. Anton mauserte sich in der Folgezeit zu einem ernst zu nehmenden Festival, das vor allem dem filmischen Nachwuchs ein Forum bietet und auch einen Geldpreis auslobt, der vom Publikum vergeben wird. Zusätzlich gibt es einen Förderpreis für den Nachwuchs. Demokratischer kann man fast nicht mehr sein. St. Anton verfügt seit der alpinen Skiweltmeisterschaft, aus deren Anlass man den Bahnhof unterirdisch in den Berg versetzte, um damit den alten Ortskern zu entlasten, auch über eine große neue Festhalle. Damit wurden ideale Möglichkeiten geboten, die Filme auf großer Leinwand zu präsentieren. St. Anton hat damit eine Attraktion, um die es viele andere Gemeinden beneiden können. Für Tirol war St. Anton nicht nur die Wiege des Skilaufs, sondern auch die Wiege des alpinen Films geworden.

Eine große Wand am Torre di Valgrande

1983 traf ich per Zufall in der Sauna meinen alten Freund Alex Mey, einen Architekten und ehemals einer der besten Kletterer in Bayern; er machte 1960 die elfte Begehung der Großen-Zinne-Direttissima. Wir beschlossen, wieder einmal etwas zusammen zu unternehmen. An einem Frühsommertag war es so weit: Wir fuhren in die Civettagruppe der Dolomiten. Unser Ziel war der Torre di Valgrande. Das Massiv der Civetta zieht sich über eine Länge von fast 5 Kilometern mit einigen bedeutenden Graterhebungen wie Torre di Valgrande, Torre Venezia oder

Mein Kletterfreund Alex Mey. Mit ihm machte ich meine letzte große Kletterei am Torre di Valgrande in der Civetta.

Rechte Seite: In der Carlesso-Route in der Nordwestwand des Torre di Valgrande. Die 1936 von Raffaele Carlesso erst begangene Route galt damals als die schwerste Kletterei in den Alpen.

Torre Trieste bis hinauf zur höchsten Spitze, der 3220 Meter hohen Civetta. Die Civetta ist einer der bedeutendsten Gipfel der Dolomiten und berühmt für die 1200 Meter hohe Nordwand, die 1925 von Gustav Lettenbauer und Emil Solleder erstmals durchstiegen wurde und damals als die schwerste Kletterei der Alpen galt. Sie hatte zu jener Zeit einen Ruf wie dreißig Jahre später die Eiger-Nordwand. Auch heute gilt sie noch als eine der schwierigsten Wände der Dolomiten.

Am Torre di Valgrande kletterte 1936 der italienische Meisterkletterer Raffaele Carlesso die Nordwestwand. Diese galt damals als die schwerste Kletterei in den Alpen. In der Civetta wurde wieder Klettergeschichte geschrieben. Raffaele Carlesso kletterte noch 1961, als 53-Jähriger, die Direttissima in der Nordwand der Großen Zinne. Mit Alex, der die Carlesso-Route schon zweimal geklettert war, war ich diesmal der Aspirant.

Beim Einstieg in die Nordwestwand war unser Erstaunen nicht gering: Durch die Bummelei beim Frühstück waren wir plötzlich die dritte Seilschaft, die einsteigen wollte – vor uns war eine polnische Klettergruppe, in zwei Seilschaften aufgeteilt, am Werk. Diese sicherten schon im unteren Wandteil, der Kletterei im dritten und vierten Schwierigkeitsgrad bietet. Alex, der den Einstieg gut kannte, meinte, dass es in diesem Gelände möglich sei, die Polen zu überklettern. Er wusste eine Parallelroute im unteren Wandteil. Das war eine gute Idee, wenn auch nicht ganz einfach für uns beide, denn wir mussten dabei seilfrei klettern. Mit einem Vorsprung von nur 10 Metern auf den ersten Polen erreichten wir die sich aufschwingende große Verschneidung, die bis unter einen gewaltigen Überhang führt. Damit hatten wir das Wettrennen im unteren Teil gewonnen und durften als Erste die schwere Sechser-Seillänge klettern. Als dritte Seilschaft nach den zwei Seilschaften der Polen hätte es uns bestimmt kein Vergnügen bereitet.

Mit Alex war ich eine Woche vorher im Wettersteingebirge die Riffelkopf-Südostwand geklettert, die wie die Carlesso-Route einen riesigen Überhang hatte. Ich wollte Alex, der ein exzellenter Freikletterer war, in meine Technik des Hakenkletterns einweisen. Der Überhang in der Nordwestwand des Torre Valgrande war eine reine Hakenkletterei. Wir schrieben das Jahr 1987, und da war es noch gang und gäbe, mit Trittleitern zu klettern. Hier hatten wir es mit Hakenklettern zu tun, und so wie ich die jungen Polen einschätzte, waren sie nicht die Schnellsten. Meine Vermutung gab mir recht, denn mit Alex hatte ich nach einer guten Stunde die schwere Verschneidung und den Überhang überklettert. Der Trick beim Hakenklettern war, eine Sitzschlinge zu benutzen und in dieser immer wieder auszuruhen, möglichst nicht zu viele Karabiner in die Haken einzuhängen und die Haken von unnötigen Karabinern frei zu halten. Das führte

auch dazu, dass die Seile besser durch die vielen Sicherungen laufen und der Seilzug vermindert wird.

Am Gipfel des Torre di Valgrande, auf dem wir am späten Nachmittag standen, waren wir gerade wieder von den Polen eingeholt wurden, die sich im leichteren Gelände als schnelle Kletterer herausstellten. Wir fanden mit Mühe den richtigen Abstieg hinunter zur Coldaihütte, und ich freute mich während des Abstiegs durch das brüchige Gestein auf eine gute Brotzeit.

Es sollte meine letzte große Kletterei in den Dolomiten gewesen sein, denn kurze Zeit später erfuhr ich von meinem Arzt und später im Krankenhaus, dass ich an Diabetes erkrankt war und ab jetzt eine Insulinspritze mein ständiger Begleiter sein würde. Damit war das große Abenteuer mit schweren Klettereien in den Alpen ausgeträumt. Man kann allerdings mit einer gewissen Vorsicht auch mit dieser Stoffwechselkrankheit noch bergsteigen, aber eben etwas im Schongang.

Zwei Treffen mit Heinrich Harrer

In St. Anton hatte sich das Filmfestival etabliert. Im Umland nützte man die Gelegenheit, neue alpine Filme zu sehen, die sonst nur bei den Filmfestspielen in Trento zu sehen waren. Die Veranstalter mit ihrem rührigen Leiter Stefan König waren immer auf der Suche nach neuen und auch ausgefallenen Filmen, die in den Bergen beheimatet waren. Es mussten nicht immer große und als extrem schwierig bezeichnete Kletterwände sein, sondern es waren ihnen besonders die Filme ans Herz gewachsen, die sich mit der Kultur der Landschaften oder dem kargen Leben der Bergbauern beschäftigten.

Im Rahmen der Festwoche wurde mein Film «Die Wand» gezeigt, der schon in Trento den Großen Preis gewonnen hatte. Als ein Höhepunkt war der Film «Sieben Jahre in Tibet» ins Programm genommen worden. Dieser Film über das Leben Heinrich Harrers am Hofe des Dalai-Lama in Tibet während des Zweiten Weltkriegs wurde von einer amerikanischen Produktion mit Brad Pitt als Darsteller von Heinrich Harrer mit einem immensen Aufwand in Szene gesetzt. Die Festspielleitung lud Heinrich Harrer mit seiner Frau extra für die Vorführung des Films nach St. Anton ein.

Jahrzehnte waren vergangen, seit ich Heini, wie wir ihn nannten, das letzte Mal gesehen hatte. Meine Freude war sehr groß, als wir uns wieder gegenüberstanden. Immer noch rüstig und voller geistiger Frische stand er auf der Bühne des Festspielsaals und hielt eine flammende Rede über das Schicksal des tibetischen Volkes. Ich bewunderte ihn für sein Eintreten für Tibet und die Erhaltung des kulturellen Erbes der Tibeter. Beim Abschied sagte er zu mir: «Lothar, ich würde mich freuen, wenn du einmal nach Knappenberg kommst und mich und mein Museum besuchst.» Als der Zug den Bahnhof verließ, schaute ich noch lange dem im Regendunst verschwindenden Zug nach und freute mich schon auf diesen Besuch in Knappenberg.

Anlässlich eines Besuchs bei Heinrich Harrer im kärntnerischen Knappenberg traf ich mit einer Delegation von Lamas unter Führung eines hohen Würdenträgers des Dalai-Lama zusammen. Auch eine Handvoll Ministerialbeamte aus Wien waren dabei, die mich kritisch beäugten.

Wenige Wochen später fuhr ich mit Karin nach Knappenberg, nachdem ich mich bei Heinrich Harrer vergewissert hatte, dass ich wirklich willkommen war und ihn auch antreffen würde. Im Hotel benachrichtigte man mich, dass Heinrich Harrer Besuch erhalten habe. Ein hoher Beamter des Hofstaats des Dalai-Lama, eine Art Bischof, war mit einem Jugendfreund von Harrer aus seiner Zeit in Lhasa und einigen buddhistischen Mönchen sowie Beamten der österreichischen Regierung in Knappenberg angekommen. An dem Abend sollte mit dem Landeshauptmann von Kärnten ein festliches Abendessen stattfinden. Heinrich Harrer, unkompliziert wie er schon immer war, lud mich mit Karin einfach mit ein, und so saßen wir an dem Abend an der langen Tafel mit den anderen Gästen und staunten, wie sich Harrer mit seinen Gästen aus dem fernen Land auf Tibetisch unterhielt und dabei ab und zu dem Landeshauptmann interessante Details übersetzte.

Am nächsten Tag führte er mich durch das Museum, das eine Reise wert ist, um sich über das Leben Harrers zu informieren. Ein ganzes Schulhaus mit mehreren Etagen wurde dafür als Museum umgebaut. Dieser Besuch sollte das letzte Zusammentreffen mit Heinrich Harrer gewesen sein.

Eiger-Nordwand live

Morgens in der Dämmerung klingelte der Postbote und brachte mir einen Eilbrief vom Südwestfunk Baden-Baden. Gernot Planger, seines Zeichens Produktionsleiter beim Südwestdeutschen Rundfunk, schrieb mir in diesem Brief von einem großen Unternehmen in der Eiger-Nordwand. Gernot Planger kannte ich aus seiner Zeit als Heeresbergführer in Mittenwald, und er kannte mich von den Dreharbeiten zum Film «Sensation Alpen», als ich im Wettersteingebirge, im Oberreintal, am Stahlseil unter dem Helikopter hing und eine Bergwachtübung der Bundeswehr filmte. Gernot war einer der Darsteller in diesem Film gewesen.

Gernot Planger hatte vor Jahren die Eiger-Nordwand durchstiegen, und genau um diese ging es in seinem Brief. Der SWR hatte in Verbindung mit dem Schweizer Fernsehen und dem Westdeutschen Rundfunk einen Plan ausgeheckt. Er basierte darauf, dass schon ein Jahr vorher das Schweizer Fernsehen eine Live-Durchsteigung des Hörnligrates am Matterhorn mit großem Erfolg gesendet hatte. Diesen Erfolg wollte man noch einmal wiederholen. Grundidee war: Die Eiger-Nordwand sollte von zwei Seilschaften durchstiegen werden, die mit Helmkameras ausgerüstet waren. Damit war es möglich, unmittelbar das Durchsteigen nachzuvollziehen. Man wird so als Zuschauer selbst zum Kletterer in der Eiger-Nordwand. In den Rucksäcken der Kletterer waren Sender eingebaut, über welche die Impulse der Helmkameras an eine Station auf dem Männlichen, über eine Distanz von 6 Kilometern, gesendet wurden. Dazu sollten Kamerastandpunkte in der Nordwand fixiert werden, von denen die Kletterer aufgenommen wurden. Kameras, die auf dem Westgrat postiert waren, komplettierten die Kamerastandpunkte am Eiger und boten einen tollen Blick in die konkave Wand. Zusätzlich war ein Helikopter mit einer Frontkamera im Einsatz, um auf die Wand zufliegen zu können. Mit dieser Frontkamera war es möglich, aus der Vogelperspektive die Kletterer zu beobachten und so ihre Durchsteigung aufzunehmen.

Die Frage von Gernot Planger an mich war: «Lothar, hast du Filmmaterial für die Einblendungen von historischen Durchsteigungen, die wir in der laufenden Live-Sendung einblenden können, um auch historische Momente zu zeigen?» Die zweite Frage war: «Lothar, könntest du nach Grindelwald kommen und auf dem Männlichen für Gespräche während der Sendung zur Verfügung stehen?» Es kämen auch Anderl Heckmair, der Erstdurchsteiger der Eiger-Nordwand, und Anderl Mannhardt, der 1962 die erste Winterdurchsteigung der Eiger-Nordwand gemacht hatte, dazu neben Heiner Geißler, dem bergsteigenden CDU-Politiker, noch einige Bergsteiger wie Oswald Oelz, die in einer Verbindung zum Eiger standen. Federführend für die Aufnahmen in der Wand sei das Schweizer Fernsehen, doch habe jeder Sender eine eigene Moderation, da die Schweizer in ihrer Landessprache, also auf Schwyzerdütsch, moderieren würden.

Somit war also für den SWR und den Westdeutschen Rundfunk, die über ihre Dritten Programme die gesamte Durchsteigung senden würden, eine eigene Mo-

deration geplant. Die Live-Sendung sollte über insgesamt 36 Stunden eine Durchsteigung der Eiger-Nordwand zeigen. Das klang alles sehr interessant, und ich sagte spontan zu. Im September 1999 trafen sich alle Beteiligten in Grindelwald. Die Vorbereitung zu dieser Live-Sendung klingt erst einmal sehr einfach, war es aber nicht. Zuerst mussten in der Wand die Voraussetzungen geschaffen werden, um in der Nordwand filmen zu können. Für die Kamerastandpunkte am Westgrat war das kein Problem, doch wie war es in der steinschlaggefährdeten Nordwand? Kleine Plattformen aus Eisengitter, etwa 120 mal 120 Zentimeter im Geviert, wurden vom Helikopter an Stahlseilen an steinschlaggeschützten Stellen abgesetzt und mittels Bohrhaken installiert sowie mit mehreren gebohrten Standhaken abgesichert, um den Mann an der Kamera und den Tontechniker abzusichern. Dazu kam ein Bergführer zur Sicherung der beiden Filmleute. Es waren zwei Teams für die Plattformen vorgesehen. Kontinuierlich sollten diese Teams, also immer drei Personen, mit dem Vorwärtskommen der vier Kletterer in der Wand per Helikopter nach oben versetzt werden. Die Kamerateams in der

Eiger-Nordwand live: 1999 traf ich während der Live-Durchsteigung des Eigers auf Anderl Heckmair und seine Frau Trudl (links von mir) sowie Anderl Mannhardt und Günter Strobel mit Begleitung.

Wand mussten natürlich geführt werden. Die Regie des Ganzen sollte von einem Bildregisseur und einer Bildmischerin in einem improvisierten Studio am Männlichen geleitet werden. Dort wurden alle Kameras, die am Westgrat, die in der Wand und die Helmkameras, koordiniert. In dieser Schaltstelle am Männlichen wurde die Sendung gesteuert und geschaltet.

Die Vorbereitungen waren abgeschlossen, und man wartete auf das passende Wetter. Auf dem Männlichen waren zwei Plattformen in Form einer Terrasse installiert worden. Auf einer Plattform wurde für den SWR und den WDR moderiert, auf der anderen für das Schweizer Fernsehen.

Das Wetter spielte in der Anfangsphase gar nicht mit, denn in den oberen Bereichen des Eigers herrschten zu hohe Temperaturen. Zu warm bedeutete in dieser 1800 Meter hohen Wand stetigen Steinschlag. Man musste also auf kühleres Wetter warten, am besten mit Minusgraden ab Wandmitte. Mehrmals musste abgebrochen werden, und stetig wurde der Einstieg in die Wand verschoben. Doch dann war es endlich so weit: Die vier Bergsteiger konnten in den frühen Morgenstunden einsteigen. Die Kletterer waren Hansruedi Gertsch, Bergführer aus Grindelwald, Evelyne Binsack, Bergführerin aus Beatenberg, Stephan Siegrist, Bergführer aus Interlaken, und Ralf Dujmovits, Bergführer aus Bühl im Schwarzwald.

Die Sendung für die Schweiz und die angeschlossenen deutschen Sender des SWR und des WDR konnte beginnen. Gleich am Einstieg wurden für das Publikum die Bergsteiger vorgestellt und dabei auch die Ausrüstung mit den Helmkameras und dem wichtigen Sender im Rucksack präsentiert. Das Gelände im unteren Teil der Eiger-Nordwand ist schrofig und leicht zu durchsteigen, ist aber der steinschlaggefährdetste Sektor der Wand. Die beiden Seilschaften gewannen schnell an Höhe und erreichten in kurzer Zeit den ersten Aufschwung der Wand unter dem Schwierigen Riss. Durch den Verbund der vielen Kameras konnte nun kurzweilig zwischen den einzelnen Kamerapositionen hin und her geschnitten werden. Am Männlichen wurde fleißig aus der kleinen Kabine kommentiert, und je nach Bedarf wurde einer der geladenen Gäste an das Mikrofon geholt. Natürlich wurden wir alle dem Fernsehpublikum vorgestellt und über jeden einige wissenswerte Details erzählt.

Die Durchsteigung durch die vier Darsteller war spannend, solange sie sich auf das Klettern bezog. Besonders interessant war, zu sehen, wie die Hände griffen und der Bergschuh auf dem feuchten und zum Teil eisigen Fels Halt suchte. Die Helmkameras vermittelten den Eindruck, als sei man selbst der Kletterer in der Wand. Dazu kamen die spontanen Äußerungen aus dem Mund des Bergsteigers, der wie beim privaten Klettern auf alles Bezug nimmt, was er fühlt, tut und denkt und sich damit dem Kletterpartner mitteilt. Das Publikum konnte selbst dieses faszinierende Geschehen am Fels erleben, das Spannende am Klettern, das man in Wort und Schrift so schwer schildern kann.

Am frühen Nachmittag des zweiten Tages näherten sich die vier Bergsteiger dem Gipfel. Auf einer großen Leinwand im Gartenrestaurant des Männlichen warteten Hunderte von Touristen auf den großen Moment, wenn die Bergsteiger ihren Fuß auf die Firnschneide des Gipfels setzten. Ein Riesenjubel brach aus, man applaudierte, und die Macher der Live-Durchsteigung gratulierten sich gegenseitig. 2000 Meter über ihnen leuchtete die Spitze des Eigers zu ihnen herab, und mit bloßem Auge war nicht zu sehen, ob auf dem Gipfel Menschen standen. Auf der großen Leinwand sah man die Bergsteiger in Großaufnahme und hörte live ihren Kommentar vom Gipfel des Eigers.

Mächtig und bunt war die Präsentationsbühne des Südwestdeutschen Fernsehens aus Baden-Baden für die Moderation und die Gäste – zu bunt für ein Bergabenteuer am Eiger.

Wohin geht der alpine Film heute? Zum 50-Jahr-Jubiläum der Filmfestspiele von Trento wurde ich von einer Moderatorin interviewt.

BERGFILM DAMALS, BERGFILM HEUTE

Das Museum «Duca degli Abruzzi» in Turin im Piemont ist mit Abstand das schönste und bedeutendste alpine Museum der Welt.

Hundert Jahre Bergfilm

Das italienische alpine Museum «Duca degli Abruzzi», im piemontesischen Turin beheimatet und malerisch in einem großen Fort eingerichtet, steht auf einem Hügel oberhalb der Fiat-Stadt. Es ist das wohl bedeutendste alpine Museum der Welt. Hier kann man der Geschichte des Alpinismus nachspüren und viel Wissenswertes von den Anfängen des Bergsteigens erfahren, beginnend mit der ersten Besteigung des 4807 Meter hohen Montblanc durch den Kristallsucher Jacques Balmat und den Arzt Michel Paccard am 8. August 1786. Jacques Balmat wurde später für diese Tat durch den König von Sardinien geadelt.

Hochinteressant sind in diesem Museum die gesammelten Ausrüstungsgegenstände der Bergsteiger aus der Anfangszeit des Alpinismus. Die alten Pickel und Hanfseile legen Zeugnis von den Schwierigkeiten der damaligen Besteigungen ab, etwa als am 14. Juli 1865 der Engländer Edward Whymper und seine Begleiter zum ersten Mal das Matterhorn bestiegen und während des Abstiegs vier der Erstbesteiger den Tod fanden. Im Museum erfährt man Wissenswertes über den Engländer John Tyndall, der 1861 das 4505 Meter hohe Walliser Weißhorn bestieg und schon 1862 versuchte, über den Liongrat das Matterhorn zu besteigen; er kam dabei bis auf 4241 Meter Höhe und erreichte den heute nach ihm benannten Pic Tyndall. Man trifft auf den Duca degli Abruzzi, der mit seiner legendären Karakorum-Expedition den Blick auf ferne Bergwelten eröffnete. Bei dieser Expedition stellte der Fotograf Vittorio Sella 1909 den ersten Expeditionsfilm her. Dieser Film aus dem fernen Karakorum erregte Aufsehen in der Öffentlichkeit und weckte das Interesse an den fernen Gipfeln des Karakorum. Man begegnet im Museum Emilio Comici, dem Begründer des sechsten Schwierigkeitsgrads, mit seiner legendären Durchsteigung der Großen-Zinne-Nordwand 1933.

Ausstellungsstücke in Turin: das Zelt der erfolgreichen italienischen K2-Expedition von 1954 (links), eine große Studiokamera in der Filmabteilung (rechts). Mit ihr hat man allerdings am Berg keine Chance, auch nur eine Einstellung im Fels zu drehen.

In einem anderen Saal sieht man die Ausrüstungsgegenstände des Italieners Walter Bonatti aus Bergamo, die er bei der ersten Durchsteigung des Petit-Dru-Südwestpfeilers 1955 benutzte. Gleich daneben steht eines der Zelte, welche die erste erfolgreiche K2-Expedition verwendete, bei der die Italiener Lino Lacedelli und Achille Compagnoni am 31. Juli 1954 den Gipfel des 8611 Meter hohen K2 erstbestiegen. Auch das leichte Perlonzelt, das Reinhold Messner bei seinem Alleingang auf den Nanga Parbat dabeihatte, ist zu sehen.

Die genannten Ausstellungsstücke sind nur ein verschwindend kleiner Teil dieses großzügig angelegten Museums. In einem der großen Räume des Forts wurde ein Kinosaal eingerichtet; ein Anliegen der Museumsleitung unter Führung ihres Direktors Aldo Audisio ist das Sammeln historischer Bergfilme. Auch die alpinen Filme der neueren Zeit werden hier archiviert, darunter mein Film «Inferno am Montblanc», der vom Museum für das große Archiv gekauft wurde. Eine Ehre für mich, dass jetzt auch ein Film von mir bei den Filmen der Pioniere des Bergfilms liegt. Hier in diesem Archiv lagert auch der älteste Bergfilm der Filmgeschichte, ein 1901 gedrehter Film eines Besteigungsversuchs am Matterhorn. Damals wurden die Filmstreifen noch mühselig in einem dunklen Zelt von Hand beschichtet und dann in die Kamera eingelegt. Diese Filmstreifen hatten oft nur eine Aufnahmedauer von etwa 15 Sekunden. Heute ist es fast nicht mehr nachvollziehbar, welche Mühe damals das Filmen am Berg machte.

Das Museum «Duca degli Abruzzi» ist aber nicht nur Museum, sondern aufgrund der vielen großen Räume und Säle auch Ausrichter von Ausstellungen. So gestaltete das Museum 2001 in Verbindung mit der Münchner Filmproduktion Movieman Productions GmbH und der Murnau Stiftung eine Schau, die vor allem dem Südtiroler Bergfilmer Luis Trenker gewidmet war. Nach dem Tod Luis

Trenkers übernahm diese Münchner Produktion dessen Nachlass und wertete diesen publikumswirksam aus. In Turin wurde natürlich auch über das Filmschaffen anderer Regisseure berichtet, doch nur am Rande; die Hauptperson blieb Luis Trenker.

Diese Ausstellung sollte nun auch in Deutschland gezeigt werden. In Turin hieß sie «Der Mythos der Berge in Luis Trenkers Filmen», aber in Deutschland sollte sie «Hundert Jahre Bergfilm» heißen. Sie wurde im Museum Lokschuppen im bayerischen Rosenheim installiert. Dass in Rosenheim auch Dr. Arnold Fanck mit seinem Filmschaffen ausführlicher zum Zuge kam, hatte man seinem Enkel, dem Grafiker Matthias Fanck, zu verdanken, der am Anfang zu den Machern der Ausstellung in Rosenheim gehörte. Matthias Fanck besuchte mich in München, und ich übergab ihm wertvolle Bilder und Negative. Leider kam es während der vorbereitenden Arbeiten zu einer Auseinandersetzung mit dem zweiten Grafiker und Architekten der Ausstellung, und Matthias Fanck legte die Mitarbeit nieder. Meine Fotos und Negative gab er an den zweiten Grafiker in Rosenheim weiter. Matthias Fanck war verärgert ausgeschieden und hatte deshalb das Päckchen mit meinem Material gar nicht geöffnet.

Das Ergebnis der Schau gab ihm recht. Der Ausstellungsarchitekt in Rosenheim hatte zwar eine scheußliche Rohrinstallation des Watzmanns vor der Halle aufgebaut, doch im Innern beherrschte Luis Trenker die Szene. Hier fehlte die ordnende Hand von Matthias Fanck. Aber dieser war gegen die hemdsärmelige Art des anderen Architekten offensichtlich machtlos gewesen. Immerhin konnte er durchsetzen, dass sein Großvater zu Ehren kam.

Dr. Arnold Fanck ist unbestritten der Vater des alpinen Spielfilms. Mit seinen richtungweisenden Filmen «Wunder des Schneeschuhlaufs», «Der weiße Rausch» mit Leni Riefenstahl und Hannes Schneider, «Die weiße Hölle vom Piz Palü» und mit dem Montblanc-Film «Der ewige Traum» über die Erstbesteigung mit Sepp Rist als Kristallsucher Balmat hatte Arnold Fanck Filmgeschichte geschrieben. Sogar das Flugzeug des legendären Ernst Udet aus dem Film «Die weiße Hölle vom Piz Palü» war an der Saaldecke befestigt, leider aber so gut wie gar nicht beleuchtet.

Dazu kam in der Rosenheimer Ausstellung noch ein Raum mit einem Südtiroler Filmemacher aus Toblach, Michael Wachtler, der mit schönen Fotos über einen Dokumentarfilm über Tiere und Pflanzen in den Dolomiten berichtete. Diesen Raum hatte er selbst hergerichtet und finanziert. Weiter kam der amerikanische Schauspieler Silvester Stallone mit dem Film «Cliffhanger» zu Ehren. Bemerkenswert an diesem Film ist, dass der deutsche Meisterkletterer Wolfgang Güllich den Muskelprotz Stallone gedoubelt hatte, denn Stallone kannte die Berge lediglich aus der Seilbahngondel. Dieser Teil des Überblicks wurde von der amerikanischen Produktionsfirma, die den Film «Cliffhanger» hergestellt hatte, gesponsert. Es gab in der Ausstellung einen ausgiebigen Hinweis auf die Fern-

Dr. Arnold Fanck, der Pionier des alpinen Films, mit seinen Kameraleuten Sepp Allgeier und Hans Schneeberger. Seine Filme waren die Basis, auf der sich der internationale Bergfilm entwickelte.

sehserie «Bergauf – bergab» des Bayerischen Fernsehens, und natürlich war auch dieser Sender als Sponsor vertreten.

In einem kleinen Raum stand eine Schaufensterpuppe mit der Helmkamera der Schweizer Fernsehsendung «Eiger live», allerdings ohne einen Hinweis darauf, was es zu bedeuten hat, dass diese Puppe dasteht und in ihrem Helm eine Kamera befestigt ist. Auch der Hinweis, dass sich in ihrem Rucksack ein Sender befindet, mit dem das Kamerabild an die Bodenstation gesendet wird, fehlte. Damit war die Puppe das große Rätsel der Ausstellung.

Anteil an der Ausstellung «Hundert Jahre Bergfilm» hatte also Luis Trenker zu etwa 70 Prozent, Dr. Arnold Fanck etwa zu 20 Prozent, der Filmemacher Michael Wachtler aus Toblach etwa zu 5 Prozent und «Cliffhanger» etwa zu 2 Prozent. 2 Prozent betrafen Hinweise auf Heimatfilme mit Bergen als Kulisse. Übrig blieb etwa 1 Prozent: eine kleine Vitrine mit ein paar Bildern und einem Kletterhammer, einer Trittleiter und einem Buch von Lionel Terray. Ein zweites Buch zeigte eine Art Tagebuch von Dietrich Hasse mit Bildern von der Erstdurchsteigung der Direttissima in der Großen-Zinne-Nordwand von 1958 und war sicherlich nett gemeint, hatte aber absolut nichts mit dem Thema Bergfilm zu tun. Dazu kamen noch zwei Schrifttafeln mit Erklärungsversuchen über Lothar Brandler als Autodidakten. Kein Wort davon, dass ich meinen Beruf erlernt hatte. Das war's dann auch schon.

Die Ausstellung trug aber den großen Titel «Hundert Jahre Bergfilm». Wo waren die hundert Jahre abgeblieben? Wo waren die hundert Jahre Bergfilmschaffen, mit Tausenden von Filmen in ganz Europa und aus aller Welt? Wo waren die Filme der Italiener, die Filme von Mario Fantin? Wo waren die Filme der Franzosen, «Sterne am Mittag» von Marcel Ichac? Wo waren die Filme von Lionel Terray, der zweimal in Trient den Großen Preis gewonnen hatte? Ein Buch von Lionel Terray stand ohne jegliche Erklärung in einer der beiden Vitrinen, in denen ich geehrt werden sollte. Und, da es ja eine deutsche Ausstellung war: Wo im Überblick war ein Foto und ein Hinweis auf Gerhard Baur, der mit seinen Filmen zu den besten alpinen Filmemachern der Welt gehört? Im Ausstellungskatalog, der von Stefan König gestaltet worden war, war er vertreten.

Gerhard Baur wurde zwar von den Machern der Ausstellung, genauso wie ich, angesprochen und wartete dann wochenlang, dass man die von ihm vorbereiteten Fotos abholte. Aber etwas anderes hatte man installiert, von dem wir nichts wussten. Man zeigte mittels einer Endlosschleife in einem Saal Ausschnitte zweier Filme, aus «Eine Europäische Seilschaft» von Lothar Brandler und aus dem Eiger-Nordwand-Film von Gerhard Baur, Laufzeit zusammen etwa 5 Minuten. Ich hatte zwar für die Werbung im Internet ein Beta-SP-Band zur Verfügung gestellt, doch nicht für die Vorführung im Saal der Schau. Von meiner Seite war nie eine Genehmigung für die Vorführung dieser Ausschnitte erteilt worden, von der ich auch nichts wusste. Auch wurde von meiner Seite der Vertrag, der uns vom Ausstellungsmacher vorgelegt wurde, nicht unterzeichnet, da darin auch aufgeführt war, dass die Movieman GmbH die Vertriebsrechte an meinen Filmen erhalten sollte. Diese Filmausschnitte liefen während der Ausstellung ein Jahr nonstop ohne eine Genehmigung meinerseits. Ebenso lief mein Spielfilm «Inferno am Montblanc» in einem Rosenheimer Kino, ohne dass ich eine Abrechnung erhalten habe. Dieser Film ging auch ohne meine Genehmigung nach Potsdam.

Gerhard Baur und ich waren zur Eröffnung der Ausstellung eingeladen worden, und Gerhard Baur ärgerte sich, dass nicht einmal die Macher der Filmausschnitte genannt wurden. Daraufhin schrieb ich auch im Namen von Gerhard Baur einen Brief an die Movieman GmbH. Diesen Brief ließ ich vor dem Absenden per Fax von Gerhard Baur autorisieren und schickte ihn an den Münchner Produzenten und Verantwortlichen der Ausstellung. In dem überaus freundlichen Brief stand, dass wir um ein klärendes Gespräch baten. Dieser Brief wurde bis heute nicht beantwortet. Auch auf Nachfragen bei einer Mitarbeiterin der Firma bekamen wir keine Antwort.

Die Ausstellung hatte mit «Hundert Jahren Bergfilm» nicht viel gemein. Ehrlicher wäre gewesen, sie wie in Turin «Der Mythos der Berge in Luis Trenkers Filmen» zu nennen. Aber «Hundert Jahre Bergfilm»? Da lag man sehr daneben und ging am Thema vorbei. Als Stefan König, der in Turin beteiligt war, uns von dem Projekt «Hundert Jahre Bergfilm» erzählt hatte, hatten wir spontan unsere Mitarbeit an dessen Gestaltung angeboten. Auf dieses Angebot hatte man dankend verzichtet. Ich nehme an, wir waren eigentlich als ein Teil der Ausstellung gar

In der Ausstellung «Hundert Jahre Bergfilm» im Museum Lokschuppen in Rosenheim.

nicht eingeplant. Eine Berliner Zeitung, die über die Ausstellung berichtete, stellte fest, dass diese zwar Luis Trenker und am Rande auch Dr. Arnold Fanck beinhaltete, aber die Journalistin fragte sich, wo denn die vielen anderen Bergfilmer abgeblieben seien, wenn es schon «Hundert Jahre Bergfilm» heiße.

Luis Trenkers Film «Der Berg ruft» von 1937 war tatsächlich ein Meilenstein in der Entwicklung des alpinen Films. Seine eindrucksvollsten Filme waren «Der Kaiser von Kalifornien» und «Berge in Flammen». Auch «Der Rebell» und «Der Feuerteufel» waren gut gemacht. Für seinen historischen Spielfilm «Condottieri» erhielt er 1937 in Venedig den Preis der italienischen Filmdirektion. Doch was haben die letztgenannten Filme mit der Geschichte des Bergfilms zu tun? Ein Berg als Kulisse macht nun mal noch keinen Bergfilm!

In den letzten Jahrzehnten kamen immer wieder alpine Spielfilme ins Kino, beispielsweise «Schrei aus Stein» von Werner Herzog mit Stefan Glowacz und Donald Sutherland. Oder «Am Abgrund» von Fred Zinnemann mit dem 007-Darsteller Sean Connery. Die Engländer drehten einen Spielfilm in den Anden mit dem Titel «Sturz ins Leere». Clint Eastwood versuchte sich mit «The Eiger Sanction» an einem Eiger-Nordwand-Spielfilm. Die Kanadier drehten den Spielfilm «K2» von Franc Roddam in den Bergen Kanadas, aber keinen Meter im Karakorum. John-Paul Davidson produzierte einen Film mit dem Titel «Galahad of Everest». Das waren alles Versuche, mit dem großen Namen eines Berges, aber ohne den Berg, der im Titel steht, einen Spielfilm zu machen, meistens mit Nichtbergsteigern und mit zum Teil schlechten Schauspielern.

Luis Trenker drehte noch als 72-Jähriger einen Eiger-Nordwand-Film mit dem Titel «Sein bester Freund», mit dem ehemaligen Ski-Olympiasieger Toni Seiler und Dietmar Schönherr.

Es gab noch Filme von französischen Regisseuren: «Mort d'un guide» von Jacques Ertaud an der Aiguille du Dru. Nicht zu vergessen der Film einer amerikanischen Filmproduktion mit Spencer Tracy und Robert Wagner mit dem Titel «Berg des Schreckens», der mit guten französischen Alpinisten als Doubles an den Aiguilles von Chamonix gedreht wurde, die nötigen Naheinstellungen dann mit den Schauspielern in einem Studio in Hollywood.

Wie ein guter alpiner Spielfilm aussehen sollte, hatte der französische Filmregisseur Marcel Ichac gezeigt. Sein Film «Sterne am Mittag» von 1959 mit den Darstellern Lionel Terray und Michel Vaucher, zwei Alpinisten von Weltruf, begeisterte nicht nur Bergsteiger, sondern auch das nichtalpine Publikum in aller Welt. Dieser Film hat mein eigenes Filmschaffen nachhaltig geprägt. Er bekam nicht umsonst 1959 den Großen Preis in Trento. Das war das Jahr, in dem ich Darsteller in «Phänomen Klettern» war und in Trento den Goldenen Enzian bekam. Der Kameramann des Films war Wolfgang Gorter. 1960 kam ich dann mit «Direttissima» nach Trento und bekam den Mario-Belli-Preis sowie 1 000 000 Lire. Eine neue Generation machte die Tür zum Bergfilm auf.

Was hat sich verändert beim Filmen am Berg?

Wir sprechen über den Übergang vom Zelluloid, also vom Film mit Löchern an der Seite, mit dem schon seit über 110 Jahren gearbeitet wird, zur neuen Technik mittels, der elektronischen Kamera. Das Speichermaterial der Bilder ist das Magnetband oder besser und moderner die Festplatte mit ihrer hohen Speicherkapazität. Damit entfällt das Einlegen von Filmmaterial mittels eines Dunkelsacks und das lange Warten auf die Prozedur des Kopierwerks mit Entwickeln, Kopieren der Arbeitskopie, Negativschnitt und Sende- oder Vorführkopie – alles zeitraubend und sehr teuer im Vergleich mit dem elektronischen Material. Die großen, professionellen E-Kameras haben Beta-SP-Band und bieten höchste Bildqualität. Sie sind aber etwas teurer als ein Magnetband in einer kleinen Amateurkamera. Ein Band in der großen Kamera hat 30 Minuten Laufzeit und kann bei Bedarf auch gelöscht oder überspielt werden.

Da die Laufwerke der heutigen elektronischen Kameras fast lautlos sind, kann man einen guten Ton aufnehmen, vorausgesetzt, der Wind bläst nicht zu sehr. Man hat also alle Voraussetzungen, um gutes Material für einen Film zu bekommen. Die Bearbeitung des Materials im Studio ist dann allerdings schon kostenaufwendiger, denn Studios sind aufgrund der Ausstattung sehr teuer. Dafür stehen aber andere Möglichkeiten wie das schnelle Überblenden von einzelnen Szenen zur Verfügung. Beim Film dauerte eine Überblendung über Trickkamera, Kopierwerk und Zwischennegativ, das sogenannte Lavendel-Negativmaterial, mindestens eine Woche und kostete pro Überblendung etwa 300 Euro. Heute fallen bei der Herstellung einer Überblendung keine Kosten mehr an, und der Zeitaufwand ist gerade mal eine Minute. Bei der Fertigstellung des Films kommt bei einer Dokumentation die Arbeit am Text dazu oder bei einem Spielfilm das Nachsynchronisieren der Darsteller. Nicht zu vergessen der Geräuschemacher, der dafür Sorge tragen muss, dass Klettergeräusche synchron angelegt werden können. Das ist aber nur ein Beispiel für die vielen Geräusche, die ein Geräuschemacher im Allgemeinen beim Film zu bewältigen hat.

In einem Studio wird das alles automatisch mit der E-Kamera und dem Ton original aufgenommen. Allerdings braucht man für das internationale Tonband wiederum den Geräuschemacher. Am Berg und im Fels ist es nicht immer möglich, den Originalton zu verwenden. Der Wind drückt das Mikrofon zu. Das sind dann Kosten und Arbeit wie bei einem 35- oder 16-Millimeter-Film. Kann man beim Film erst vorführen, wenn man eine Kopie vom Negativ hergestellt hat, ist es beim elektronischen Verfahren einfach: Man kopiert schnell das Mutterband und hat nach weniger als 2 Stunden ein 90-Minuten-Band eines Spielfilms. Dieser ganze Spielfilm passt auf ein handelsübliches 120-Minuten-Beta-SP-Digitalband und kann sofort über einen elektronischen Projektor projiziert oder von einem Fernsehsender ausgestrahlt werden. Gemessen am 16- oder 35-Millimeter-Filmmaterial mit dem nötigen Entwickeln im Labor, der Arbeitskopie, dem Negativschnitt und dem Kopieren einer aufführfähigen Kopie betragen die Kosten ein Zwanzigstel.

Filmfestivals haben Jubiläum

Trento 2002. Eine Stadt rüstet sich zur 50-Jahr-Feier ihres Bergfilmfestivals. Der erste Sieger 1952 war der französische Karikaturist Samivel mit seinem Film «Cimes et Merveilles», auf Deutsch «Gipfel und Wunder». In den ersten Jahren räumten die Franzosen die Preise ab. Doch auch die deutschen Filmemacher zeigten ihre großartigen Filme und kamen mit Preisen nach Hause. Vor allem die Forschungsfilme von Hans Ertl, Eugen Schuhmacher, Dietrich Wawrzyn, Bernhard und Michael Grzimek, Heinz Sielmann und Hans Scheinpflug bekamen den Goldenen Neptun für die Kategorie Expedition und Forschung. Wolfgang Gorter erhielt den Goldenen Enzian für «Phänomen Klettern», Gerhard Baur zweimal den Großen Preis und etliche Silberne Enziane. Ich holte mir natürlich auch meinen Teil, drei Große Preise und ebenfalls etliche Silberne Enziane. Gerhard und ich konnten zufrieden sein. Später erhielten Joseph Vilsmaier mit dem Film «Schlafes Bruder» und Karin Brandauer für den Film «Verkaufte Heimat» den Großen Preis, und Kurt Diemberger bekam als einziger Österreicher für seinen Karakorum-Film «K2 – Traum und Schicksal» den Großen Preis.

Mit Kurt Diemberger in Trento (links). Rechts: 1996 wurde ich bei den spanischen Filmfestspielen in Torelló für mein Lebenswerk ausgezeichnet (links José Manuel Anglada, der erste spanische Besteiger des Mount Everest, daneben der Direktor der Festspiele Joan Salarich).

In der Festwoche zum 50-Jahr-Jubiläum der Filmfestspiele von Trento 2002 wurden alle Großen Preise der vergangenen fünfzig Jahre in Vorführungen noch einmal gezeigt. Es war wieder, wie vor vielen Jahrzehnten, eine große Familie, die sich im Kongresssaal traf und am Abend bei einer oder mehreren Flaschen Wein von ihren Abenteuern erzählte. «Weißt du noch?» waren in diesen Tagen die meistgesprochenen Worte in Trento.

Ein Jahr nach Trento feierte Les Diablerets sein 30-Jahr-Jubiläum, und auch dort wurden alle Filme gespielt, die einmal den Diable d'Or gewonnen hatten. Auch dreißig Jahre sind eine lange Zeit. Die Bergfilmfestivals begannen wie Pilze aus dem Boden zu schießen: Adrsbach in Tschechien, Banff in Kanada, Poprad in der Slowakei, Torelló in Spanien, Moskau, St. Anton, Graz, Salzburg und jetzt auch Tegernsee in Bayern sowie Going am Fuß des Wilden Kaisers. Aber was ist ein Festival? Nicht alles, was einmal für wenige Tage Bergfilme vorführt, ist ein Festival. Man sollte diesen Begriff für die Veranstaltungen aufsparen, die kontinuierlich jedes Jahr einen Wettbewerb ausrichten und auch Filmpreise vergeben. Nicht alle Bergfilmtage haben das Anliegen, dem Bergfilm Gutes zu tun; das sind dann Veranstaltungen, die damit rechnen, dass der Produzent ihnen die Filme kostenlos zur Verfügung stellt, und damit ihr Geschäft machen.

Wohin geht das Bergsteigen?

Zwei Kletterer schreiben Klettergeschichte: Alexander und Thomas Huber. Zum ersten Mal trafen wir uns bei einer Veranstaltung im Alpinen Museum München. Ich freute mich, die beiden kennenzulernen, und wir plauderten über die Dolomiten und über die Nordwände der Drei Zinnen. Monate später sah ich in Trento bei den Filmfestspielen einen Film von Heinz Zak. «Bellavista» war der Titel des Films, der in der Westlichen-Zinne-Nordwand spielte. Alexander Huber überkletterte das große Dach an der Westlichen Zinne in freier Kletterei, ohne

Benutzung der Haken als Griff. Der Film zeigte eine exzellente Kletterei mit eleganter Körperbeherrschung – die Leistung eines Ausnahmekletterers. Allerdings hatte er die Kletterei in der Wand mittels eines gespannten Sicherheitsseils vorher mehrmals trainiert und viele Stürze ins Seil gemacht. Dazu hatte man vorher die Wand von brüchigem Gestein gesäubert und mit Brechstangen den ganzen Schutt aus der Wand gebrochen. Eine neue Art der Erstbegehung an einem berühmten Berg.

Der Film bekam in Trento einen Nebenpreis, denn er war gut gemacht, gut montiert und mit einem ordentlichen Text versehen. Vor allem gefielen mir die Abseilszenen bei Nacht und bei beginnendem Schneefall. Die neue Technik mit der elektronischen Kamera machte es möglich: Das Licht einer Taschenlampe genügt zum Aufnehmen der Szenen. Ich musste an meinen Film von 1960 denken mit der kaputten Kamera, drei starren Objektiven und Schwarz-Weiß-Filmmaterial. Heinz Zak war mit dem Nebenpreis nicht einverstanden und schimpfte lauthals über Stefan König, der in der Jury war und natürlich deren Entscheidung verteidigte. Das kannte ich schon aus meinen vielen Jahren in Trento, hatte ich doch erlebt, wie Gaston Rébuffat wütend nach Marseille abreiste. Ohne einen Filmpreis, um den er sich betrogen fühlte!

Ein Jahr später schreckte eine Nachricht die internationale Kletterszene auf: Alexander Huber hatte die Nordwand-Direttissima an der Großen Zinne rotpunkt und im Alleingang durchstiegen. Als ich das hörte, dachte ich mir: Da wird der Hund in der Pfanne verrückt. Dass diese Wand einmal rotpunkt durchstiegen wird, war mir schon bei der Erstdurchsteigung bewusst. Vor Jahren schaffte das der fränkische Kletterer Kurt Albert. Doch dazu musste sich in den Alpen erst die Technik des sächsischen Kletterns durchsetzen. Denn nichts anderes hatte Kurt Albert im Frankenjura ja eingeführt: freies Klettern ohne Benutzung der Haken als Griff. Einige anderen folgten seinem Beispiel an der Großen-Zinne-Nordwand-Direttissima, so auch Bernd Arnold aus Sachsen und Catherine Destivelle aus Chamonix. Doch im Alleingang rotpunkt, das war eine Wahnsinnstat, die ich erst gar nicht verstehen konnte. Immerhin kannte ich diese Wand sehr gut. Jede Seillänge war mir durch die vielen Filme in der Wand geläufig.

Ich versuchte in meiner Erinnerung etwas Gleiches oder zumindest Ähnliches zu finden, was ich selbst einmal gemacht hatte, um nachzuvollziehen, was sich in Alexander Hubers Kopf abgespielt haben musste. Es ist ja nicht so einfach, an einem Griff zu hängen, der klein und schmal ist, während der Fuß auf einem winzigen Tritt nach Halt sucht, Seillänge für Seillänge. Meine Alleingänge waren damals Alpenwände, die als die schwersten Klettereien ihrer Zeit galten. Doch die gekletterten Schwierigkeiten haben sich nach oben verschoben. Man trainiert jeden Tag und klettert mit Magnesia an den Fingern. Die Sohlen der engen Kletterschuhe halten auf kleinsten Tritten. Alexander Huber war jede Seillänge am gesicherten Seil mehrmals geklettert. Er kannte jeden Griff. An Mut und Selbstvertrauen

Als Catherine Destivelle ihr Buch «Solo durch große Wände» im Alpinen Museum in München auf der Praterinsel präsentierte, erinnerten wir uns an gemeinsame Erlebnisse beim Skifahren in den Dolomiten und beim Klettern im winterlichen Fontainebleau bei Paris.

hatte es ihm nicht gemangelt. Doch ein großes Risiko hatte er immer im Rücken: Der kleinste Rutscher, ein Ausbrechen eines Griffes, es wäre vorbei gewesen. Das ist das Risiko jedes Alleingängers.

Wohin geht der alpine Film?

Den Umgang mit der elektronischen Kamera hatte ich, auch im Studio, endlich gelernt und akzeptiert. Die Kameras, die heute benutzt werden, wiegen so wenig, dass jeder Bergsteiger sie leicht im Rucksack transportieren kann. Auch das Material kostet kein Vermögen mehr und ist für einen Amateur erschwinglich. Schwieriger wird es erst bei der Bearbeitung. Wenn Profi-Qualität verlangt wird, ist auch das Bearbeiten im Studio teuer. Etwas allerdings ist unumgänglich: Man muss das Filmen lernen! Und da ist es ziemlich gleichgültig, welche Kamera man bewegt, da gibt es keinen Unterschied zwischen der Kamera mit Film und der Kamera mit Festplatte. Dramaturgie ist angesagt.

Bei den fünften Bergfilmfestspielen in Tegernsee war ich der Ehrengast, dem eine Retrospektive gewidmet wurde. Sieben Ausschnitte aus einigen meiner besten Filme wurde zusammengestellt, und Michael Pause interviewte mich über mein alpines und filmisches Schaffen von über fünfzig Jahren. Ein interessiertes Publikum verfolgte im Barocksaal des Tegernseer Schlosses diesen Abend. Aber eine Frage konnte sich Michael Pause an diesem Abend nicht verkneifen: Was war mit der Spielfilmkomödie «Taubenjagd» von 1969? Als ich diese Komödie für das Kino filmte, verkündete der Alpinjournalist Toni Hiebeler: Jetzt hat der Lothar Brandler einen Softporno gedreht. In diesem Film mit Jochen Busse in der Hauptrolle war nicht einmal ein Kuss und keine einzige Liebesszene zu sehen. Es war ein Film, den man am Nachmittag im Kinderfernsehen hätte zeigen können.

Wie in solchen Fällen üblich, plauderte jeder diese üble Nachrede sofort nach. So wurde auch in die Pressemitteilung der Tegernseer Festwoche, wo auf meinen Abend hingewiesen wurde, dieser Vorwurf verpackt und ebenso abwertend auf den Bergfilm «Entscheidung im Wilden Kaiser» hingewiesen.

Wie so etwas dann Kreise zieht, erfuhr ich ein paar Wochen später bei den Bergfilmtagen von Salzburg. Mir wurde wie in Tegernsee ein spezieller Abend gewidmet. Mit den Filmen, die ich in Tegernsee gezeigt hatte, interviewte mich der Moderator Dr. Michael Bilic im Kino-Vortragssaal in Salzburg. Ich war stolz darauf, dass Norman Dyhrenfurth mit seiner Frau anwesend war. Auch an diesem Abend fragte mich Dr. Bilic nach dem Film «Taubenjagd». Er hatte die Frage von

2007 traf ich anlässlich der Präsentation des Films «Zum Dritten Pol» bei den Filmfestspielen in Trento Norman Dyhrenfurth und dessen Frau Maria Sernetz. Der Film dokumentiert die faszinierende Lebensgeschichte von Günter Oskar und Norman Dyhrenfurth, die zugleich Himalaya- und Filmpioniere waren.

Michael Pause in Tegernsee, wo er anwesend war, gehört und wollte mir damit die Möglichkeit geben, diese Unterstellung, einen Softporno gemacht zu haben, zu widerlegen. Und es war in keiner Weise böse gemeint von ihm, sondern eigentlich hilfreich. Doch es blieb wieder als eine Frage nach einem Softporno im Raum hängen. Ich erzählte dem Publikum natürlich den Inhalt des angesprochenen Films. Doch egal, was man an Argumenten bringt und richtigstellt, es bleibt immer das Unwahre hängen. Nach dem Vortrag unterhielt ich mich mit Norman Dyhrenfurth noch über seine und meine Filmarbeiten am Berg, und er erzählte mir von seinen Filmabenteuern im Himalaya – ein großer alter Mann des Himalayafilms.

Einige Tage später trafen Norman und ich uns wieder in Salzburg. Dr. Bilic hatte uns beide zu einem Dia- und Filmvortrag von Thomas Huber über Patagonien und den El Capitan im amerikanischen Yosemite Valley eingeladen. Es war ein von Thomas Huber sehr temperamentvoll präsentierter Vortrag mit interessanten Informationen über den Film «Am Limit» des Regisseurs Pepe Danquart. Vor dem Vortrag und in der Pause sprach ich mit Thomas Huber über den Film, und er erzählte eine kleine Episode von den Dreharbeiten am El Capitan, in der berühmten «Nose»-Route. Thomas meinte schmunzelnd: «Wir waren an einem Stand und sprachen mit einem der Kameraleute in der Wand. Dabei witzelten wir über unseren Regisseur Pepe Danquart: ‹Der sitzt jetzt unten fett in seinem Lehnstuhl auf der Wiese und lässt sich kalte Getränke bringen.› Da bedeutete uns der Kameramann gestikulierend, dass das Mikrofon offen sei und Pepe Danquart unten am Wandfuß alles mithören konnte. Wir waren natürlich ab da ganz stumm und sagten kein Wort mehr!»

Diese Aussage von Thomas Huber wirft ein Licht auf die Entstehung des Films «Am Limit». Pepe Danquart, der aus dem Schwarzwald kommt, hatte für seinen Film über die Tour de France, «Höllentour», einen Oscar erhalten – sicherlich eine große Auszeichnung für ihn. Er hat einen guten Riecher für spektakuläre Themen. Also hat er sich mit den beiden Brüdern Alexander und Thomas Huber zusammengetan, die schon länger mit dem Gedanken spielten, den Speed-Rekord an der «Nose» zu brechen und einen Film darüber zu machen. Man wurde sich einig mit dieser Idee. Mit einer Crew von dreißig Leuten kamen sie im Valley an. 100 Meter von der Autostraße entfernt ragt die 1000 Meter hohe Granitwand des El Capitan empor. Die bekannteste der zahlreichen Routen ist die «Nose», die 1958 von einer Klettergruppe unter Führung von Warren Harding erstbegangen wurde. Die erste Rotpunktbegehung gelang 1993 der Amerikanerin Lynn Hill. Der Speed-Rekord wurde von den Kletterern Yuji Hirayama und Hans Florine mit 2 Stunden und 48 Minuten aufgestellt. Um den Rekord zu brechen, waren die Huberbrüder und das Filmteam angereist.

Zunächst wurde die Wand mit 3 Kilometer Fixseil präpariert. Drei Kameraleute sollten dann von verschiedenen Standpunkten aus diese schnelle Durchsteigung filmen. Die Kameraleute waren selbst Extremkletterer und dank der Fixseile gut und schnell unterwegs. In dieser sommerlichen Wand, man kann von einem riesigen Klettergarten sprechen, in der es so gut wie kein Unwetter gibt, konnte auch bequem mit den heute modernen Periskopstelzen gefilmt werden. Mit diesen Stelzen bekommt man einen guten und spektakulären Kamerawinkel.

Nun begann das eigentliche Problem der Unternehmung. Die Huberbuam wollten den Rekord von 2 Stunden 48 Minuten brechen, und Pepe Danquart wollte einen spannenden Film machen. Pepe Danquart meinte später: «Das sind super Typen, aber in erster Linie Sportler. Ego-Tiere, wie alle Bergsteiger. Wir mussten sie dazu bringen, Dinge zu tun, die ihren sportlichen Interessen im Weg standen.» Und Alexander Huber meinte: «Die haben das unterschätzt.» Zwei Fronten sind da aufeinandergeprallt. Und das konnte nicht gut gehen. Im Klartext: Die einen wollten klettern, und das sehr, sehr schnell, die anderen wollten filmen. Wo lag da das eigentliche Problem?

Eigentlich ganz einfach zu erklären. Für einen außergewöhnlichen Film muss man fast zwangsläufig Extremkletterer sein. Das war Pepe Danquart nicht. Ganz im Gegenteil: Er unterschätzte die Wand. Er meinte, dass es genüge, wenn er per Sprechfunk von unten die Kamerateams leite. Das wäre gegangen, wenn die drei Kameraleute, die genügend Material für die elektronische Aufnahme hatten, einfach nur die Kameras hätten laufen lassen und vermieden hätten, sich in die Speed-Kletterei einzumischen. Und dem Regisseur im Tal hätte man das Mikrofon der Sprechanlage wegnehmen müssen, denn dann hätten in der Wand die Kameraleute, die ja Extremkletterer waren und sich in die Situation der Huberbuam hineinversetzen konnten, das Sagen gehabt. Wie sagte hinterher Thomas Huber:

«Weil wir nicht den Mut hatten, den Filmleuten zu sagen, so geht es nicht.» Sie haben den Speed-Rekord am Ende nicht geschafft. Und Thomas Huber meint: «Aber wenn fünfzehn Leute in der Wand hängen und dir das ‹Go› geben, dann steigst du eben ein.»

Am Rande sei erwähnt: Das Speed-Klettern funktioniert nur mit Trittleitern, so wie in den Fünfziger- und Sechzigerjahren. Hätte Gerhard Baur oder ich diesen Film gemacht, so hätten wir eine Rotpunktbegehung gefilmt, dann allerdings von all den Koproduzenten, die Pepe Danquart als Oscarpreisträger auf die Beine gestellt hat, nicht einen Cent bekommen. Denn Gerhard Baur und ich, wir könnten zwar in dieser Wand einen exzellenten Film machen, sind aber leider keine Oscarpreisträger. Michael Pause, der heutige Redakteur von «Bergauf-Bergab» sagte sehr treffend: «In einer Welt des Scheins zeigen Alpinfilme das Echte.» Von Skyrunning und Speed-Klettern hält er nichts: «Das ist aus Sicht eines Bergsteigers Unsinn.»

2008 schafften es die Huberbrüder dann und kletterten die «Nose» in der Zeit von 2 Stunden und 45 Minuten. Gratulation an dieser Stelle – denn wer 3 Minuten früher auf dem Gipfel steht, ist besser. Das versteht auch der Laie. Und für den Laien ist der Film «Am Limit» gemacht.

Speed-Klettern und Speed-Bergsteigen werden immer populärer. Schnelle Wanddurchsteigungen in den Alpen und schnelle Besteigungen von Achttausendern gehören heute zu jeder zweiten Expedition: an einem Tag vom Basislager zum über 8000 Meter hohen Gipfel. Und nun ist als Besonderheit das «Skyrunning» in Mode gekommen, wo man im Laufschritt auf den Berg rennt. Oder man klettert an Wolkenkratzern hinauf und betreibt «Urban Climbing». Für das Fußvolk der Bergsteiger bleibt allerdings das Erleben am Berg – die Natur, die Freunde, die das Erlebte mit ihm teilen – immer noch das Höchste.

Epilog

Mein alter Freund Gino Soldà wurde anlässlich seines hundertsten Geburtstages in Valdagno geehrt und unser gemeinsamer Film «Direttissima» aufgeführt.

In der kleinen Stadt Valdagno am Fuße der Piccole Dolomiti feierte man im Mai 2007 den hundertsten Geburtstag des großen Bergsteigers Gino Soldà. Mit 82 Jahren war er 1989 in Recoaro Terme verstorben. Man hatte den Bergsteiger, Skilangläufer und Teilnehmer der Olympischen Winterspiele nicht vergessen. Ich wurde eingeladen und zeigte den Film «Direttissima» von 1960 mit Gino Soldà und seiner Tochter Evi. Evi Soldà, jetzt schon Großmutter, und der Sohn mit seinen Kindern waren anwesend. Gino Soldàs Weggefährten aus seiner Partisanenzeit und Kameraden seiner Bergtouren feierten im historischen Palazzo Festari in Valdagno.

Als wir gemeinsam unseren Film in der Schweizerroute der Westlichen Zinne filmten, war Gino 52 Jahre alt und ich ein junger Filmemacher von 24 Jahren. So schloss sich an dem Tag der Feier der Kreis, den die Entwicklung des Bergsteigens schon immer bildet. Keiner von uns kommt als fertiger Mensch auf die Welt. Wir mussten viel lernen. Goethe lässt im «Faust» die lustige Person im Vorspiel auf dem Theater sagen: «Wer fertig ist, dem ist nichts recht zu machen, / ein Werdender wird immer dankbar sein.» Dankbar war ich für alles, was ich von anderen lernen durfte. So habe ich aber auch manche Ohrfeige einstecken müssen und habe wohl auch einige an andere ausgeteilt. Aber ich hoffe, dass ich mich in meinem Leben nicht verbogen habe.

Im Mai 2007 hat die Bergsteigersendung «Bergauf-Bergab» einen Film über den Klettergarten Konstein bei Neuburg an der Donau gesendet. In diesem Bericht ging ich mit einem der besten Kletterer Bayerns, dem jungen Daniel Giebel aus Wellheim, zum Klettern. Wir stiegen über den Südgrat auf den Dohlenfelsen, eine Kletterei im fünften Schwierigkeitsgrad, die ich jahrzehntelang als Eingehtour im Alleingang, im Auf- und Abstieg, geklettert war. Bei dieser Kletterei für das Fernsehen wurde ich von Daniel Giebel geführt, und ich war recht froh über

Gipfelgruß auf dem Dohlenfelsen im Donautal: Für einen Film über den Klettergarten Konstein, der in «Bergauf-Bergab», der Bergsteigersendung des Bayerischen Fernsehens, gezeigt wurde, führte mich der junge Kletterer Daniel Giebel über den Südgrat.

das Seil von oben, denn ich war schon fünf Jahre nicht mehr geklettert. Der Kameramann Sepp Wöhrmann umkreiste uns mit seiner Kamera, der Redakteur Michael Dücks kletterte vor uns, und der Tonmann hing neben dem Kameramann an einem Haken. Es war so, wie ich immer gearbeitet hatte, doch diesmal war ich der Darsteller – für mich ein Erlebnis der besonderen Art. An den Standplätzen am Südgrat unterhielten wir uns über die Geschichte des Klettergartens Konstein, über die schweren Routen am Dohlenfelsen und über meine Filme. Im Filmbericht zeigten wir Szenen aus «Phänomen Klettern» und «Eine europäische Seilschaft». Zum Schluss kletterte Daniel Giebel den legendären «Schnippelriss», und ich sicherte ihn bei dieser Begehung von unten. Der «Schnippelriss», die Kletterei, die meinen Spitznamen trägt und mit der ich 1954 in Bayern bekannt wurde, war der Abschluss des Filmberichts.

Zwei Generationen waren sich an diesem Tag in Konstein begegnet, und ich selbst war als Kletterer im «Austragshäusl» des Bergsteigens angekommen. An dem Tag wusste ich, dass ich ein alter Bergsteiger geworden war – wie mir der damals 52-jährige Alpinist Anderl Heckmair in Zermatt einmal gesagt hatte: «Lothar, du musst beim Bergsteigen alt werden, dann bist du ein guter Bergsteiger.»

Vom Reichwerden sprachen wir damals nicht. Aber reich an Erfahrung bin ich wohl geworden. Dankbar bin ich den Bergen, sie waren mir fast alle Zeit gewogen, und ich habe sie ein Leben lang geliebt. Ich bin gern auf ihren Gipfeln gestanden, und ich habe sie ebenso gern von unten bewundert. Ein Hirtenlied aus den Bergen Andorras hat für mich nach wie vor Gültigkeit: «Es ziehen die Nebel durchs blühende Tal, / lass ziehen das graue Gewimmel. / Es leuchten die Berge im Sonnenstrahl / und zeigen die Wege zum Himmel.»

Dank an meine Freunde

Am Zustandekommen dieses Buches waren viele Freunde beteiligt, denn wie bei der Besteigung eines Berges oder einer steilen Wand ist man auch beim Schreiben der Lebenserinnerungen eine Seilschaft bei der Bewältigung des Vergangenen.
Herzlichen Dank meinen Seilgefährten Klaus Buschmann und Günter Johne, mit welchen ich meine ersten schweren Bergfahrten unternommen habe und die mir wertvolles Bildmaterial zur Verfügung stellten. Ich danke ganz besonders Dr. Rolf Döschl, welcher mir in der schwersten Krise meines Lebens zur Seite stand und mir half, aus dem Dunkel wieder zum Licht zu finden. Dank an meine wichtigsten Mitarbeiter und Freunde: Gerhard Baur, Werner Bittner und Lothar Koßmehl, welche mir bei vielen Filmen zur Seite standen. Viele Filme kamen durch die tätige Förderung von Dr. Otto Guggenbichler und Dr. Richard Dill vom Bayerischen Fernsehen zustande. Beide hatten immer ein offenes Ohr für alpine Themen. Ihnen meinen aufrichtigen Dank. Kurt Diemberger und Alfrun Raditschnig danke ich für wichtige Fotos und Berichte vom Walkerpfeiler an den Grandes Jorasses.
Karin und Werner Umnus meinen herzlichsten Dank für ihre Hilfe und Geduld während des Schreibens der Erinnerungen und die wichtige musische Unterstützung während der Arbeit an meinem Buch.
Meinen Freunden Bernd Arnold, Gerhard Baur sowie Dieter Hasse danke ich für viele schöne Fotos, welche eine Bereicherung des Buches darstellen. Heinz von Arx danke ich, dass er mit Sachverstand und Geduld Bild und Text zu einem Buch zusammenfügte. Mit Humor, Sachkenntnis und Freundlichkeit hatte Peter Schnyder alles für mein Buch koordiniert. Dafür mein herzliches Dankeschön. Zum Schluss mein Dank an die vielen anderen Freunde, welche mit wichtigen und interessanten Informationen und Fotos zum Gelingen des Buches beigetragen haben.

Lothar Brandler

Bildnachweis

Bernd Arnold: 248, 257
Peter Aumann: 43 rechts
Gerhard Baur: 217, 218/219, 220, 221, 222/223, 224
Klaus Buschmann: 36, 50, 53
Kurt Diemberger: 95, 97, 168 oben
Rolf Döschl: 164/165, 250
Matthias Fanck: 299
Ludwig Gramminger: 68
Walter Hahn: 13
Dietrich Hasse: 77, 79, 80
Toni Hiebeler: 109
Peter Hundegger: 41, 43 links, 163
Lothar Koßmehl: 180, 181
Jörg Lehne: 83
Alex Mey: 286, 287
Pierre Mazeaud: 211
Günter Nothdurft: 45
Rudolf Rubi: 67
Peter Siegert: 146, 148, 149
Werner Widmann: 153
Albert Winkler: 58, 69, 87, 88, 89, 91, 92, 93
Heinz Zack: 49
Alle anderen Fotos Archiv Lothar Brandler